# MANUEL

## DU

# MARIN

### PAR

### A. MANOURY ET V. DROUET,

ÉLÈVES DE L'ÉCOLE SPÉCIALE DE MARINE A BREST,
CAPITAINES AU LONG-COURS.

## Paris.

BACHELIER, IMPRIMEUR-LIBRAIRE
DU BUREAU DES LONGITUDES,
QUAL DES AUGUSTINS, N° 55.

### 1837

# MANUEL

# DU MARIN.

ROUEN. IMPRIMERIE DE D. BRIÈRE,
RUE SAINT-LO, Nº 7,

# MANUEL

## DU

# MARIN

### PAR

## P. A. MANOURY ET V. DROUET,

ANCIENS ÉLÈVES DE L'ÉCOLE SPÉCIALE DE MARINE A BREST,

CAPITAINES AU LONG-COURS.

## PARIS.

**BACHELIER, IMPRIMEUR-LIBRAIRE**
DU BUREAU DES LONGITUDES,
QUAI DES AUGUSTINS, N° 55.

### 1837.

# INTRODUCTION.

Jusqu'à présent, tous les ouvrages élémentaires publiés sur la Marine ont été écrits pour les jeunes gens que leur éducation destinait à devenir officiers de la marine militaire. Peu d'efforts, que nous sachions, ont été faits pour propager l'instruction théorique du métier de la mer dans les rangs de notre population maritime.

Une partie de notre vie s'étant écoulée à la mer, nous avons été à même d'apprécier tout ce que le matelot français possédait d'intelligence, et quels progrès immenses il avait faits, depuis vingt ans, dans le développement de ses idées, de ses goûts et de ses habitudes. C'est donc à bord, au milieu même des matelots, que nous avons puisé l'idée de travailler à l'émancipation intellectuelle d'une classe d'hommes pour laquelle on a cru, assez généralement, avoir tout fait, parce que l'on avait apporté beaucoup d'améliorations à ses besoins matériels.

Quoi qu'en puissent dire quelques hommes estimables, qui ne veulent voir dans le matelot qu'une machine plus ou moins intelligente, à laquelle toute alimentation intellectuelle peut causer des effets morbides, nous n'en éléverons pas moins la voix en sa faveur, parce que nous croyons à son esprit comme à son courage.

Persuadés que, dans ce siècle où chacun raisonne, ou du moins veut raisonner, la discipline ne peut plus être passive, comme celle des barbares des premiers siècles, nous avons pensé que l'instruction, arrivant à donner au jugement des idées plus nettes des choses, devenait la base naturelle de l'obéissance future des hommes, et que le matelot avait, comme le soldat, des droits à conquérir telle ou telle hauteur de l'échelle sociale, suivant son degré de capacité.

Et pourquoi un homme dont tous les éléments conspirent à développer l'intelligence,
auquel tous les points du globe viennent offrir
une suite continuelle d'objets nouveaux qui le
forcent à exercer son jugement et sa raison,
pourquoi cet homme serait-il condamné à l'état
stagnant d'une caste de l'Inde, tandis qu'au
soldat, sorti à peine des limites du champ pa-
ternel, on proclamerait avec emphase qu'il a le
bâton de maréchal dans sa giberne?

Nous qui, d'une foi vive, croyons à toutes
les facultés intellectuelles du matelot; nous qui
l'avons vu souvent surmonter tous les obstacles
pour venir, à son tour, se placer dans nos
rangs, nous voulons lui présenter une main
amie, aussitôt qu'il voudra faire quelques efforts
pour déchirer le manteau d'ignorance, qui lui a
servi de langes dans sa jeunesse.

Nous avons cherché à être très-simples dans
notre petit ouvrage: à donner le plaisir d'apprendre, et non à apprendre beaucoup. Ce que
nous désirons, c'est d'être utiles à des hommes
que nous aimons, et d'exciter des marins plus
instruits que nous à mêler leurs voix à la nôtre.
Il y a de l'écho dans notre bonne France, quand
on parle de tout ce qui peut contribuer au bon-
heur et à la gloire d'une portion de ses enfants.

Le *Manuel du Marin* est divisé en deux parties bien distinctes : l'une tout-à-fait théorique, l'autre spécialement pratique.

Pour bien comprendre la première partie, il suffit de savoir lire. Chaque jour voit paraître de nouveaux lecteurs sur les gaillards d'avant, et on peut certifier que, n'y aurait-il qu'un seul homme capable de lire par dix hommes d'équipage, il pourrait instruire les plus intelligents de ces hommes, et même les dix, en devenant leur moniteur, comme dans les écoles d'enseignement mutuel. Si, à bord de beaucoup de bâtiments, le conteur, qui est ordinairement l'érudit du poste, reçoit une ration extraordinaire pour amuser ses camarades, celui qui leur communiquerait son petit savoir devrait recevoir, au moins, même récompense.

Assez avancé en lecture pour lire couramment notre ouvrage, le matelot se munira d'une ardoise, et, moyennant le modèle d'écriture, il s'exercera à écrire et à chiffrer. Si, pendant un long voyage, il veut consacrer tous ses moments de loisir à l'étude de la première partie, il arrivera promptement à comprendre les quatre règles de l'arithmétique et les notions premières de géométrie, pour ne point être arrêté par des mots inconnus, des expressions techniques ;

enfin, avec un peu de persévérance, les quelques notions d'astronomie et de navigation le rendront apte à bien comprendre ce qui lui reste à savoir, ce qu'il faut qu'il sache pour remplir lui-même les fonctions d'officier ou de capitaine à bord d'un navire.

La seconde section comprend, d'une manière brève, les principales choses sur lesquelles un marin doit porter une attention particulière. L'étude des manœuvres sous voiles sera utile au vieux comme au jeune matelot ; car, souvent, si celui-là ne laisse pas échapper la plus petite faute dans une manœuvre, sans la faire remarquer d'une manière judicieuse, il serait souvent fort embarrassé de la faire exécuter lui-même, habitué qu'il est à recevoir le commandement et jamais à le donner.

Ces deux sections sont écrites aussi simplement qu'il nous a été possible. Nous avons cherché à être bien compris, et, autant que faire se pouvait, nous avons parlé la langue du bord, sûrs que nous étions d'être beaucoup mieux entendus qu'en faisant des phrases académiques.

On trouvera, au commencement de l'ouvrage, un Calendrier, et, à la fin, des tableaux dont le matelot peut avoir besoin, et dont il appréciera l'usage avec peu de temps et d'étude.

Si , comme le dit le vice-amiral Willaumez daus son dictionnaire , un bon matelot est un homme extraordinaire , à quoi ne peut-il pas prétendre , quand il joindra l'instruction que donne la théorie à la pratique que l'on n'acquiert qu'après avoir sillonné les mers ?

En résultat , dans les longues navigations , la distraction est de nécessité pour le matelot : elle contribue à sa santé et à la bonne harmonie qui doit exister entre les chefs et les subordonnés. Que le matelot suive donc nos conseils, et puisse-t-il placer le *Manuel* dans son sac, entre deux volumes de chansons. Après avoir chanté, il apprendra un peu, et puis recommencera ses chants, plus satisfait, peut-être, de pouvoir unir à ses plaisirs un peu de ces connaissances nécessaires à son bien-être et à son avancement.

# ERRATA.

Page 21, ligne 4, *au lieu de* : Donnent avec 7 27, *lisez* : Donnent avec 7 le nombre 27 ;

Page 43, ligne 10, *au lieu de* : 9°, *lisez* : 90° ;

Page 46, lignes 32 et 34, *au lieu de* : Solsticiel, *lisez* : Solsticial.

Page 56, ligne 21, *au lieu de* : A l'est, *lisez* : A l'est nord-est.

Page 69, ligne 34, *au lieu de* : Sur, *lisez* : Sera.

Page 77, ligne 30, *au lieu de* : Par, *lisez* : Pour.

Page 108, ligne 28, *au lieu de* : Les calfatages, *lisez* : Le calfatage.

Page 110, ligne 30, *au lieu de* : Et vitonnières, *lisez* : Ou vitonnières.

Page 111, ligne 7, *au lieu de* : Faite, *lisez* : Faits.

Page 111, ligne 34, *au lieu de* : Cargue à point, *lisez* : Cargue-point.

# AN 1837.

**COMPUT ECCLÉSIASTIQUE.**

| | | **QUATRE-TEMPS.** | |
|---|---|---|---|
| Nombre d'or..... | 14 | Février ....15, 17 et 18 |
| Epacte......... | XXIII | Mai.......17, 19 et 20 |
| Cycle solaire..... | 26 | Septembre .20, 22 et 23 |
| Indiction romaine. | 10 | Décembre ..20, 22 et 23 |
| Lettre dominicale. | A | |

**FÊTES MOBILES.**

| | | | |
|---|---|---|---|
| Septuagésime ...22 janv. | Pentecôte.......14 mai. |
| Les Cendres..... 8 févr. | La Trinité ......21 mai. |
| Pâques.........26 mars | La Fête-Dieu ...25 mai. |
| Les Rogat<sup>ns</sup>..1, 2 et 3 mai | 1<sup>er</sup> Dim. de l'Av.. 3 déc. |
| Ascension ...... 4 mai. | |

**ÉCLIPSES DE 1837.**

Le   5 avril, éclipse de soleil, invisible à Paris.
Le 20 avril, éclipse totale de lune, visible à Paris.
Le   4 mai, éclipse de soleil, invisible à Paris.
Le 13 octobre, éclipse totale de lune, vis. à Paris.
Le 29 octobre, éclipse de soleil, invis. à Paris.

# JANVIER.

| JOURS DU MOIS | JOURS DE LA SEMAINE | TEMPS MOYEN DE PARIS. | | | | | | AGE DE LA LUNE |
| --- | --- | --- | --- | --- | --- | --- | --- | --- |
| | | LEVER DU SOLEIL. | COUCHER DU SOLEIL. | DÉCLINAISON AUSTRALE DU SOLEIL. | LEVER DE LA LUNE. | COUCHER DE LA LUNE. | PASSAGE DE LA LUNE AU MÉRIDIEN. | |
| | | h. m. | h. m. | | h. m. | h. m. | h. m. | |
| 1 | D | 7 56 | 4 12 | 23° 1' | 1 12 *matin* | 0 11 *soir* | 19 36 | 24 |
| 2 | L | 7 56 | 4 12 | 22 55 | 2 30 | 0 31 | 20 27 | 25 |
| 3 | M | 7 56 | 4 13 | 22 50 | 3 50 | 0 55 | 21 25 | 26 |
| 4 | M | 7 56 | 4 15 | 22 44 | 5 16 | 1 26 | 22 29 | 27 |
| 5 | J | 7 56 | 4 16 | 22 37 | 6 38 | 2 13 | 23 36 | 28 |
| 6 | V | 7 55 | 4 17 | 22 30 | 7 53 | 3 19 | ♂ | 29 |
| 7 | S | 7 55 | 4 19 | 22 20 | 8 54 | 4 37 | 0 43 | 1 |
| 8 | D | 7 55 | 4 20 | 22 14 | 9 37 | 6 6 | 1 47 | 2 |
| 9 | L | 7 54 | 4 21 | 22 6 | 10 6 | 7 36 | 2 45 | 3 |
| 10 | M | 7 54 | 4 22 | 21 57 | 10 28 | 9 1 | 3 38 | 4 |
| 11 | M | 7 53 | 4 23 | 21 48 | 10 47 | 10 21 | 4 27 | 5 |
| 12 | J | 7 53 | 4 25 | 21 38 | 11 3 | 11 38 | 5 13 | 6 |
| 13 | V | 7 52 | 4 26 | 21 28 | 11 19 | | 5 58 | 7 |
| 14 | S | 7 51 | 4 27 | 21 18 | 11 35 | 0 53 *matin* | 6 42 | 8 |
| 15 | D | 7 51 | 4 29 | 21 7 | 11 54 | 2 6 | 7 28 | 9 |
| 16 | L | 7 50 | 4 30 | 20 55 | 0 16 *soir* | 3 18 | 8 15 | 10 |
| 17 | M | 7 49 | 4 31 | 20 44 | 0 44 | 4 29 | 9 4 | 11 |
| 18 | M | 7 49 | 4 33 | 20 32 | 1 19 | 5 35 | 9 54 | 12 |
| 19 | J | 7 48 | 4 35 | 20 19 | 2 5 | 6 35 | 10 46 | 13 |
| 20 | V | 7 47 | 4 36 | 20 6 | 3 0 | 7 25 | 11 36 | 14 |
| 21 | S | 7 46 | 4 38 | 19 53 | 4 2 | 8 5 | 12 25 | 15 |
| 22 | D | 7 45 | 4 39 | 19 39 | 5 10 | 8 34 | 13 12 | 16 |
| 23 | L | 7 44 | 4 41 | 19 25 | 6 20 | 8 58 | 13 57 | 17 |
| 24 | M | 7 42 | 4 43 | 19 11 | 7 30 | 9 17 | 14 39 | 18 |
| 25 | M | 7 41 | 4 45 | 18 56 | 8 39 | 9 33 | 15 21 | 19 |
| 26 | J | 7 40 | 4 46 | 18 41 | 9 48 | 9 48 | 16 2 | 20 |
| 27 | V | 7 39 | 4 47 | 18 26 | 10 59 | 10 2 | 16 44 | 21 |
| 28 | S | 7 38 | 4 49 | 18 10 | | 10 16 | 17 29 | 22 |
| 29 | D | 7 36 | 4 50 | 17 54 | 0 13 *matin* | 10 33 | 18 17 | 23 |
| 30 | L | 7 35 | 4 52 | 17 38 | 1 30 | 10 54 | 19 10 | 24 |
| 31 | M | 7 34 | 4 54 | 17 21 | 2 51 | 11 21 | 20 9 | 25 |

N L le 6 à 11 h. 56' du s.   P L le 21 à 7 h. 54' du s.

P Q le 13 à 5 h. 21' du s.   D Q le 29 à 6 h. 40' du s.

# FÉVRIER.

<table>
<tr><th rowspan="2">JOURS<br>DU MOIS.</th><th rowspan="2">JOURS<br>DE LA SEMAINE.</th><th colspan="6">TEMPS MOYEN DE PARIS.</th><th rowspan="2">AGE<br>DE LA LUNE.</th></tr>
<tr><th>LEVER<br>DU SOLEIL.</th><th>COUCHER<br>DU SOLEIL.</th><th>DÉCLINAISON<br>AUSTRALE<br>DU SOLEIL.</th><th>LEVER<br>DE LA LUNE.</th><th>COUCHER<br>DE LA LUNE.</th><th>PASSAGE<br>DE LA LUNE<br>AU MÉRIDIEN.</th></tr>
<tr><td></td><td></td><td>h. m.</td><td>h. m.</td><td></td><td>h. m.</td><td>h. m.</td><td>h. m.</td><td></td></tr>
<tr><td>1</td><td>M</td><td>7 33</td><td>4 56</td><td>17° 4'</td><td>4 14 matin</td><td>11 58 m.</td><td>21 12</td><td>26</td></tr>
<tr><td>2</td><td>J</td><td>7 32</td><td>4 57</td><td>16 47</td><td>5 32</td><td>0 51 soir</td><td>22 18</td><td>27</td></tr>
<tr><td>3</td><td>V</td><td>7 30</td><td>4 59</td><td>16 30</td><td>6 37</td><td>2 2</td><td>23 24</td><td>28</td></tr>
<tr><td>4</td><td>S</td><td>7 28</td><td>5 0</td><td>16 12</td><td>7 28</td><td>3 28</td><td>☿</td><td>29</td></tr>
<tr><td>5</td><td>D</td><td>7 27</td><td>5 2</td><td>15 54</td><td>8 3</td><td>5 0</td><td>0 26</td><td>1</td></tr>
<tr><td>6</td><td>L</td><td>7 25</td><td>5 3</td><td>15 35</td><td>8 28</td><td>6 29</td><td>1 22</td><td>2</td></tr>
<tr><td>7</td><td>M</td><td>7 24</td><td>5 5</td><td>15 16</td><td>8 48</td><td>7 56</td><td>2 15</td><td>3</td></tr>
<tr><td>8</td><td>M</td><td>7 23</td><td>5 7</td><td>14 58</td><td>9 6</td><td>9 16</td><td>3 3</td><td>4</td></tr>
<tr><td>9</td><td>J</td><td>7 21</td><td>5 9</td><td>14 38</td><td>9 22</td><td>10 34</td><td>3 50</td><td>5</td></tr>
<tr><td>10</td><td>V</td><td>7 20</td><td>5 11</td><td>14 19</td><td>9 39</td><td>11 51</td><td>4 36</td><td>6</td></tr>
<tr><td>11</td><td>S</td><td>7 18</td><td>5 13</td><td>13 59</td><td>9 57</td><td>—</td><td>5 23</td><td>7</td></tr>
<tr><td>12</td><td>D</td><td>7 17</td><td>5 14</td><td>13 39</td><td>10 19</td><td>1 6 matin</td><td>6 10</td><td>8</td></tr>
<tr><td>13</td><td>L</td><td>7 15</td><td>5 16</td><td>13 19</td><td>10 45</td><td>2 19</td><td>6 59</td><td>9</td></tr>
<tr><td>14</td><td>M</td><td>7 13</td><td>5 17</td><td>12 59</td><td>11 17</td><td>3 28</td><td>7 50</td><td>10</td></tr>
<tr><td>15</td><td>M</td><td>7 11</td><td>5 18</td><td>12 38</td><td>11 59</td><td>4 30</td><td>8 41</td><td>11</td></tr>
<tr><td>16</td><td>J</td><td>7 9</td><td>5 20</td><td>12 18</td><td>0 52 soir</td><td>5 23</td><td>9 32</td><td>12</td></tr>
<tr><td>17</td><td>V</td><td>7 7</td><td>5 22</td><td>11 57</td><td>1 52</td><td>6 6</td><td>10 21</td><td>13</td></tr>
<tr><td>18</td><td>S</td><td>7 5</td><td>5 23</td><td>11 36</td><td>2 59</td><td>6 38</td><td>11 9</td><td>14</td></tr>
<tr><td>19</td><td>D</td><td>7 4</td><td>5 25</td><td>11 14</td><td>4 9</td><td>7 3</td><td>11 55</td><td>15</td></tr>
<tr><td>20</td><td>L</td><td>7 2</td><td>5 27</td><td>10 53</td><td>5 19</td><td>7 24</td><td>12 38</td><td>16</td></tr>
<tr><td>21</td><td>M</td><td>7 0</td><td>5 29</td><td>10 31</td><td>6 29</td><td>7 40</td><td>13 20</td><td>17</td></tr>
<tr><td>22</td><td>M</td><td>6 58</td><td>5 30</td><td>10 9</td><td>7 40</td><td>7 56</td><td>14 2</td><td>18</td></tr>
<tr><td>23</td><td>J</td><td>6 57</td><td>5 32</td><td>9 47</td><td>8 51</td><td>8 9</td><td>14 44</td><td>19</td></tr>
<tr><td>24</td><td>V</td><td>6 55</td><td>5 34</td><td>9 25</td><td>10 3</td><td>8 24</td><td>15 27</td><td>20</td></tr>
<tr><td>25</td><td>S</td><td>6 53</td><td>5 35</td><td>9 3</td><td>11 19</td><td>8 39</td><td>16 14</td><td>21</td></tr>
<tr><td>26</td><td>D</td><td>6 51</td><td>5 37</td><td>8 41</td><td>—</td><td>8 58</td><td>17 4</td><td>22</td></tr>
<tr><td>27</td><td>L</td><td>6 49</td><td>5 38</td><td>8 18</td><td>0 38 matin</td><td>9 21</td><td>17 59</td><td>23</td></tr>
<tr><td>28</td><td>M</td><td>6 47</td><td>5 40</td><td>7 56</td><td>1 57</td><td>9 53</td><td>18 59</td><td>24</td></tr>
</table>

N L le  5 à 10 h. 17' du m.          P L le 20 à 2 h. 33' du s.
P Q le 12 à  9 h. 48' du m.          D Q le 28 à 5 h. 40' du m.

## MARS.

| JOURS DU MOIS. | JOURS DE LA SEMAINE. | TEMPS MOYEN DE PARIS. | | | | | | AGE DE LA LUNE. |
| --- | --- | --- | --- | --- | --- | --- | --- | --- |
| | | LEVER DU SOLEIL. | COUCHER DU SOLEIL. | DÉCLINAISON AUSTRALE DU SOLEIL. | LEVER DE LA LUNE. | COUCHER DE LA LUNE. | PASSAGE DE LA LUNE AU MÉRIDIEN. | |
| | | h. m. | h. m. | | h. m. | h. m. | h. m. | |
| 1 | M | 6 45 | 5 42 | 7° 33' | 3 17 matin | 10 39 | 20 2 | 25 |
| 2 | J | 6 43 | 5 43 | 7 10 | 4 25 | 11 40 | 21 5 | 26 |
| 3 | V | 6 41 | 5 44 | 6 47 | 5 19 | 0 57 soir | 22 7 | 27 |
| 4 | S | 6 39 | 5 46 | 6 24 | 5 58 | 2 24 | 23 5 | 28 |
| 5 | D | 6 37 | 5 48 | 6 1 | 6 27 | 3 54 | 23 59 | 29 |
| 6 | L | 6 35 | 5 50 | 5 38 | 6 50 | 5 21 | ♂ | 30 |
| 7 | M | 6 33 | 5 51 | 5 14 | 7 9 | 6 46 | 0 50 | 1 |
| 8 | M | 6 31 | 5 52 | 4 51 | 7 25 | 8 7 | 1 38 | 2 |
| 9 | J | 6 29 | 5 54 | 4 27 | 7 42 | 9 28 | 2 26 | 3 |
| 10 | V | 6 27 | 5 56 | 4 4 | 8 0 | 10 46 | 3 14 | 4 |
| 11 | S | 6 24 | 5 57 | 3 40 | 8 20 | | 4 2 | 5 |
| 12 | D | 6 22 | 5 59 | 3 17 | 8 43 | 0 2 matin | 4 51 | 6 |
| 13 | L | 6 20 | 6 0 | 2 53 | 9 13 | 1 14 | 5 42 | 7 |
| 14 | M | 6 18 | 6 1 | 2 30 | 9 52 | 2 20 | 6 34 | 8 |
| 15 | M | 6 16 | 6 3 | 2 6 | 10 41 | 3 18 | 7 25 | 9 |
| 16 | J | 6 14 | 6 5 | 1 42 | 11 40 | 4 4 | 8 16 | 10 |
| 17 | V | 6 12 | 6 7 | 1 19 | 0 46 soir | 4 40 | 9 4 | 11 |
| 18 | S | 6 10 | 6 8 | 0 55 | 1 55 | 5 7 | 9 51 | 12 |
| 19 | D | 6 8 | 6 9 | 0 31 | 3 5 | 5 30 | 10 35 | 13 |
| 20 | L | 6 6 | 6 11 | 0 A 7 | 4 16 | 5 47 | 11 17 | 14 |
| 21 | M | 6 3 | 6 12 | 0 B 16 | 5 27 | 6 2 | 11 59 | 15 |
| 22 | M | 6 1 | 6 14 | 0 40 | 6 39 | 6 17 | 12 42 | 16 |
| 23 | J | 5 59 | 6 16 | 1 4 | 7 52 | 6 31 | 13 25 | 17 |
| 24 | V | 5 57 | 6 17 | 1 27 | 9 8 | 6 46 | 14 11 | 18 |
| 25 | S | 5 55 | 6 18 | 1 51 | 10 27 | 7 3 | 15 1 | 19 |
| 26 | D | 5 53 | 6 20 | 2 14 | 11 46 | 7 25 | 15 55 | 20 |
| 27 | L | 5 51 | 6 22 | 2 38 | | 7 52 | 16 53 | 21 |
| 28 | M | 5 48 | 6 23 | 3 1 | 1 7 matin | 8 34 | 17 54 | 22 |
| 29 | M | 5 47 | 6 24 | 3 25 | 2 18 | 9 29 | 18 56 | 23 |
| 30 | J | 5 45 | 6 26 | 3 48 | 3 16 | 10 40 | 19 56 | 24 |
| 31 | V | 5 42 | 6 27 | 4 11 | 3 58 | 0 2 soir | 20 54 | 25 |

N L le 6 à 8 h. 33' du s.　　　　P L le 22 à 7 h. 5' du m.

P Q le 14 à 4 h. 17' du m.　　　　D Q le 29 à 1 h. 26' du s.

# AVRIL.

| JOURS DU MOIS. | JOURS DE LA SEMAINE. | TEMPS MOYEN DE PARIS. | | | | | | AGE DE LA LUNE. |
| | | LEVER DU SOLEIL. | COUCHER DU SOLEIL. | DÉCLINAISON BORÉALE DU SOLEIL. | LEVER DE LA LUNE. | COUCHER DE LA LUNE. | PASSAGE DE LA LUNE AU MÉRIDIEN | |
|---|---|---|---|---|---|---|---|---|
| | | h. m. | h. m. | | h. m. | h. m. | h. m. | |
| 1 | S | 5 40 | 6 29 | 4° 34' | 4 30 (matin) | 1 29 (soir) | 21 49 | 26 |
| 2 | D | 5 38 | 6 30 | 4 57 | 4 55 (matin) | 2 56 (soir) | 22 38 | 27 |
| 3 | L | 5 36 | 6 31 | 5 20 | 5 13 (matin) | 4 18 | 23 27 | 28 |
| 4 | M | 5 34 | 6 33 | 5 43 | 5 29 | 5 40 | ♂ | 29 |
| 5 | M | 5 32 | 6 35 | 6 6 | 5 45 | 7 0 | 0 14 | 1 |
| 6 | J | 5 30 | 6 36 | 6 29 | 6 1 | 8 19 | 1 1 | 2 |
| 7 | V | 5 28 | 6 37 | 6 51 | 6 20 | 9 38 | 1 50 | 3 |
| 8 | S | 5 26 | 6 39 | 7 14 | 6 42 | 10 54 | 2 40 | 4 |
| 9 | D | 5 24 | 6 41 | 7 36 | 7 10 | | 3 31 | 5 |
| 10 | L | 5 22 | 6 42 | 7 59 | 7 46 | 0 4 (matin) | 4 24 | 6 |
| 11 | M | 5 20 | 6 43 | 8 21 | 8 32 | 1 9 (matin) | 5 17 | 7 |
| 12 | M | 5 18 | 6 45 | 8 43 | 9 27 | 2 0 (matin) | 6 8 | 8 |
| 13 | J | 5 16 | 6 47 | 9 4 | 10 30 | 2 37 | 6 57 | 9 |
| 14 | V | 5 14 | 6 48 | 9 26 | 11 39 | 3 10 | 7 44 | 10 |
| 15 | S | 5 12 | 6 49 | 9 48 | 0 49 (soir) | 3 34 | 8 29 | 11 |
| 16 | D | 5 10 | 6 51 | 10 9 | 1 59 (soir) | 3 53 | 9 12 | 12 |
| 17 | L | 5 8 | 6 53 | 10 30 | 3 10 | 4 9 | 9 54 | 13 |
| 18 | M | 5 6 | 6 54 | 10 51 | 4 21 | 4 23 | 10 36 | 14 |
| 19 | M | 5 4 | 6 55 | 11 12 | 5 34 | 4 37 | 11 20 | 15 |
| 20 | J | 5 2 | 6 57 | 11 33 | 6 50 | 4 52 | 12 5 | 16 |
| 21 | V | 4 0 | 6 58 | 11 53 | 8 10 | 5 8 | 12 55 | 17 |
| 22 | S | 4 58 | 6 59 | 12 13 | 9 33 | 5 29 | 13 48 | 18 |
| 23 | D | 4 56 | 7 1 | 12 33 | 10 55 | 5 55 | 14 46 | 19 |
| 24 | L | 4 54 | 7 3 | 12 53 | | 6 32 | 15 47 | 20 |
| 25 | M | 4 53 | 7 4 | 13 13 | 0 10 (matin) | 7 23 | 16 50 | 21 |
| 26 | M | 4 51 | 7 6 | 13 32 | 1 13 (matin) | 8 30 | 17 51 | 22 |
| 27 | J | 4 49 | 7 7 | 13 51 | 2 0 (matin) | 9 48 | 18 49 | 23 |
| 28 | V | 4 47 | 7 8 | 14 10 | 2 34 | 11 14 | 19 43 | 24 |
| 29 | S | 4 45 | 7 10 | 14 29 | 2 59 | 0 38 (soir) | 20 33 | 25 |
| 30 | D | 4 44 | 7 11 | 14 48 | 3 19 | 2 0 (soir) | 21 21 | 26 |

N L le 5 à 7 h. 29' du m.          P L le 20 à 8 h. 49' du s.

P Q le 12 à 11 h. 23' du s.          D Q le 27 à 7 h. 6' du s.

# MAI.

| JOURS DU MOIS. | JOURS DE LA SEMAINE. | TEMPS MOYEN DE PARIS. | | | | | | | | | | | AGE DE LA LUNE. |
| --- | --- | --- | --- | --- | --- | --- | --- | --- | --- | --- | --- | --- | --- |
| | | LEVER DU SOLEIL. | | COUCHER DU SOLEIL. | | DÉCLINAISON BORÉALE DU SOLEIL. | | LEVER DE LA LUNE. | | COUCHER DE LA LUNE. | | PASSAGE DE LA LUNE AU MÉRIDIEN. | |
| | | h. | m. | h. | m. | | | h. | m. | h. | m. | h. | m. | |
| 1 | L | 4 | 42 | 7 | 13 | 15° | 6' | 3 *matin* 36 | | 3 *soir* 21 | | 22 | 7 | 27 |
| 2 | M | 4 | 40 | 7 | 14 | 15 | 24 | 3 | 51 | 4 | 39 | 22 | 53 | 28 |
| 3 | M | 4 | 39 | 7 | 16 | 15 | 42 | 4 | 7 | 5 | 57 | 23 | 40 | 29 |
| 4 | J | 4 | 37 | 7 | 17 | 15 | 59 | 4 | 24 | 7 | 15 | ♂ | | 30 |
| 5 | V | 4 | 36 | 7 | 19 | 16 | 16 | 4 | 43 | 8 | 32 | 0 | 29 | 1 |
| 6 | S | 4 | 34 | 7 | 20 | 16 | 33 | 5 | 8 | 9 | 47 | 1 | 20 | 2 |
| 7 | D | 4 | 32 | 7 | 21 | 16 | 50 | 5 | 41 | 10 | 54 | 2 | 13 | 3 |
| 8 | L | 4 | 30 | 7 | 22 | 17 | 6 | 6 | 22 | 11 | 51 | 3 | 6 | 4 |
| 9 | M | 4 | 29 | 7 | 24 | 17 | 23 | 7 | 15 | | | 3 | 59 | 5 |
| 10 | M | 4 | 27 | 7 | 25 | 17 | 38 | 8 | 16 | 0 *matin* 37 | | 4 | 49 | 6 |
| 11 | J | 4 | 26 | 7 | 27 | 17 | 54 | 9 | 22 | 1 | 11 | 5 | 37 | 7 |
| 12 | V | 4 | 24 | 7 | 28 | 18 | 9 | 10 | 32 | 1 | 37 | 6 | 23 | 8 |
| 13 | S | 4 | 23 | 7 | 30 | 18 | 24 | 11 | 42 | 1 | 57 | 7 | 6 | 9 |
| 14 | D | 4 | 22 | 7 | 31 | 18 | 39 | 0 *soir* 52 | | 2 | 14 | 7 | 48 | 10 |
| 15 | L | 4 | 20 | 7 | 32 | 18 | 53 | 2 | 2 | 2 | 29 | 8 | 30 | 11 |
| 16 | M | 4 | 19 | 7 | 34 | 19 | 7 | 3 | 13 | 2 | 43 | 9 | 12 | 12 |
| 17 | M | 4 | 18 | 7 | 35 | 19 | 21 | 4 | 27 | 2 | 57 | 9 | 56 | 13 |
| 18 | J | 4 | 16 | 7 | 36 | 19 | 34 | 5 | 46 | 3 | 12 | 10 | 44 | 14 |
| 19 | V | 4 | 15 | 7 | 37 | 19 | 47 | 7 | 8 | 3 | 31 | 11 | 36 | 15 |
| 20 | S | 4 | 14 | 7 | 39 | 20 | 0 | 8 | 33 | 3 | 55 | 12 | 34 | 16 |
| 21 | D | 4 | 13 | 7 | 40 | 20 | 12 | 9 | 54 | 4 | 28 | 13 | 36 | 17 |
| 22 | L | 4 | 12 | 7 | 41 | 20 | 24 | 11 | 3 | 5 | 15 | 14 | 40 | 18 |
| 23 | M | 4 | 10 | 7 | 42 | 20 | 36 | 11 | 57 | 6 | 17 | 15 | 43 | 19 |
| 24 | M | 4 | 9 | 7 | 43 | 20 | 47 | | | 7 | 34 | 16 | 44 | 20 |
| 25 | J | 4 | 9 | 7 | 45 | 20 | 58 | 0 *matin* 36 | | 9 | 0 | 17 | 39 | 21 |
| 26 | V | 4 | 8 | 7 | 46 | 21 | 9 | 1 | 4 | 10 | 25 | 18 | 30 | 22 |
| 27 | S | 4 | 7 | 7 | 47 | 21 | 19 | 1 | 25 | 11 | 48 | 19 | 18 | 23 |
| 28 | D | 4 | 6 | 7 | 48 | 21 | 29 | 1 | 42 | 1 *soir* 8 | | 20 | 4 | 24 |
| 29 | L | 4 | 5 | 7 | 49 | 21 | 38 | 1 | 58 | 2 | 26 | 20 | 50 | 25 |
| 30 | M | 4 | 4 | 7 | 50 | 21 | 47 | 2 | 14 | 3 | 43 | 21 | 36 | 26 |
| 31 | M | 4 | 3 | 7 | 51 | 21 | 56 | 2 | 30 | 5 | 0 | 22 | 23 | 27 |

N. L le 4 à 7 h. 11' du s.　　　　P. L le 20 à 7 h. 37' du m.

P. Q le 12 à 5 h. 49' du s.　　　　D. Q le 27 à 0 h. 11' du m.

# JUIN.

**TEMPS MOYEN DE PARIS.**

| JOURS DU MOIS. | JOURS DE LA LUNE. | LEVER DU SOLEIL. | COUCHER DU SOLEIL. | DÉCLINAISON BORÉALE DU SOLEIL. | LEVER DE LA LUNE. | COUCHER DE LA LUNE. | PASSAGE DE LA LUNE AU MÉRIDIEN. | ÂGE DE LA LUNE. |
|---|---|---|---|---|---|---|---|---|
| | | h. m. | h. m. | | h. m. | h. m. | h. m. | |
| 1 | J | 4 3 | 7 52 | 22° 4' | 2 48 (matin) | 6 16 (soir) | 23 13 | 28 |
| 2 | V | 4 3 | 7 53 | 22 12 | 3 11 | 7 31 | ♂ | 29 |
| 3 | S | 4 2 | 7 54 | 22 20 | 3 39 | 8 41 | 0 4 | 1 |
| 4 | D | 4 1 | 7 55 | 22 27 | 4 18 | 9 43 | 0 59 | 2 |
| 5 | L | 4 0 | 7 56 | 22 34 | 5 6 | 10 32 | 1 51 | 3 |
| 6 | M | 4 0 | 7 56 | 22 40 | 6 3 | 11 11 | 2 43 | 4 |
| 7 | M | 3 59 | 7 57 | 22 46 | 7 10 | 11 40 | 3 32 | 5 |
| 8 | J | 3 59 | 7 58 | 22 52 | 8 19 | (matin) | 4 18 | 6 |
| 9 | V | 3 59 | 7 59 | 22 57 | 9 28 | 0 2 | 5 2 | 7 |
| 10 | S | 3 59 | 7 59 | 23 2 | 10 37 | 0 20 | 5 44 | 8 |
| 11 | D | 3 58 | 8 0 | 23 6 | 11 46 | 0 37 | 6 25 | 9 |
| 12 | L | 3 58 | 8 1 | 23 10 | 0 55 (soir) | 0 54 | 7 6 | 10 |
| 13 | M | 3 58 | 8 2 | 23 14 | 2 6 | 1 7 | 7 48 | 11 |
| 14 | M | 3 58 | 8 2 | 23 17 | 3 22 | 1 17 | 8 34 | 12 |
| 15 | J | 3 58 | 8 2 | 23 20 | 4 41 | 1 33 | 9 23 | 13 |
| 16 | V | 3 57 | 8 2 | 23 22 | 6 5 | 1 55 | 10 18 | 14 |
| 17 | S | 3 57 | 8 3 | 23 24 | 7 29 | 2 23 | 11 19 | 15 |
| 18 | D | 3 58 | 8 3 | 23 26 | 8 40 | 3 3 | 12 23 | 16 |
| 19 | L | 3 58 | 8 4 | 23 27 | 9 41 | 4 1 | 13 29 | 17 |
| 20 | M | 3 58 | 8 4 | 23 27 | 10 30 | 5 14 | 14 33 | 18 |
| 21 | M | 3 58 | 8 4 | 23 28 | 11 6 | 6 40 | 15 32 | 19 |
| 22 | J | 3 59 | 8 4 | 23 B 27 | 11 31 | 8 8 | 16 27 | 20 |
| 23 | V | 3 59 | 8 5 | 23 A 28 | 11 49 | 9 36 | 17 17 | 21 |
| 24 | S | 3 59 | 8 5 | 23 26 | (matin) | 10 58 | 18 4 | 22 |
| 25 | D | 3 59 | 8 5 | 23 25 | 0 6 | 0 17 (soir) | 18 50 | 23 |
| 26 | L | 3 59 | 8 5 | 23 23 | 0 22 | 1 34 | 19 35 | 24 |
| 27 | M | 4 0 | 8 6 | 23 21 | 0 37 | 2 50 | 20 22 | 25 |
| 28 | M | 4 1 | 8 6 | 23 18 | 0 55 | 4 6 | 21 10 | 26 |
| 29 | J | 4 1 | 8 5 | 23 15 | 1 16 | 5 21 | 22 1 | 27 |
| 30 | V | 4 1 | 8 5 | 23 12 | 1 43 | 6 32 | 22 53 | 28 |

N L le 3 à 7 h. 53' du m.   P L le 18 à 4 h. 1' du s.

P Q le 11 à 10 h. 39' du m.   D Q le 25 à 6 h. 9' du m.

# JUILLET.

| JOURS DU MOIS. | JOURS DE LA SEMAINE. | LEVER DU SOLEIL. | | COUCHER DU SOLEIL. | | DÉCLINAISON BORÉALE DU SOLEIL. | | LEVER DE LA LUNE. | | COUCHER DE LA LUNE. | | PASSAGE DE LA LUNE AU MÉRIDIEN. | | AGE DE LA LUNE. |
|---|---|---|---|---|---|---|---|---|---|---|---|---|---|---|
| | | h. | m. | h. | m. | | | h. | m. | h. | m. | h. | m. | |
| 1 | S | 4 | 1 | 8 | 4 | 23° | 8' | 2 | 18 (matin) | 7 | 38 (soir) | 23 | 44 | 29 |
| 2 | D | 4 | 2 | 8 | 4 | 23 | 4 | 3 | 3 | 8 | 28 | ☿ | | 30 |
| 3 | L | 4 | 3 | 8 | 4 | 22 | 59 | 3 | 57 | 9 | 9 | 0 | 36 | 1 |
| 4 | M | 4 | 4 | 8 | 4 | 22 | 54 | 5 | 0 | 9 | 41 | 1 | 26 | 2 |
| 5 | M | 4 | 4 | 8 | 4 | 22 | 49 | 6 | 7 | 10 | 5 | 2 | 13 | 3 |
| 6 | J | 4 | 5 | 8 | 3 | 22 | 43 | 7 | 15 | 10 | 23 | 2 | 57 | 4 |
| 7 | V | 4 | 6 | 8 | 3 | 22 | 37 | 8 | 25 | 10 | 39 | 3 | 39 | 5 |
| 8 | S | 4 | 7 | 8 | 3 | 22 | 30 | 9 | 33 | 10 | 54 | 4 | 21 | 6 |
| 9 | D | 4 | 8 | 8 | 2 | 22 | 23 | 10 | 41 | 11 | 8 | 5 | 1 | 7 |
| 10 | L | 4 | 9 | 8 | 1 | 22 | 16 | 11 | 50 | 11 | 22 | 5 | 42 | 8 |
| 11 | M | 4 | 9 | 8 | 0 | 22 | 8 | 1 | 1 (soir) | 11 | 37 | 6 | 25 | 9 |
| 12 | M | 4 | 10 | 7 | 59 | 22 | 0 | 2 | 16 | 11 | 55 | 7 | 11 | 10 |
| 13 | J | 4 | 11 | 7 | 59 | 21 | 51 | 3 | 36 | — | | 8 | 2 | 11 |
| 14 | V | 4 | 12 | 7 | 58 | 21 | 42 | 4 | 58 | 0 | 18 (matin) | 8 | 58 | 12 |
| 15 | S | 4 | 14 | 7 | 58 | 21 | 33 | 6 | 18 | 0 | 50 | 10 | 0 | 13 |
| 16 | D | 4 | 15 | 7 | 57 | 21 | 23 | 7 | 28 | 1 | 37 | 11 | 6 | 14 |
| 17 | L | 4 | 16 | 7 | 56 | 21 | 13 | 8 | 23 | 2 | 44 | 12 | 12 | 15 |
| 18 | M | 4 | 17 | 7 | 55 | 21 | 3 | 9 | 2 | 4 | 8 | 13 | 15 | 16 |
| 19 | M | 4 | 18 | 7 | 54 | 20 | 52 | 9 | 31 | 5 | 39 | 14 | 14 | 17 |
| 20 | J | 4 | 19 | 7 | 53 | 20 | 41 | 9 | 53 | 7 | 10 | 15 | 8 | 18 |
| 21 | V | 4 | 20 | 7 | 52 | 20 | 30 | 10 | 11 | 8 | 37 | 15 | 57 | 19 |
| 22 | S | 4 | 21 | 7 | 51 | 20 | 18 | 10 | 25 | 9 | 59 | 16 | 43 | 20 |
| 23 | D | 4 | 22 | 7 | 49 | 26 | 6 | 10 | 40 | 11 | 19 | 17 | 30 | 21 |
| 24 | L | 4 | 23 | 7 | 48 | 19 | 54 | 10 | 58 | 0 | 38 (soir) | 18 | 18 | 22 |
| 25 | M | 4 | 24 | 7 | 47 | 19 | 41 | 11 | 20 | 1 | 55 | 19 | 7 | 23 |
| 26 | M | 4 | 26 | 7 | 46 | 19 | 28 | 11 | 46 | 3 | 11 | 19 | 57 | 24 |
| 27 | J | 4 | 27 | 7 | 44 | 19 | 14 | — | | 4 | 24 | 20 | 48 | 25 |
| 28 | V | 4 | 28 | 7 | 43 | 19 | 1 | 0 | 18 (matin) | 5 | 29 | 21 | 40 | 26 |
| 29 | S | 4 | 30 | 7 | 42 | 18 | 46 | 1 | 0 | 6 | 25 | 22 | 32 | 27 |
| 30 | D | 4 | 31 | 7 | 40 | 18 | 32 | 1 | 51 | 7 | 11 | 23 | 22 | 28 |
| 31 | L | 4 | 33 | 7 | 38 | 18 | 17 | 2 | 51 | 7 | 45 | — | | 29 |

N L le 2 à 9 h.39' du m.      P L le 17 à 11 h. 0' du s.
P Q le 11 à 1 h.19' du s.      D Q le 24 à 2 h.16' du s.

# AOUT.

| JOURS DU MOIS. | JOURS DE LA SEMAINE. | TEMPS MOYEN DE PARIS. | | | | | | AGE DE LA LUNE. |
| | | LEVER DU SOLEIL. | COUCHER DU SOLEIL. | DÉCLINAISON BORÉALE DU SOLEIL. | LEVER DE LA LUNE. | COUCHER DE LA LUNE. | PASSAGE DE LA LUNE AU MÉRIDIEN. | |
|---|---|---|---|---|---|---|---|---|
| | | h. m. | h. m. | | h. m. | h. m. | h. m. | |
| 1 | M | 4 34 | 7 37 | 18° 2' | 3 58 matin | 8 10 soir | 0 11 | 30 |
| 2 | M | 4 35 | 7 36 | 17 47 | 5 6 | 8 31 | 0 56 | 1 |
| 3 | J | 4 36 | 7 35 | 17 32 | 6 16 | 8 47 | 1 39 | 2 |
| 4 | V | 4 38 | 7 34 | 17 16 | 7 24 | 9 1 | 2 20 | 3 |
| 5 | S | 4 39 | 7 32 | 17 0 | 8 32 | 9 14 | 3 0 | 4 |
| 6 | D | 4 41 | 7 31 | 16 43 | 9 40 | 9 27 | 3 40 | 5 |
| 7 | L | 4 42 | 7 29 | 16 27 | 10 49 | 9 41 | 4 21 | 6 |
| 8 | M | 4 43 | 7 27 | 16 10 | 0 1 soir | 9 57 | 5 5 | 7 |
| 9 | M | 4 44 | 7 25 | 15 52 | 1 16 | 10 18 | 5 52 | 8 |
| 10 | J | 4 46 | 7 24 | 15 35 | 2 35 | 10 46 | 6 44 | 9 |
| 11 | V | 4 47 | 7 22 | 15 17 | 3 53 | 11 25 | 7 43 | 10 |
| 12 | S | 4 49 | 7 21 | 14 59 | 5 7 | — | 8 46 | 11 |
| 13 | D | 4 50 | 7 19 | 14 41 | 6 9 | 0 22 matin | 9 50 | 12 |
| 14 | L | 4 51 | 7 17 | 14 23 | 6 55 | 1 34 | 10 55 | 13 |
| 15 | M | 4 52 | 7 15 | 14 4 | 7 29 | 3 1 | 11 56 | 14 |
| 16 | M | 4 54 | 7 13 | 13 45 | 7 53 | 4 34 | 12 52 | 15 |
| 17 | J | 4 56 | 7 12 | 13 26 | 8 12 | 6 5 | 13 45 | 16 |
| 18 | V | 4 57 | 7 10 | 13 7 | 8 29 | 7 34 | 14 35 | 17 |
| 19 | S | 4 59 | 7 8 | 12 47 | 8 46 | 8 58 | 15 24 | 18 |
| 20 | D | 5 0 | 7 6 | 12 28 | 9 3 | 10 20 | 16 12 | 19 |
| 21 | L | 5 1 | 7 4 | 12 8 | 9 23 | 11 40 | 17 1 | 20 |
| 22 | M | 5 3 | 7 2 | 11 48 | 9 47 | 0 57 soir | 17 51 | 21 |
| 23 | M | 5 4 | 7 0 | 11 27 | 10 16 | 2 13 | 18 43 | 22 |
| 24 | J | 5 5 | 6 58 | 11 7 | 10 55 | 3 23 | 19 36 | 23 |
| 25 | V | 5 7 | 6 56 | 10 46 | 11 45 | 4 23 | 20 29 | 24 |
| 26 | S | 5 9 | 6 55 | 10 25 | | 5 12 | 21 20 | 25 |
| 27 | D | 5 10 | 6 53 | 10 4 | 0 44 matin | 5 49 | 22 8 | 26 |
| 28 | L | 5 11 | 6 51 | 9 43 | 1 49 | 6 17 | 22 54 | 27 |
| 29 | M | 5 13 | 6 49 | 9 22 | 2 57 | 6 38 | 23 38 | 28 |
| 30 | M | 5 14 | 6 47 | 9 1 | 4 7 | 6 54 | ♂ | 29 |
| 31 | J | 5 15 | 6 45 | 8 39 | 5 15 | 7 9 | 0 20 | 1 |

N L le 1 à 0 h. 29' du s.    P L le 16 à 5 h. 48' du m.

P Q le 9 à 1 h. 31' du s.   D Q le 23 à 1 h. 25' du m.

N L le 31 à 4 h. 10 du m.

## SEPTEMBRE.

| JOURS DU MOIS. | JOURS DE LA SEMAINE. | TEMPS MOYEN DE PARIS. | | | | | | AGE DE LA LUNE. |
|---|---|---|---|---|---|---|---|---|
| | | LEVER DU SOLEIL. | COUCHER DU SOLEIL. | DÉCLINAISON AUSTRALE DU SOLEIL. | LEVER DE LA LUNE. | COUCHER DE LA LUNE. | PASSAGE DE LA LUNE AU MÉRIDIEN. | |
| | | h. m. | h. m. | | h. m. | h. m. | h. m. | |
| 1 | V | 5 17 | 6 42 | 8° 17' | 6 matin 23 | 7 soir 23 | 1 0 | 2 |
| 2 | S | 5 18 | 6 40 | 7 55 | 7 31 | 7 35 | 1 40 | 3 |
| 3 | D | 5 19 | 6 88 | 7 33 | 8 40 | 7 48 | 2 20 | 4 |
| 4 | L | 5 21 | 6 36 | 7 11 | 9 49 | 8 3 | 3 2 | 5 |
| 5 | M | 5 23 | 6 34 | 6 49 | 11 3 | 8 21 | 3 48 | 6 |
| 6 | M | 5 24 | 6 32 | 6 27 | 0 soir 21 | 8 46 | 4 38 | 7 |
| 7 | J | 5 25 | 6 30 | 6 4 | 1 39 | 9 20 | 5 33 | 8 |
| 8 | V | 5 27 | 6 28 | 5 42 | 2 54 | 10 6 | 6 32 | 9 |
| 9 | S | 5 28 | 6 26 | 5 19 | 3 58 | 11 11 | 7 34 | 10 |
| 10 | D | 5 29 | 6 24 | 4 56 | 4 49 | — | 8 37 | 11 |
| 11 | L | 5 31 | 6 22 | 4 33 | 5 26 | 0 matin 30 | 9 38 | 12 |
| 12 | M | 5 32 | 6 20 | 4 10 | 5 53 | 1 59 | 10 36 | 13 |
| 13 | M | 5 34 | 6 17 | 3 47 | 6 16 | 3 30 | 11 30 | 14 |
| 14 | J | 5 36 | 6 15 | 3 24 | 6 33 | 4 59 | 12 21 | 15 |
| 15 | V | 5 37 | 6 13 | 3 1 | 6 49 | 6 26 | 13 11 | 16 |
| 16 | S | 5 38 | 6 11 | 2 38 | 7 6 | 7 51 | 14 1 | 17 |
| 17 | D | 5 39 | 6 9 | 2 15 | 7 25 | 9 14 | 14 51 | 18 |
| 18 | L | 5 41 | 6 7 | 1 52 | 7 46 | 10 36 | 15 42 | 19 |
| 19 | M | 5 42 | 6 5 | 1 28 | 8 14 | 10 56 | 16 35 | 20 |
| 20 | M | 5 44 | 6 3 | 1 5 | 8 51 | 1 soir 11 | 17 29 | 21 |
| 21 | J | 5 45 | 6 0 | 0 42 | 9 38 | 2 16 | 18 22 | 22 |
| 22 | V | 5 47 | 5 58 | 0 B 18 | 10 33 | 3 7 | 19 14 | 23 |
| 23 | S | 5 49 | 5 56 | 0 A 5 | 11 36 | 3 48 | 20 3 | 24 |
| 24 | D | 5 50 | 5 54 | 0 29 | — | 4 20 | 20 51 | 25 |
| 25 | L | 5 51 | 5 52 | 0 52 | 0 matin 44 | 4 44 | 21 36 | 26 |
| 26 | M | 5 52 | 5 49 | 1 15 | 1 54 | 5 2 | 22 18 | 27 |
| 27 | M | 5 54 | 5 47 | 1 39 | 3 4 | 5 17 | 22 59 | 28 |
| 28 | J | 5 56 | 5 45 | 2 2 | 4 13 | 5 31 | 22 39 | 29 |
| 29 | V | 5 57 | 5 43 | 2 26 | 5 21 | 5 43 | ♂ | 30 |
| 30 | S | 5 58 | 5 41 | 2 49 | 6 25 | 5 55 | 0 19 | 1 |

P Q le 7 à 11 h. 21' du s.      D Q le 21 à 4 h. 4' du s.  
P L le 14 à 1 h. 37' du s.      N L le 29 à 8 h. 12' du s.

## OCTOBRE.

| JOURS DU MOIS. | JOURS DE LA SEMAINE. | TEMPS MOYEN DE PARIS. | | | | | | ÂGE DE LA LUNE. |
| --- | --- | --- | --- | --- | --- | --- | --- | --- |
| | | LEVER DU SOLEIL. | COUCHER DU SOLEIL. | DÉCLINAISON AUSTRALE DU SOLEIL. | LEVER DE LA LUNE. | COUCHER DE LA LUNE. | PASSAGE DE LA LUNE AU MÉRIDIEN. | |
| | | h. m. | h. m. | | h. m. | h. m. | h. m. | |
| 1 | D | 6 0 | 5 39 | 3° 12' | 7 39 matin | 6 10 soir | 1 1 | 2 |
| 2 | L | 6 1 | 5 37 | 3 36 | 8 53 | 6 28 | 1 46 | 3 |
| 3 | M | 6 2 | 5 35 | 3 59 | 10 10 | 6 50 | 2 35 | 4 |
| 4 | M | 6 4 | 5 33 | 4 22 | 11 29 | 7 21 | 3 28 | 5 |
| 5 | J | 6 6 | 5 31 | 4 45 | 0 46 soir | 8 2 | 4 26 | 6 |
| 6 | V | 6 7 | 5 29 | 5 9 | 1 53 | 8 59 | 5 26 | 7 |
| 7 | S | 6 9 | 5 27 | 5 32 | 2 46 | 10 10 | 6 26 | 8 |
| 8 | D | 6 10 | 5 25 | 5 55 | 3 26 | 11 34 | 7 26 | 9 |
| 9 | L | 6 11 | 5 22 | 6 18 | 3 55 | | 8 23 | 10 |
| 10 | M | 6 13 | 5 20 | 6 40 | 4 18 | 1 2 matin | 9 17 | 11 |
| 11 | M | 6 15 | 5 18 | 7 3 | 4 36 | 2 29 | 10 8 | 12 |
| 12 | J | 6 16 | 5 16 | 7 26 | 4 53 | 3 55 | 10 58 | 13 |
| 13 | V | 6 17 | 5 14 | 7 48 | 5 10 | 5 20 | 11 48 | 14 |
| 14 | S | 6 19 | 5 12 | 8 11 | 5 27 | 6 45 | 12 38 | 15 |
| 15 | D | 6 21 | 5 10 | 8 33 | 5 46 | 8 9 | 13 29 | 16 |
| 16 | L | 6 23 | 5 8 | 8 55 | 6 11 | 9 31 | 14 22 | 17 |
| 17 | M | 6 24 | 5 6 | 9 17 | 6 44 | 10 50 | 15 17 | 18 |
| 18 | M | 6 25 | 5 4 | 9 39 | 7 27 | 0 1 soir | 16 12 | 19 |
| 19 | J | 6 27 | 5 2 | 10 1 | 8 22 | 1 1 | 17 6 | 20 |
| 20 | V | 6 28 | 5 1 | 10 23 | 9 24 | 1 46 | 17 57 | 21 |
| 21 | S | 6 30 | 4 59 | 10 44 | 10 30 | 2 22 | 18 45 | 22 |
| 22 | D | 6 32 | 4 57 | 11 5 | 11 39 | 2 48 | 19 31 | 23 |
| 23 | L | 6 34 | 4 55 | 11 27 | | 3 8 | 20 14 | 24 |
| 24 | M | 6 35 | 4 53 | 11 48 | 0 49 matin | 3 24 | 20 55 | 25 |
| 25 | M | 6 36 | 4 51 | 12 8 | 1 57 | 3 38 | 21 35 | 26 |
| 26 | J | 6 38 | 4 49 | 12 29 | 3 6 | 3 50 | 22 16 | 27 |
| 27 | V | 6 39 | 4 48 | 12 49 | 4 15 | 4 3 | 22 58 | 28 |
| 28 | S | 6 41 | 4 46 | 13 10 | 5 26 | 4 18 | 23 43 | 29 |
| 29 | D | 6 43 | 4 44 | 13 30 | 6 40 | 4 35 | — | 1 |
| 30 | L | 6 45 | 4 43 | 13 49 | 7 57 | 4 54 | 0 31 | 2 |
| 31 | M | 6 46 | 4 41 | 14 9 | 9 16 | 5 22 | 1 23 | 3 |

P Q le 7 à 7 h. 22' du m.　　D Q le 21 à 10 h. 5' du m.
P L le 13 à 11 h. 24' du s.　　N L le 29 à 11 h. 42' du m.

# NOVEMBRE.

| JOURS DU MOIS. | JOURS DE LA SEMAINE. | TEMPS MOYEN DE PARIS. | | | | | | AGE DE LA LUNE. |
|---|---|---|---|---|---|---|---|---|
| | | LEVER DU SOLEIL. | COUCHER DU SOLEIL. | DÉCLINAISON BORÉALE DU SOLEIL. | LEVER DE LA LUNE. | COUCHER DE LA LUNE. | PASSAGE DE LA LUNE AU MÉRIDIEN. | |
| | | h. m. | h. m. | | h. m. | h. m. | h. m. | |
| 1 | M | 6 48 | 4 39 | 14o 28' | 10 35 mat. | 6 0 soir | 2 20 | 4 |
| 2 | J | 6 49 | 4 38 | 14 48 | 11 45 | 6 51 | 3 19 | 5 |
| 3 | V | 6 51 | 4 36 | 15 6 | 0 44 soir | 8 1 | 4 21 | 6 |
| 4 | S | 6 53 | 4 35 | 15 25 | 1 28 | 9 21 | 5 21 | 7 |
| 5 | D | 6 54 | 4 34 | 15 43 | 1 59 | 10 45 | 6 17 | 8 |
| 6 | L | 6 56 | 4 32 | 16 2 | 2 22 | — | 7 10 | 9 |
| 7 | M | 6 57 | 4 30 | 16 19 | 2 40 | 0 10 matin | 8 0 | 10 |
| 8 | M | 6 59 | 4 28 | 16 37 | 2 58 | 1 34 | 8 50 | 11 |
| 9 | J | 7 0 | 4 27 | 16 54 | 3 14 | 2 57 | 9 38 | 12 |
| 10 | V | 7 2 | 4 25 | 17 11 | 3 30 | 4 19 | 10 26 | 13 |
| 11 | S | 7 3 | 4 24 | 17 28 | 3 47 | 5 41 | 11 16 | 14 |
| 12 | D | 7 5 | 4 22 | 17 44 | 4 10 | 7 3 | 12 8 | 15 |
| 13 | L | 7 7 | 4 21 | 18 1 | 4 40 | 8 24 | 13 3 | 16 |
| 14 | M | 7 9 | 4 20 | 18 16 | 5 18 | 9 40 | 13 59 | 17 |
| 15 | M | 7 10 | 4 19 | 18 32 | 6 7 | 10 46 | 14 54 | 18 |
| 16 | J | 7 12 | 4 18 | 18 47 | 7 8 | 11 40 | 15 48 | 19 |
| 17 | V | 7 13 | 4 16 | 19 2 | 8 15 | 0 19 | 16 38 | 20 |
| 18 | S | 7 14 | 4 15 | 19 16 | 9 23 | 0 48 | 17 24 | 21 |
| 19 | D | 7 16 | 4 14 | 19 30 | 10 33 | 1 11 soir | 18 8 | 22 |
| 20 | L | 7 18 | 4 13 | 19 44 | 11 42 | 1 29 | 18 50 | 23 |
| 21 | M | 7 19 | 4 12 | 19 58 | | 1 44 | 19 31 | 24 |
| 22 | M | 7 21 | 4 11 | 20 11 | 0 50 matin | 1 57 | 20 11 | 25 |
| 23 | J | 7 22 | 4 10 | 20 23 | 1 58 | 2 10 | 20 52 | 26 |
| 24 | V | 7 24 | 4 9 | 20 36 | 3 7 | 2 23 | 21 36 | 27 |
| 25 | S | 7 25 | 4 8 | 20 47 | 4 20 | 3 39 | 22 23 | 28 |
| 26 | D | 7 26 | 4 7 | 20 59 | 5 36 | 2 58 | 23 13 | 29 |
| 27 | L | 7 28 | 4 7 | 21 10 | 6 55 | 3 22 | ♂ | 30 |
| 28 | M | 7 29 | 4 6 | 21 21 | 8 15 | 3 55 | 0 8 | 1 |
| 29 | M | 7 30 | 4 5 | 21 31 | 9 30 | 4 44 | 1 9 | 2 |
| 30 | J | 7 32 | 4 5 | 21 41 | 10 37 | 5 48 | 2 12 | 3 |

P Q le 5 à 2 h. 33' du m.      D Q le 20 à 6 h. 44' du m.
P L le 12 à 11 h. 39' du m.      N L le 28 à 2 h. 0' du m.

# DÉCEMBRE.

| JOURS DU MOIS. | JOURS DE LA SEMAINE. | TEMPS MOYEN DE PARIS. | | | | | | AGE DE LA LUNE. |
| --- | --- | --- | --- | --- | --- | --- | --- | --- |
| | | LEVER DU SOLEIL. | COUCHER DU SOLEIL. | DÉCLINAISON BORÉALE DU SOLEIL. | LEVER DE LA LUNE. | COUCHER DE LA LUNE. | PASSAGE DE LA LUNE AU MÉRIDIEN. | |
| | | h. m. | h. m. | | h. m. | h. m. | h. m. | |
| 1 | V | 7 33 | 4 4 | 21º 51' | 11 36 | 7 8 | 3 14 | 4 |
| 2 | S | 7 34 | 4 3 | 22 0 | 0 3 | 8 33 | 4 13 | 5 |
| 3 | D | 7 36 | 4 3 | 22 8 | 0 27 | 9 59 | 5 8 | 6 |
| 4 | L | 7 37 | 4 3 | 22 17 | 0 48 | 11 23 | 5 59 | 7 |
| 5 | M | 7 39 | 4 3 | 22 24 | 1 6 | | 6 47 | 8 |
| 6 | M | 7 40 | 4 2 | 22 32 | 1 20 | 0 43 | 7 33 | 9 |
| 7 | J | 7 41 | 4 2 | 22 39 | 1 35 | 2 3 | 8 20 | 10 |
| 8 | V | 7 42 | 4 2 | 22 45 | 1 52 | 3 23 | 9 8 | 11 |
| 9 | S | 7 43 | 4 1 | 22 51 | 2 13 | 4 42 | 9 59 | 12 |
| 10 | D | 7 44 | 4 1 | 22 57 | 2 40 | 6 3 | 10 52 | 13 |
| 11 | L | 7 45 | 4 1 | 23 2 | 3 14 | 7 22 | 11 47 | 14 |
| 12 | M | 7 46 | 4 1 | 23 7 | 3 56 | 8 33 | 12 42 | 15 |
| 13 | M | 7 47 | 4 1 | 23 11 | 4 51 | 9 30 | 13 36 | 16 |
| 14 | J | 7 48 | 4 2 | 23 15 | 5 57 | 10 15 | 14 29 | 17 |
| 15 | V | 7 49 | 4 2 | 23 18 | 7 8 | 10 49 | 15 18 | 18 |
| 16 | S | 7 50 | 4 2 | 23 21 | 8 19 | 11 14 | 16 3 | 19 |
| 17 | D | 7 50 | 4 2 | 23 23 | 9 27 | 11 32 | 16 45 | 20 |
| 18 | L | 7 51 | 4 3 | 23 25 | 10 34 | 11 48 | 17 25 | 21 |
| 19 | M | 7 52 | 4 3 | 23 26 | 11 41 | 0 2 | 18 5 | 22 |
| 20 | M | 7 53 | 4 3 | 23 27 | | 0 15 | 18 45 | 23 |
| 21 | J | 7 53 | 4 3 | 23 28 | 0 49 | 0 28 | 19 26 | 24 |
| 22 | V | 7 54 | 4 4 | 23 A 28 | 1 58 | 0 42 | 20 10 | 25 |
| 23 | S | 7 54 | 4 4 | 23 B 27 | 3 10 | 0 59 | 20 59 | 26 |
| 24 | D | 7 55 | 4 5 | 23 26 | 4 28 | 1 20 | 21 52 | 27 |
| 25 | L | 7 55 | 4 5 | 23 25 | 5 47 | 1 48 | 22 51 | 28 |
| 26 | M | 7 56 | 4 6 | 23 23 | 7 6 | 2 29 | 23 55 | 29 |
| 27 | M | 7 56 | 4 7 | 23 21 | 8 22 | 3 29 | ♂ | 30 |
| 28 | J | 7 56 | 4 8 | 23 18 | 9 19 | 4 46 | 1 0 | 1 |
| 29 | V | 7 56 | 4 8 | 23 15 | 10 1 | 6 12 | 2 2 | 2 |
| 30 | S | 7 56 | 4 9 | 23 11 | 10 31 | 7 41 | 3 0 | 3 |
| 31 | D | 7 56 | 4 10 | 23 7 | 10 53 | 9 9 | 3 54 | 4 |

P Q le  4 à 10 h.  2' du s.          D Q le 20 à 4 h. 22' du m.
P L le 12 à  2 h. 27' du m.          N L le 27 à 2 h. 43' du s.

# MANUEL

# DU MARIN.

# PREMIÈRE SECTION.

—

## THÉORIE.

### ARITHMÉTIQUE.

L'arithmétique est la science des nombres ; les nombres sont des expressions de quantités : on entend, en général, par quantité tout ce qui est susceptible d'augmentation et de diminution.

Pour se former une idée exacte des nombres, il faut premièrement connaître ce qu'on entend par unité.

L'unité est une quantité prise arbitrairement pour servir de terme de comparaison à toutes les quantités de même espèce : ainsi, telle longueur a 5 brasses, la brasse est l'unité, c'est la quantité à laquelle on compare la longueur de 5 brasses. Un corps ou volume quelconque pèse 10 kilogrammes ; ici le kilogramme est l'unité.

Le nombre exprime de combien d'unités ou de parties d'unité une quantité est composée.

On appelle nombre entier celui qui est composé d'unités entières ; fractionnaire celui qui est composé d'unités entières et de parties d'unité, et fraction celui qui ne contient que des parties de l'unité. Ex. : 24, nombre entier ; 6 1/2 nombre fractionnaire ; 2/3, 3/4, fractions.

## DE LA NUMÉRATION ET DES DÉCIMALES.

La numération est l'art d'exprimer tous les nombres par une quantité limitée de caractères ou chiffres.

0   1   2   3   4   5   6   7   8   9

zéro un deux trois quatre cinq six sept huit neuf.

Pour exprimer tous les autres nombres avec ces chiffres, on est convenu que de dix unités on en ferait une seule que l'on nommerait *dixaine*, et que l'on compterait par dixaines comme on compte par unités, c'est-à-dire que l'on compterait 2 dixaines, 3 dixaines, 4 dixaines, etc., jusqu'à 9 ; que, pour représenter ces nouvelles unités, on emploierait les mêmes chiffres que pour les unités simples, mais que, pour les distinguer, on les placerait à la gauche des unités simples.

Ainsi, pour écrire avec des chiffres les nombres trente-cinq et quatre-vingt-quatre, on observera que le premier renferme 3 dixaines et 5 unités, et le second 8 dixaines et 4 unités ; donc, en raison de la règle précédente, on écrira les unités simples 5 et 4; puis, à la gauche, les dixaines, et on aura 35 et 84. Si l'on n'avait que des dixaines et pas d'unités, comme dans quarante, on écrirait 40 en mettant un zéro à la place des unités manquantes. Par ce moyen, on comptera jusqu'à quatre-vingt-dix-neuf inclusivement, et nous remarquerons qu'en vertu de la convention établie pour cette numération, tout chiffre placé à la gauche d'un autre ou d'un zéro, représente un nombre dix fois plus grand que s'il était seul.

Depuis 99 jusqu'à neuf cent quatre-vingt-dix-neuf, on peut compter par une convention semblable : de dix dixaines on composera une nouvelle unité qu'on nommera centaine, parce que dix fois dix font cent; puis on comptera par centaines, comme l'on compte par dixaines et par unités ; on les représentera par les mêmes chiffres ; seulement, on les placera à la gauche des dixaines. Ainsi, soit cinq cent vingt-deux à chiffrer : après avoir remarqué qu'il y a deux unités simples, deux dixaines et cinq centaines, on écrira 522 ; si l'on avait trois cent quatre, qui contiennent 3 centaines, pas de dixaines et 4 unités, on écrirait 304, c'est-à-dire que l'on remplacerait les dixaines qui manquent par un zéro. Si les unités manquaient aussi, on mettrait deux zéros après les centaines : donc, pour marquer sept cent, on écrirait 700.

Ainsi, nous remarquerons qu'un chiffre suivi de deux autres ou de deux zéros, marque un nombre cent fois plus grand que s'il était seul.

Depuis 999 on peut compter, par la même méthode, jusqu'à 9999, en formant de dix centaines une nouvelle unité, qu'on appelle mille, parce que dix fois 100 font 1000 ; opérant sur les mille comme sur les unités simples, et les représentant par les mêmes chiffres placés à la gauche des centaines. Ainsi, pour marquer trois mille huit cent dix-neuf, on écrira 3819 ; pour marquer huit mille quatre, on écrira 8004, et, pour neuf mille, on écrira 9000 : donc un chiffre suivi de trois autres représente un nombre mille fois plus grand que s'il était seul.

En continuant de renfermer ainsi dix unités d'un certain ordre dans une seule unité, et de placer ces nouvelles unités dans des rangs de plus en plus avancés vers la gauche, on parvient à exprimer, d'une manière uniforme et avec dix caractères seulement, tous les nombres entiers imaginables.

Maintenant, proposons-nous d'écrire en chiffres le nombre *neuf billions soixante - quatre millions deux cent trente mille quatre.*

Nous observerons d'abord que les plus hautes unités de ce nombre, 9,064,230,004 , sont des billions, et qu'elles sont au nombre de neuf ; je commence donc par écrire 9 ; on a ensuite soixante-quatre millions, c'est-à-dire six dixaines de millions, plus quatre millions; mais, entre les billions et les dixaines de millions, tombent les centaines de millions; on mettra donc 0 à la droite du 9, pour occuper la place des unités qui manquent; on écrira 6 à la droite de 0, et 4 à la droite de 6. Passant aux mille, on verra que l'on a deux centaines de mille et trois dixaines de mille; on écrira donc 2 à la droite de 4 millions, 3 à la droite de 2, et 0 à la droite de 3 pour tenir lieu des unités de mille qui manquent; enfin, n'ayant ni centaines ni dixaines d'unités simples, on écrira deux zéros à la suite, et on terminera par le chiffre 4, qui représente les unités simples. Après cette opération, on aura la suite de chiffres comme nous l'avons posée ci-dessus.

Pour énoncer facilement un nombre exprimé par autant de chiffres que l'on voudra, on le partagera en tranches de trois chiffres chacune, en allant de droite à gauche: on donnera à chaque tranche les noms suivants, en partant de la droite : Unités, mille, millions, billions, trillions, quatrillions, etc., etc. Le premier chiffre de chaque tranche, en partant toujours de la droite, aura le nom de la tranche, le second celui des dixaines, et le troisième celui des centaines.

Ainsi, en partant de la gauche, on énoncera chaque tranche comme si elle était seule, et l'on prononcera à la fin de chacune le nom de cette même tranche; par exemple, pour énoncer

| quatrillions, | trillions, | billions, | millions, | mille, | unités, |
|---|---|---|---|---|---|
| 376 | 754 | 128 | 463 | 785 | 324 |

on dira : Trois cent soixante-seize quatrillions, sept cent cinquante-quatre trillions, cent vingt-huit billions, quatre cent soixante-trois millions, sept cent quatre-vingt-cinq mille, trois cent vingt-quatre unités.

Il résulte de la numération que nous venons d'exposer, qu'au fur et à mesure qu'on avance de droite à gauche, les unités dont chaque nombre est composé sont de dix en dix fois plus grandes, et que, par conséquent, pour rendre un nombre dix fois, cent fois, mille fois plus grand, il suffit de mettre à la suite du chiffre de ses unités, un, deux ou trois zéros ; au contraire, à mesure que l'on va de la gauche vers la droite, les unités sont de dix en dix fois plus petites.

Si donc nous imaginons l'unité composée de dix parties, comme on imagine la dixaine composée de dix unités simples, on aura de nouvelles unités, que l'on nommera dixièmes, par opposition aux dixaines ; on les représente par les mêmes chiffres que les unités simples ; et, comme elles sont dix fois plus petites que celles-ci, on les place à la droite des unités, en les séparant par une virgule, afin de ne les point faire prendre pour des unités simples. Exemple : trente-trois unités et sept dixièmes seront écrits ainsi, 33,7.

On peut, de même, regarder actuellement les dixièmes comme des unités qui ont été formées de dix autres, chacune dix fois plus petite que les dixièmes, et les placer à leur droite. Ces nouvelles unités, dix fois plus petites que les dixièmes, seront cent fois plus petites que les unités principales ; et, pour cette raison, seront nommées centièmes. Ainsi, pour marquer quinze unités deux dixièmes et sept centièmes, on écrira 15,27.

Concevons pareillement les centièmes, comme formés de dix parties ; ces parties seront mille fois plus petites que les unités, et, en raison de cela, seront nommées millièmes ; et, comme dix fois plus petites que les centièmes, on les placera à la droite de celles-ci. Continuant de subdiviser ainsi de dix en dix, en s'appuyant toujours sur ce principe de la numération, que la valeur d'un chiffre placé à la droite d'un autre est dix fois plus petite que celle de cet autre, on formera de nouvelles unités qu'on nommera successivement dix millièmes, cent millièmes, millionièmes, dix millionièmes, cent millionièmes , etc., etc., et qu'on placera successivement dans des rangs de plus en plus reculés sur la droite de la virgule.

Les quantités fractionnaires de l'unité que nous venons de décrire sont ce que l'on appelle les décimales.

On énonce les décimales de la même manière que les autres nombres, en ajoutant à la fin le nom des unités décimales de la dernière espèce : ainsi, pour énoncer 18,274, on dirait dix-huit unités et deux cent soixante-quatorze millièmes. Effectivement, l'on a ici 18 unités , plus 2 dixièmes, plus 7 centièmes, plus 4 millièmes. Mais le chiffre 2 peut être rendu par deux cent millièmes, puisque le dixième valant dix centièmes, et le centième valant dix millièmes, le dixième contiendra dix fois dix millièmes ou cent millièmes : ainsi, les 2 dixièmes valent deux cent millièmes. Par une semblable raison, le chiffre 7 pourra s'énoncer en disant soixante - dix millièmes, puisque chaque centième vaut dix millièmes.

On trouvera l'espèce des unités du dernier chiffre en comptant successivement de gauche à droite sur chaque chiffre , depuis la virgule, les noms suivans : — Dixièmes, centièmes, millièmes, dix millièmes , cent millièmes.

Si l'on n'avait pas d'unités entières , on mettrait un zéro pour tenir la place des unités : ainsi , pour marquer cent trente millièmes, on écrira 0,130. Si l'on voulait marquer dix-sept millièmes, on écrirait 0,017 en mettant un zéro entre la virgule et les autres chiffres , tant pour marquer qu'il n'y a pas de dixièmes que pour conserver aux chiffres suivans leur véritable valeur.

La virgule déterminant la place des unités, et chaque chiffre ayant une valeur dépendante de sa distance à la virgule, il est évident que, si l'on avance cette virgule de un, deux, trois rangs vers la gauche d'un nombre, on rendra ce nombre 10, 100, 1000 fois plus petit ; de même que, si l'on porte la virgule de un, deux, trois rangs vers la droite d'un nombre, on le rendra 10, 100, 1000 fois plus grand. Dans le premier cas, chaque espèce d'unité devient 10, 100, 1000 fois plus petite : donc, le nombre devient lui-même 10, 100, 1000 fois plus petit. Dans le second cas, chaque partie du nombre devient 10, 100, 1000 fois plus grande : donc le nombre alors devient 10, 100, 1000 fois plus grand. Tout nombre décimal ne change pas de valeur en mettant à la suite du dernier chiffre un nombre quelconque de zéros : ainsi, 8,25 est la même chose que 8,250, ou que 8,25000, ou que 8,2500000.

### OPÉRATIONS DE L'ARITHMÉTIQUE.

Le but de l'arithmétique est de donner les moyens de calculer facilement les nombres. Pour les calculer, il y a quatre opérations fondamentales, qui sont : l'addition, la soustraction, la multiplication et la division.

### ADDITION DES NOMBRES ENTIERS ET DES PARTIES DÉCIMALES.

L'addition consiste à ajouter plusieurs nombres ensemble pour en obtenir un seul, que l'on appelle somme.

Pour cela, écrivez ces nombres les uns sous les autres, de manière que les unités de même espèce soient placées les unes sous les autres, formant une même colonne de haut en bas ; faites la somme des unités simples, celle des dixaines, celle des centaines, et en général les sommes des unités de chaque et même espèce ; et, lorsqu'une somme donnera des unités de l'espèce supérieure, retenez ces unités pour les réunir à celles de la colonne immédiatement à gauche.

Supposons qu'il faille ajouter ensemble les nombres 5478 , 9388 et 7452.

D'après ce que nous avons dit ci-dessus , nous écrirons ces nombres les uns sous les autres, de manière que les unités de même espèce soient dans une même colonne verticale , c'est-à-dire les unités simples sous les unités simples , les dixaines sous les dixaines , les centaines sous les centaines , ainsi de suite.

$$5478$$
$$9388$$
$$7452$$
$$\overline{22318}$$

On soulignera le nombre inférieur ; puis, commençant par la colonne des unités simples, on dira : 8 et 8 égalent 16, 16 et 2 égalent 18 : on posera 8 sous la première colonne à droite.

Passant à la colonne des dixaines, on dira : 1 dixaine de retenue de la colonne précédente et 7 égalent 8 , 8 et 8 égalent 16, 16 et 5 égalent 21 : on écrira 1 sous la colonne des dixaines, et l'on retiendra 2 centaines pour les ajouter au premier chiffre de la troisième colonne. Additionnant donc les chiffres de cette colonne, on dira : 2 et 4 font 6, 6 et 3 font 9, 9 et 4 égalent 13 : on posera 3 sous les centaines, et, passant à la colonne des mille, on dira : 1 de retenue et 5 font 6, 6 et 9 font 15 et 7 font 22, que j'écris entièrement : on a donc le nombre 22318 pour la somme des nombres donnés.

L'addition des parties décimales se fait absolument de la même manière que pour les nombres entiers, en observant de toujours mettre dans une même colonne les unités de même espèce.

Si donc l'on propose d'ajouter les trois nombres 17,394, 25,9 et 42,07, j'écrirai :

$$17,394$$
$$25,9$$
$$42,07$$
$$\overline{85,364}$$

Et suivant la règle énoncée ci-dessus, on trouvera pour somme 85,364.

## SOUSTRACTION.

La soustraction est l'opération par laquelle on retranche un nombre d'un autre nombre. Le résultat de cette opération se nomme reste, excès ou différence.

Pour retrancher un nombre d'un autre, 1° on écrit le premier nombre au-dessous du second, de manière que les chiffres qui expriment des unités de même espèce soient placés les uns sous les autres dans une même colonne verticale; 2° on retranche successivement les unités, les dixaines, les centaines, du nombre à soustraire des unités, dixaines, centaines, etc., de l'autre nombre; 3° si le nombre dont on soustrait avait des chiffres exprimant moins d'unités que les chiffres correspondants dans l'autre nombre, on ajouterait 10 au chiffre trop faible, et l'on diminuerait de 1 le chiffre immédiatement à gauche, ou bien on ajouterait cette unité au chiffre inférieur à gauche, et la somme de toutes ces différences partielles donnerait la différence totale.

Proposons-nous de retrancher le nombre 8567 de 40032.

J'écris ces deux nombres comme il suit :

$$40032$$
$$8567$$
$$\overline{31465}$$

Et, en commençant par le chiffre des unités, je dis : 7 à ôter de 2 , cela ne se peut pas ; je prends sur le chiffre 3 une dixaine ou dix unités simples, et alors on a 7 ôté de 12, reste 5. Maintenant, 5 de 0 ne se peut pas, et, comme le chiffre immédiatement à gauche est encore un 0 , je prends une unité sur le chiffre 4 qui vaut 10 mille : sur ces 10, j'en laisse 9 et prends une unité de mille qui vaut 10 centaines ; puis, en en laissant 9 et en prenant une qui vaut 10 dixaines, je pourrai donc continuer en disant : 6 ôté de 12 reste 6 ; 5 ôté de 9 reste 4 pour la troisième colonne ; 8 de 9 reste 1 ; et puis, comme il n'y a rien à retrancher à la cinquième colonne , on écrira sous cette colonne non pas 4, mais 3, puisque l'on a pris une unité sur 4, et on aura 31465 pour reste, excès ou différence.

Le cas de soustraction que nous venons d'effectuer étant le plus difficile, en raison que chaque chiffre inférieur ne peut se soustraire de suite de son supérieur, il s'ensuit que celui-ci bien compris, tous les autres s'exécuteront avec facilité.

La soustraction des parties décimales suit absolument la même règle ; mais, pour éviter tout embarras dans l'application de cette règle, il n'y aura qu'à rendre le nombre des chiffres décimaux le même dans chacun des deux nombres proposés, en mettant un nombre suffisant de zéros à la suite de celui qui a le moins de décimales : et, comme nous l'avons démontré, cette préparation ne change rien à la valeur de ce nombre. Ex.:— de 34,27 ayons à retrancher 20,8153 : — on mettra deux zéros à la suite du nombre supérieur, et, opérant comme ci-dessus, on obtiendra pour reste le nombre 13,4547.

$$\begin{array}{r} 34,2700 \\ 20,8153 \\ \hline 13,4547 \end{array}$$

PREUVE DE L'ADDITION ET DE LA SOUSTRACTION.

La preuve est une opération par laquelle on s'assure que le résultat de la première opération est exact.

La vérification de la somme de plusieurs nombres se fait en soustrayant successivement de gauche à droite la totalité de chaque colonne, des unités de même espèce qui se trouvent dans la somme, la dernière soustraction devant donner zéro.

Pour éclaircir ce que nous venons de dire, vérifions si 22318 est la somme des nombres ci-après :

$$
\begin{array}{r}
5478 \\
9388 \\
7452 \\
\hline
22318 \\
1210
\end{array}
$$

Puisque la somme trouvée doit seulement contenir les centaines, les dixaines et les unités des trois nombres donnés, on doit avoir zéro pour reste, après avoir retranché de 22318 toutes les centaines, les dixaines et les unités de ces mêmes nombres. Je dirai donc : 5 et 9 égalent 14 ; puis 14 et y égalent 21 ; 21 ôté de 22 reste 1. Passant aux centaines, je dis : 4 et 3 égalent 7, et 7 et 4 égalent 11 ; 11 de 13 reste 2. Maintenant, dans la colonne des dixaines, en additionnant 7, puis 8 avec 5, je trouve 20', qui, retranchés, donnent 1 pour reste. Arrivant à la colonne des unités simples, nous trouvons 18, qui, retranchés de 18, donnent zéro pour reste, ce qui prouve, par conséquent, que le nombre 22318 était bien, par conséquent, la véritable somme des trois nombres donnés.

La preuve de la soustraction se fait en ajoutant le reste trouvé par l'opération avec le nombre retranché. Si la première opération a été bien faite, on doit reproduire le nombre dont on a retranché. Ainsi, opérant sur la soustraction que nous avons faite précédemment, on voit qu'en ajoutant le reste, 31465 avec 8567, nous retrouvons le nombre 40032.

$$\begin{array}{r} 40032 \\ 8567 \\ \hline 31465 \\ \hline 40032 \end{array}$$

## MULTIPLICATION.

La multiplication est une opération par laquelle on répète un nombre autant de fois qu'il y a d'unités dans un autre. Ainsi, multiplier 3 par 4, c'est répéter ou prendre quatre fois le nombre 3.

Le nombre que l'on doit multiplier s'appelle multiplicande ; celui par lequel on doit multiplier, s'appelle le multiplicateur. Le résultat de l'opération se nomme produit.

Le multiplicande et le multiplicateur se nomment aussi les facteurs du produit : ainsi, 3 et 4 sont les facteurs de 12, parce que 3 fois 4 font 12.

Les règles de la multiplication des nombres les plus composés se réduisent à multiplier un nombre d'un seul chiffre par un nombre d'un seul chiffre. Il faut donc apprendre par soi-même les multiplications les plus simples, en s'inculquant dans la mémoire la table suivante :

## TABLE DE MULTIPLICATION.

| 1 | 2 | 3 | 4 | 5 | 6 | 7 | 8 | 9 |
|---|---|---|---|---|---|---|---|---|
| 2 | 4 | 6 | 8 | 10 | 12 | 14 | 16 | 18 |
| 3 | 6 | 9 | 12 | 15 | 18 | 21 | 24 | 27 |
| 4 | 8 | 12 | 16 | 20 | 24 | 28 | 32 | 36 |
| 5 | 10 | 15 | 20 | 25 | 30 | 35 | 40 | 45 |
| 6 | 12 | 18 | 24 | 30 | 36 | 42 | 48 | 54 |
| 7 | 14 | 21 | 28 | 35 | 42 | 49 | 56 | 63 |
| 8 | 16 | 24 | 32 | 40 | 48 | 56 | 64 | 72 |
| 9 | 18 | 27 | 36 | 45 | 54 | 63 | 72 | 81 |

Pour trouver, par le moyen de cette table, le produit de deux nombres exprimés par un seul chiffre chacun, on cherchera l'un de ces nombres, le multiplicande, par exemple, dans la bande supérieure, et, en partant de ce nombre, on descendra verticalement jusqu'à ce qu'on soit vis-à-vis du multiplicateur, qu'on trouvera dans la première colonne. Ainsi, pour trouver, par exemple, le produit de 8 par 6, ou combien 6 fois 8, nous descendons depuis 8, pris dans la première bande, jusque vis-à-vis de 6, pris dans la première colonne. Le nombre que nous rencontrerons sera 48. Par conséquent, 6 fois 8 font 48.

Soit maintenant à multiplier un nombre de plusieurs chiffres par un autre qui n'en aurait qu'un seul. Par exemple, 8534 par 6.

Puisqu'il s'agit ici de trouver un nombre qui renferme 8534 autant de fois qu'il y a d'unités dans 6, il s'en suit que la difficulté est réduite à prendre 6 fois toutes les parties du multiplicande, c'est-à-dire 6 fois ses unités, ses dixaines, ses centaines et ses mille; ce qui ramène l'opération à une suite de multiplications partielles dont les facteurs n'ont qu'un seul chiffre. Cela posé, j'écris le multiplicande 8534 et au-dessous le multiplicateur 6.

$$\begin{array}{r} 8534 \\ 6 \\ \hline 51204 \end{array}$$

Nous soulignons le tout, et nous disons : 6 fois 4 égalent 24. Nous écrivons 4 audessous de la ligne, et nous retenons les 2 dixaines pour les ajouter au produit des dixaines; puis 6 fois 3 dixaines, qui, augmentées de 2 que l'on a retenues, donnent 20 dixaines. Nous écrivons 0 pour les dixaines, et nous retenons 2 centaines. Nous multiplions ensuite les centaines par 6, en disant 6 fois 5 centaines égalent 30 centaines, qui, augmentées des 2 précédentes, donneront 32 centaines. Nous écrivons donc 2 pour les centaines, et retenons les trois unités de mille : passant enfin aux mille du multiplicande, nous disons 6 fois 8 mille égalent 48 mille, lesquels, ajoutés à 3, donnent 51 mille. Nous écrivons donc 1 mille, et nous avançons 5 au rang des dixaines de mille, ce qui nous donne 51204 pour le produit total.

Proposons-nous maintenant de multiplier un nombre de plusieurs chiffres par un autre qui en a plusieurs aussi; par ex. : 235 par 124. Le produit cherché doit contenir 124 fois le multiplicande 235. Il le contiendra donc 4 fois, plus 20 fois, plus 100 fois. La difficulté est donc réduite à prendre d'abord

4 fois toutes les parties du multiplicande 235, ensuite
20 fois et enfin 100 fois. Pour obtenir 4 fois 235,
nous agirons comme nous l'avons dit et fait précédemment, et nous aurons pour premier produit partiel
940. Maintenant, il faut prendre 20 fois 235 ; mais,
si, pour ramener ce cas au précédent, on ne prenait
que 2 fois le multiplicande, on aurait un produit
partiel qui serait 10 fois trop petit, puisqu'il renfer-
merait 10 fois moins le multiplicande : on serait
donc obligé de rendre ce produit dix fois plus grand,
en écrivant un zéro à sa droite. Multipliant donc 235
par 2, et écrivant un zéro à la droite du produit
trouvé, on aura 4700 pour second produit partiel.

Maintenant, pour prendre 100 fois 235, on ne le
prendra d'abord qu'une fois, puis l'on rendra le résultat trouvé 100 fois plus grand en ajoutant 2 zéros
à la droite, ce qui donnera 23500. Ainsi, la somme
29140 trouvée en additionnant les trois produits partiels, contiendra 124 fois le nombre 235. La même
règle s'appliquant aux facteurs composés d'un nombre
quelconque de chiffres, ceci bien compris, on pourra
s'exercer sur toutes multiplications possibles, et arriver
à un bon résultat.

$$
\begin{array}{r}
235 \\
124 \\
\hline
\end{array}
$$

940    1er produit partiel par 4.
4700    2e produit partiel par 20.
23500    3e produit partiel par 100.

29140

S'il arrivait que l'on eût des zéros dans l'intérieur, soit du multiplicande, soit du multiplicateur, soit de l'un et de l'autre, on passerait de suite
au chiffre significatif qui vient après ces zéros, en
ayant soin de le conserver à sa véritable place, en
avançant vers la gauche d'autant de rangs qu'il y a
de chiffres ou zéros qui le précèdent. Ainsi, ayant à

multiplier 3004 par 5002, on commencera par faire le premier produit partiel de 3004 par 2, égal à 6008 ; puis ensuite on multipliera 3004 par 5, en observant que, cinq étant des mille, le produit de ces 5 mille par 2 ne pouvant donner moins que des mille, on commencera sous la colonne des mille des produits partiels, en mettant sur la gauche 3 zéros pour tenir la place des centaines, dixaines et unités qui manquent.

$$
\begin{array}{r}
3004 \\
5002 \\
\hline
6008 \\
15020000 \\
\hline
15026208
\end{array}
$$

Si les deux facteurs, ou bien seulement l'un des deux avait des zéros à sa droite, on abrégerait l'opération en multipliant comme si ces zéros n'y étaient pas ; mais on les mettrait ensuite tous à la suite du produit.

$$
\begin{array}{r}
3500 \\
15000 \\
\hline
175 \\
350 \\
\hline
52500000
\end{array}
$$

**MULTIPLICATION DES DÉCIMALES.**

Pour multiplier les parties décimales entre elles, on agira comme pour les nombres entiers, sans faire aucune attention à la virgule ; mais, après avoir trouvé le produit, on en séparera, par une virgule, autant de chiffres qu'il y a de décimales dans le multiplicande et le multiplicateur. Soit à multiplier 25,387 par 12,95.

Nous multiplions ces deux nombres comme s'ils étaient entiers, et nous aurons pour produit 328,76165 ; et, comme il y a trois décimales dans le multiplicande et deux dans le multiplicateur, il s'ensuivra que le produit devra avoir cinq décimales ; donc, nous aurons :

$$
\begin{array}{r}
25,387 \\
12,95 \\
\hline
126935 \\
2284830 \\
5077400 \\
25387000 \\
\hline
328,76165
\end{array}
$$

Si l'on n'avait que des décimales dans le multiplicande et le multiplicateur, on agirait de même pour la virgule, comme on peut le voir dans l'exemple suivant :

$$
\begin{array}{r}
0,25 \\
0,4 \\
\hline
0,100
\end{array}
$$

### DIVISION.

La division est une opération par laquelle on cherche combien de fois un nombre nommé diviseur est contenu dans un autre appelé dividende. Le résultat s'appelle quotient.

Pour diviser un nombre par un autre, écrivez d'abord le dividende, et à sa droite le diviseur, que vous séparerez du premier par une ligne droite ; prenez ensuite, à partir de la gauche du dividende, autant de chiffres qu'il en faut pour que leur réunion forme un nombre qui puisse contenir le diviseur, et on aura un premier dividende partiel. Cherchez le nombre de fois que ce dividende partiel contient le diviseur, et, pour le trouver plus facilement, cherchez combien de fois le chiffre des plus hautes unités du diviseur est contenu dans le chiffre des plus hautes unités du dividende, si ce dernier n'a que le nombre de chiffres du diviseur, et, dans les deux premiers chiffres du même dividende, si ce dividende renferme plus de chiffres que le diviseur.

Le premier chiffre du quotient étant ainsi trouvé, il faut le vérifier : pour cela, on multiplie le diviseur par ce chiffre. Si le produit peut être retranché du premier dividende partiel, on mettra le chiffre au quotient ; sinon, on diminuera ce chiffre d'une unité, et l'on recommencera la vérification. La soustraction étant faite, il y aura un reste à la droite duquel on placera le chiffre suivant du dividende total, et on opérera sur ce second dividende partiel comme sur le premier. On écrira le chiffre trouvé à la droite du premier du quotient ; l'on continuera à former autant de dividendes partiels qu'il reste de chiffres à descendre dans le dividende total ; ce qui donnera autant de chiffres au quotient qu'il y a eu de dividendes partiels. Si, après la dernière soustraction, il se trouve un reste, on l'ajoutera à la suite du quotient, en écrivant au-dessous le diviseur, et le séparant de ce diviseur par une petite barre.

Soit à diviser 5684 par 4.

$$
\begin{array}{r|l}
5684 & 4 \\
4 & \overline{1421} \\
\hline
16 & \\
16 & \\
\hline
\phantom{0}08 & \\
\phantom{0}8 & \\
\hline
\phantom{00}04 & \\
\phantom{00}4 & \\
\hline
\phantom{000}0 &
\end{array}
$$

Je dis, en commençant par la gauche du dividende : En 5 combien de fois 4 ? Il y est 1 fois. Je multiplie

le diviseur 4 par le quotient 1, et je porte le produit
sous la partie 5 que je viens de diviser ; après la soustraction, il reste 1. J'abaisse le chiffre 6, et je dis :
En 16 combien de fois 4 ? Il y est 4. J'écris 4 à la
droite du premier chiffre 1 du quotient. Multipliant,
comme dans la première opération, le diviseur par
le quotient 4 que je viens de trouver, je porte le produit 16 sous le dividende partiel 16, et, opérant la
soustraction, il reste 0. J'abaisse le troisième chiffre
du dividende 8, et je dis : En 8 combien de fois 4 ? Il
y est 2 fois. Multipliant le diviseur 4 par 2, et retranchant le produit 8 du dividende partiel 8, il reste
0. On abaisse 4, et, opérant comme ci-dessus, on
obtient encore 1 pour quotient et 0 après la soustraction.

Ainsi donc, le diviseur 4 est contenu 1421 fois
dans le dividende 5684.

Soit à diviser le nombre 857642 par 249.

$$\begin{array}{r|l} 857642 & 249 \\ \cline{2-2} 747 & 3444 \; \frac{86}{249} \\ \cline{1-1} 1106 \\ 996 \\ \cline{1-1} 1104 \\ 996 \\ \cline{1-1} 1082 \\ 996 \\ \cline{1-1} 86 \end{array}$$

Le diviseur 249 pouvant être contenu dans les trois
premiers chiffres du dividende, il s'ensuit que 857
sera le premier dividende partiel. Nous dirons donc :
En 857 combien de fois 249, ou en 85 combien de
fois 24 ? Il y est 3 fois. Nous écrivons 3 au quotient,

et, multipliant le diviseur 249 par 3, on écrira le produit 747 sous le premier dividende partiel. On effectuera la soustraction, et l'on aura 110 pour reste ; on abaisse le chiffre 6, puis l'on dit : En 1,106 combien de fois 249, ou en 110 combien de fois 24 ? Il y est 4. Faisant le produit de 249 par 4, on a 996, que l'on retranche de 1,106, et il reste 110. On descend le chiffre 4, et l'on a 1,104 à diviser par 249. Raisonnant comme nous l'avons fait précédemment, l'on a 4 au quotient, et, après avoir retranché 996, produit de 249 par 4, du dividende partiel 1,104, il reste 108, à la droite duquel on place 2, dernier chiffre du dividende. Opérant sur 1,082 à diviser par 249, on trouve en résultat 4 pour le chiffre des unités simples du quotient, et enfin 86 pour reste de la dernière soustraction, et que l'on écrira ainsi à la droite des unités simples du quotient 86/249$^{mes}$, et que l'on prononcera de cette manière, 86 deux cent quarante-neuvièmes.

Cette division étant bien comprise, on peut ensuite l'abréger considérablement, en n'écrivant pas sous chaque dividende partiel le produit qu'on trouve en multipliant le diviseur par le quotient, mais en se contentant de faire de suite la soustraction, à mesure que l'on a multiplié chaque chiffre du diviseur. Ainsi, prenant l'exemple précédent :

$$
\begin{array}{r|l}
857642 & 249 \\
\hline
1106 & 3,444 \quad \frac{86}{249} \\
1104 & \\
1082 & \\
86 &
\end{array}
$$

Après avoir pris les trois premiers chiffres à droite, qui sont nécessaires pour contenir le diviseur, nous trouvons que 857 contient 249 3 fois. Nous écrivons 3 au quotient, et, au lieu de porter sous 857 le produit de 249 par 3, on multiplie premièrement 9 par 3, ce qui donne 27. Alors, comme on ne peut ôter 27 de 7, on emprunte 2 sur le chiffre 5, qui, formant deux dixaines, donnent avec 7 27, desquels ôtant 27 reste 0, que nous écrivons au-dessous; puis retenant ces deux dixaines pour les ajouter au produit suivant de 4 par 3, on obtient 14 à retrancher de 5. Comme cela ne se peut, on emprunte au chiffre 8 une unité de centaine qui vaut dix dixaines, et l'on a 15, desquels retranchant 14 reste 1, que l'on écrit sous le 5. Puis, disant ensuite : 3 fois 2 font 6 et 1 de retenue font 7, on soustrait 7 de 8, et l'on a 110 pour reste de la soustraction du produit de 249 par 3, ôté de 857. Continuant de la même manière pour les autres chiffres du diviseur, on arrive plus promptement au même résultat 3444 86/249$^{mes}$ que par la première méthode.

### DIVISION DES DÉCIMALES.

Pour faire la division des décimales, il faut mettre à la suite de celui des deux nombres qui a le moins de décimales un nombre suffisant de zéros, pour que le nombre de décimales soit le même dans chacun. On supprime la virgule, et l'on opère comme pour les nombres entiers. Il n'y aura rien à changer au quotient.

Soit 25,34 à diviser par 4,5 : on ajoutera un zéro à la droite du diviseur 4,5, et l'on aura 4,50 ; puis on exécutera l'opération comme si l'on avait 2534 et 450 à diviser l'un par l'autre. Le quotient donnera 5 284/450$^{mes}$.

$$\begin{array}{c|l} 2534 & 450 \\ \hline 284 & 5 \quad \frac{284}{450} \end{array}$$

Mais, si, au lieu de la fraction 284/450, on voulait

avoir des décimales, on procéderait ainsi : Le dernier reste étant abaissé, on place une virgule après le dernier chiffre du quotient trouvé ; on met un zéro à la droite du reste, et l'on continue la division en opérant, comme on le fait ordinairement. En s'arrêtant à ne vouloir que deux décimales au quotient, le résultat serait 5,63, nombre équivalant à 5 284/450.

$$\begin{array}{c|c} 2534 & 450 \\ 2840 & 5{,}63 \\ 1400 & \\ 50 & \end{array}$$

### PREUVE DE LA MULTIPLICATION ET DE LA DIVISION.

Pour faire la preuve de la multiplication, on divisera le produit par l'un des facteurs, soit le multiplicande, soit le multiplicateur. Si l'opération a été bien faite, on devra avoir pour quotient l'un des facteurs, soit le multiplicateur, soit le multiplicande.

Quant à la preuve de la division, on multipliera le diviseur par le quotient, et l'on devra avoir le dividende pour produit, si le calcul de la division a été fait sans erreur.

### FRACTIONS.

Les fractions sont des nombres exprimant des quantités plus petites que l'unité.

Concevez l'unité partagée en un certain nombre de parties égales. Prenez quelques-unes de ces parties et vous aurez une fraction ; par ex. : Nous concevons l'unité divisée en 12 parties égales ; on prend 7 de ces parties, plaçant alors 7 au-dessus et 12 au-dessous, et les séparant par un trait, on aura la fraction 7/12, que l'on énoncera ainsi : Sept douzièmes.

La même énonciation a lieu pour toutes les fractions, à l'exception de 1/2, 1/3, 1/4, que l'on prononce demi, tiers, quart

Le nombre qui désigne en combien de fois l'unité

a été partagée, s'appelle dénominateur ; celui qui indique la quantité prise des parties de l'unité s'appelle numérateur. Ainsi, dans la fraction 7/12, 12 est le dénominateur et 7 le numérateur.

Le numérateur et le dénominateur se nomment les deux termes de la fraction.

### ADDITION DES FRACTIONS.

Pour additionner des fractions ensemble, on les réduit au même dénominateur, puis l'on ajoute les numérateurs entre eux, en donnant à la somme le dénominateur commun.

Soit 2/3, 3/4, 5/6 à additionner ensemble.

Pour les réduire au même dénominateur, on multipliera les deux termes de chaque fraction par le produit des dénominateurs des autres fractions, ce que l'on peut représenter ainsi : $\dfrac{2\times4\times6}{3\quad4\times6}\quad\dfrac{3\times3\times6}{4\times3\times6}$

$\dfrac{5\times3\times4}{6\times3\times4}$ en faisant attention que le signe $\times$ veut dire *multiplié par*. Effectuant la multiplication, on aura 48/72 54/72 60/72 ; additionnant les numérateurs, on aura pour la somme 162/72 ou bien 2 unités et 18/72, puisque, 72/72 égalant 1 unité, il y a dans la somme 2 fois 72/72, plus 18/72.

### SOUSTRACTION DES FRACTIONS.

Pour soustraire une fraction d'une autre fraction, il faut d'abord les réduire au même dénominateur, et, retranchant ensuite le plus petit numérateur du plus grand, on donne au reste le dénominateur commun. Soit 5/9 à retrancher de 8/10 ; opérant comme nous l'avons démontré ci-dessus, on les réduit au même dénominateur, et l'on a 50/90 et 72/90 ; retranchant 50 de 72, le résultat de l'opération sera 22/90 pour différence entre les deux fractions proposées.

## MULTIPLICATION DES FRACTIONS.

Pour multiplier deux fractions l'une par l'autre, on multiplie numérateur par numérateur, et dénominateur par dénominateur. Les produits trouvés sont le numérateur et le dénominateur de la fraction qui est le résultat de l'opération.

Soit 3/4 à multiplier par 2/3 : on aura, d'après la règle ci-dessus, $\dfrac{3 \times 2}{4 \times 3}$ ou $\dfrac{6}{12}$ pour le produit cherché.

## DIVISION DES FRACTIONS.

Pour diviser une fraction par une fraction, il faut renverser les deux termes de la fraction diviseur, et multiplier la fraction dividende par la fraction diviseur ainsi renversée. Soit 3/4 à diviser par 2/3 : renversant les deux termes du diviseur 2/3, on aura 3/2, que l'on multipliera par 3/4, et le résultat 9/8 sera le quotient de 3/4 divisé par 2/3.

# NOTIONS DE GÉOMÉTRIE.

La géométrie est une science qui a pour objet la mesure de l'étendue.

L'étendue a trois dimensions : Longueur, largeur et profondeur.

La ligne est une longueur sans largeur. La surface est ce qui a longueur et largeur, sans hauteur ni épaisseur. Le solide ou corps est ce qui réunit les trois dimensions de l'étendue, longueur, largeur et profondeur.

## LIGNES.

La ligne droite est le plus court chemin d'un point à un autre.

Toute ligne composée de plusieurs lignes droites, est une ligne brisée. Toute ligne qui n'est ni droite, ni composée de lignes droites, est une ligne courbe.

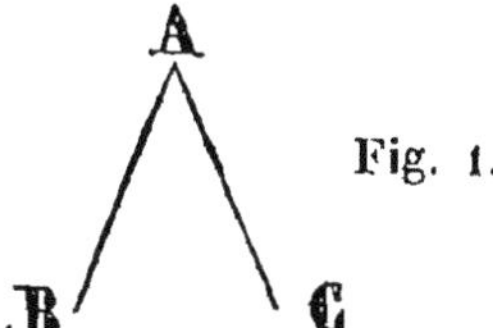

Fig. 1.

Lorsque deux lignes droites AB et AC se rencontrent, l'ouverture comprise entre les deux lignes AB et AC s'appelle angle. Le point de rencontre ou d'intersection A est le sommet de l'angle ; les droites AB et AC en sont les côtés. L'angle se désigne par la lettre du sommet ou par les trois lettres BAC, en ayant soin de mettre la lettre du sommet au milieu.

On distingue trois sortes d'angles : l'angle aigu, l'angle droit et l'angle obtus.

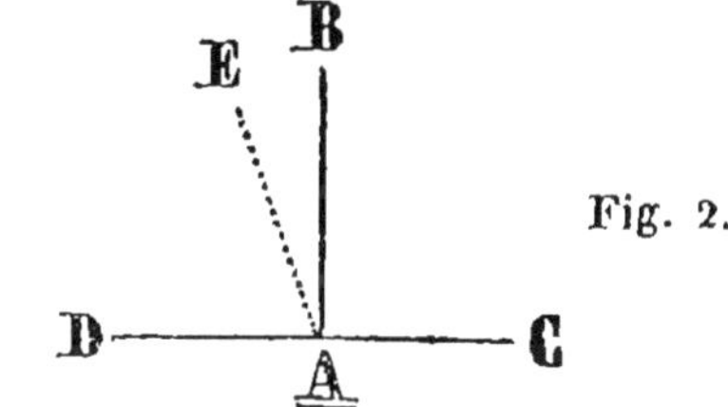

Fig. 2.

Si on imagine une droite AB rencontrant la ligne CD, de telle sorte que les deux angles BAD et BAC soient égaux, chacun des deux angles sera un angle droit, et la ligne BA sera dite perpendiculaire sur CD.

L'angle aigu, comme EAD, est toujours plus petit que l'angle droit ; l'angle obtus, comme CAE, est toujours plus grand que l'angle droit.

On distingue aussi deux sortes d'angles : l'angle rectiligne et l'angle sphérique ; le premier est formé

1*

par des lignes droites, le second par des lignes courbes. Ex. : BAC et DEF.

Deux lignes sont dites parallèles, lorsqu'étant situées dans un même plan, elles ne peuvent se rencontrer à quelque distance qu'on les prolonge l'une et l'autre. Telles sont les lignes AB et CD.

On appelle circonférence une ligne courbe dont tous les points sont également éloignés d'un point intérieur nommé centre. Le rayon est une droite, comme AO, qui va du centre à la circonférence ; le diamètre est une droite qui partage la circonférence en deux parties égales, en partant d'un des points de la circonférence pour aboutir à un des points de cette même circonférence, et passant par le centre. Ex. : AB, DC.

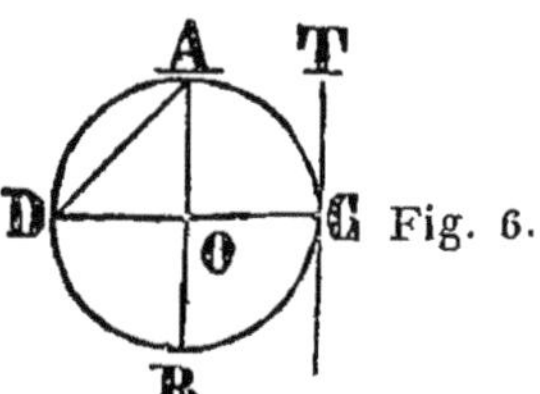



Une corde est une droite qui aboutit à deux points de la circonférence, sans passer par le centre ; ex. : AD. On appelle arc toute partie de la circonférence.

Toute circonférence est divisée en 360 parties égales, qu'on appelle degrés : ces parties ou ces degrés sont plus grands ou plus petits, selon la grandeur de la circonférence.

De la grandeur totale de la circonférence, il s'ensuit qu'une demi-circonférence égale 180°, et un
quart de circonférence 90°; d'où il suit qu'un angle
droit est toujours égal à 90°; qu'un angle aigu est
plus petit que 90°, et un angle obtus plus grand que
90°. On appelle complément d'un angle sa différence
avec 90°, exprimé par un angle ou par un arc, et
supplément la différence avec 180°. On nomme tangente une droite qui ne touche la circonférence qu'en
un seul point; sécante, une droite qui la coupe en
deux points.

### SURFACES.

On distingue deux sortes de surfaces : les surfaces
planes et les surfaces courbes.

La surface plane est une surface dans laquelle,
prenant deux points à volonté et joignant ces deux
points par une ligne droite, cette ligne est tout entière dans la surface.

Toute surface qui n'est ni plane ni composée de
surfaces planes, est une surface courbe.

La figure plane est un plan terminé de toutes parts
par des lignes. Si les lignes sont droites, l'espace
qu'elles renferment s'appelle figure rectiligne ou polygone, et les lignes elles-mêmes, prises ensemble,
forment le contour ou le périmètre du polygone.

Le polygone de trois côtés est la plus simple de
toutes les surfaces : il s'appelle triangle. Celui de
quatre côtés s'appelle quadrilatère; celui de cinq
pentagone, et celui de six hexagone, etc.

On appelle triangle équilatéral celui qui a ses trois

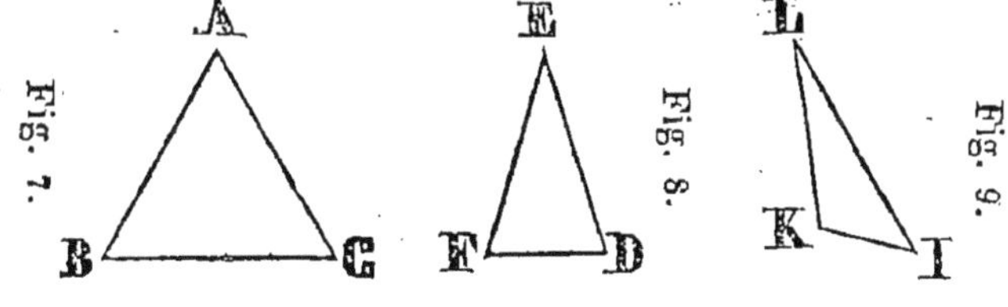

côtés égaux ; triangle isoscèle celui dont deux côtés seulement sont égaux ; triangle scalène celui qui a ses trois côtés inégaux. Ex. : BAC, DEF, IKL.

Le triangle rectangle est celui qui a un angle droit. Ex. : Triangle BAC droit en A. Le côté opposé à l'angle droit se nomme hypoténuse. Ex. : BC.

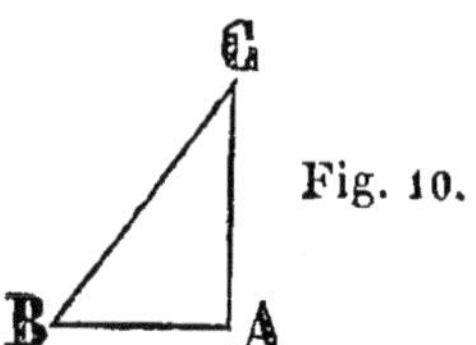

Fig. 10.

Parmi les quadrilatères, on distingue :

Le quarré qui a ses côtés égaux et ses angles droits ; ABCD, fig. 11.

Le rectangle, qui a les angles droits sans avoir tous les côtés égaux ; ABCD, fig. 12.

Le parallèlogramme, qui a les côtés opposés parallèles ; fig. 13, ABCD.

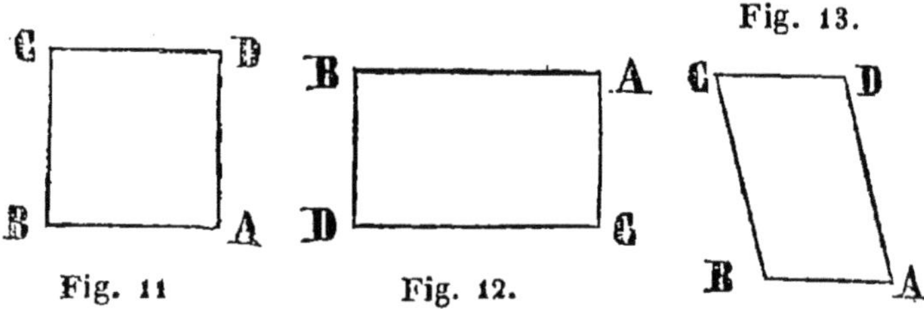

Fig. 13.

Fig. 11

Fig. 12.

Le losange, dont les côtés sont égaux sans que les angles soient droits ; fig. 14, ABCD.

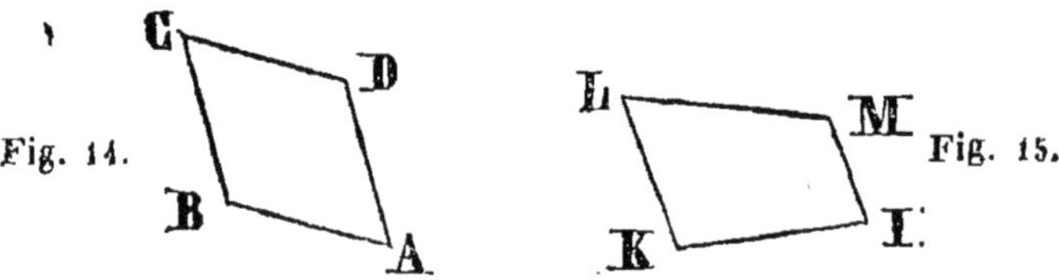

Fig. 14.

Fig. 15.

Enfin, le trapèze, dont deux côtés seulement sont parallèles; IKLM, fig. 15.

Les polygones sont réguliers ou irréguliers. Les premiers ont tous leurs côtés égaux ; les seconds ont leurs côtés inégaux. Ex. : ABCDEF, fig. 16, et ABCDEF, fig. 17.

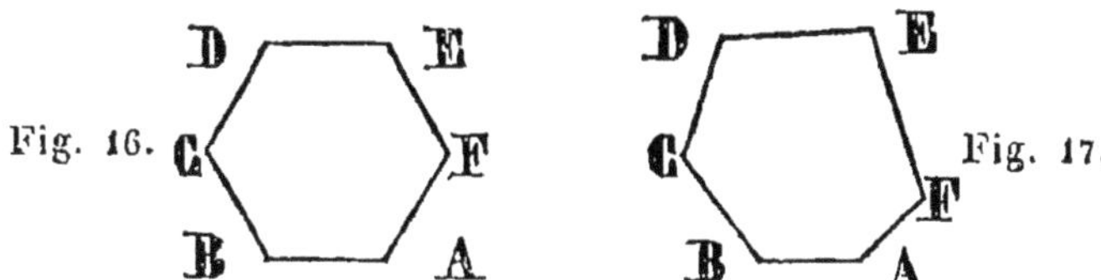

Fig. 16.  Fig. 17.

Le cercle est la surface terminée de tous côtés par la circonférence.

### CORPS OU SOLIDES.

Les solides sont les figures qui possèdent les trois dimensions.

Les principaux solides sont le cube, le parallélipipède, le prisme, le cylindre, la pyramide, le cône, le tronc de cône et la sphère.

Le cube est un solide à 6 côtés carrés égaux. Ex. : fig. 18.

Pour mesurer la solidité, on multiplie ensemble la longueur EF, la largeur EH et la hauteur DE, ou bien une de ses dimensions trois fois par elle-même. Ainsi, un cube dont chaque dimension serait de 3 pieds, aurait pour solidité $3 \times 3 \times 3$, ou 27 pieds cubes, c'est-à-dire 27 petits cubes égaux en tous sens à un pied.

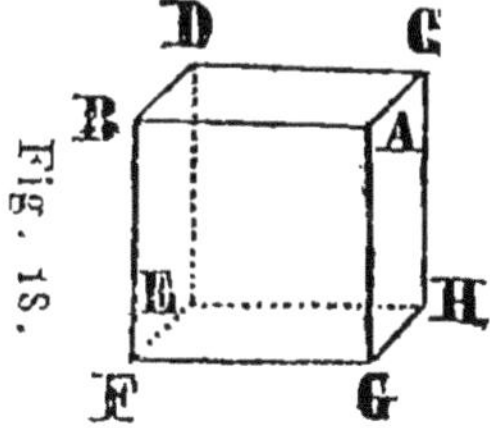

Fig. 18.

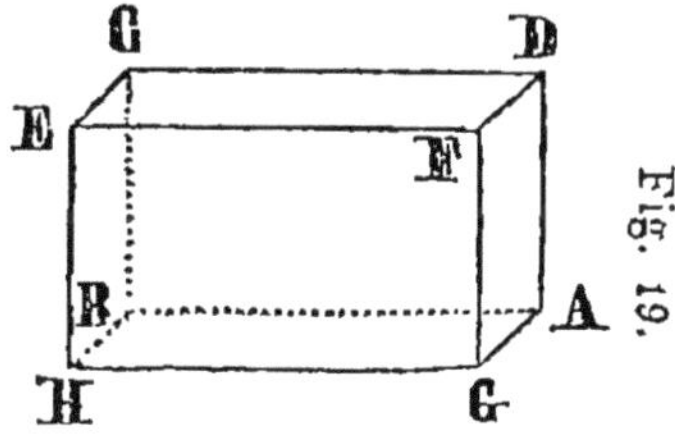

Fig. 19.

Le parallélipipède est un prisme dont toutes les faces sont des parallélogrammes. Ex. fig. 19.

Pour avoir la solidité d'un parallélipipède, on multiplie les trois dimensions l'une par l'autre.

C'est en raison de cette règle, pour calculer la solidité des parallélipipèdes en général, que l'on mesure à bord les dimensions des ballots qui doivent être arrimés. Les trois dimensions prises et multipliées les unes avec les autres, donnent le cubage. 42 pieds cubes forment le tonneau d'encombrement.

Le prisme est un solide compris sous plusieurs plans parallélogrammes, terminé de part et d'autre par des polygones égaux et parallèles.

Le prisme est triangulaire, quadrangulaire, pentagonal, etc., selon que la base est un triangle, un quadrilatère, un pentagone, etc.

ABCDEF, fig. 20, est un prisme triangulaire.

Le cylindre, ou rouleau, est une surface terminée par deux cercles égaux et parallèles, AC, fig. 21. Pour obtenir la solidité d'un cylindre, on multiplie la surface d'une de ses bases par la hauteur de ce cylindre.

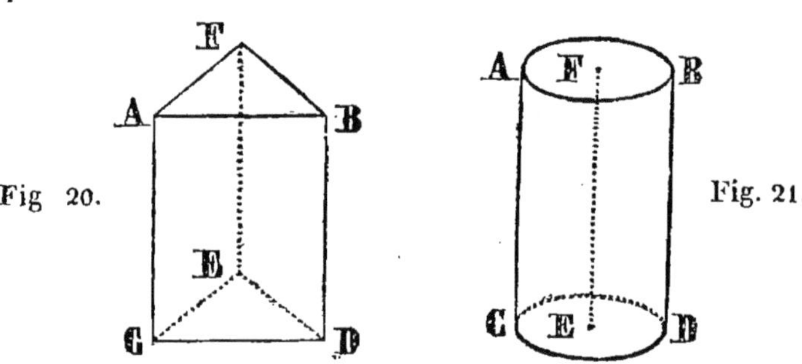


La pyramide est un solide dont la base est un polygone quelconque et le sommet un point. La solidité d'une pyramide est égale à la surface de sa base multipliée par le tiers de la hauteur. Fig. 22.

Le cône est un solide dont la base est un cercle et le sommet un point.

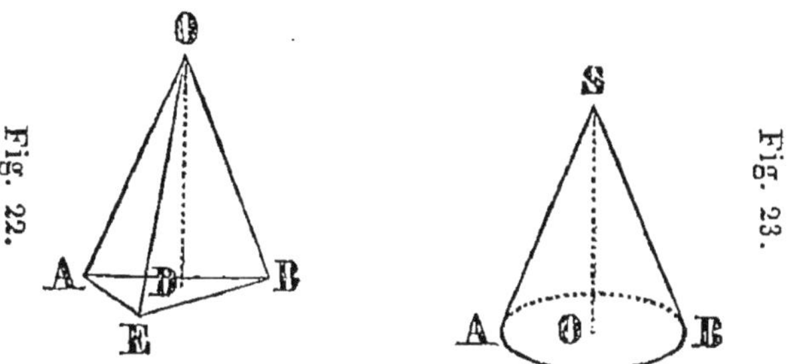



La solidité d'un cône est égale à la surface du cercle qui lui sert de base, multipliée par le tiers de la hauteur du cône.

Le tronc du cône est une portion de cône. ABCD, fig. 24.

La sphère est un solide dont tous les points de la surface sont également distants d'un point intérieur qu'on nomme centre.

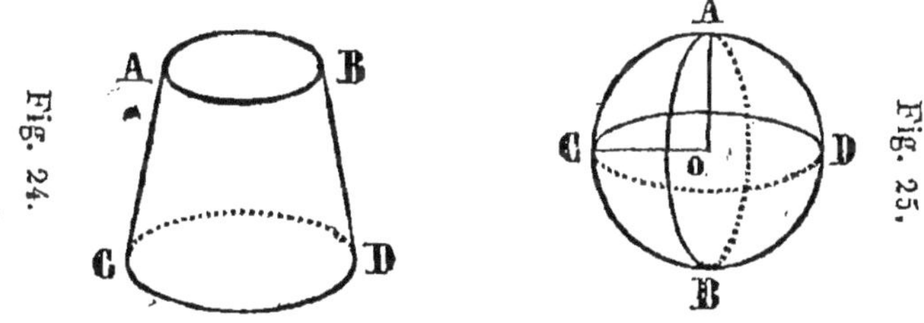



La solidité de la sphère est égale au tiers de sa surface multipliée par son rayon.

# NOTIONS D'ASTRONOMIE NAUTIQUE ET DE NAVIGATION.

## DE LA FORME DE LA TERRE.

La surface de la terre n'est point une surface plane, ainsi qu'il apparaît au premier coup-d'œil ; pour s'en convaincre, il suffit d'un peu d'attention. Dès qu'on change de place, on voit disparaître les objets dont on s'éloigne, et l'on en découvre de nouveaux. Ce changement d'aspect tient à ce que la surface de la terre cache les objets que l'on a perdus de vue en s'interposant entre eux et l'œil, puisque, si l'on s'élevait un peu, on découvrirait de nouveau ces objets.

Si l'on est en mer, et que l'on découvre un navire au loin, d'abord on n'en aperçoit que les parties élevées, les voiles hautes ; mais bientôt, à mesure qu'on en approche, on distingue de nouvelles parties, jusqu'à ce qu'enfin l'on voie parfaitement la coque. Si la surface de la mer était plane, en même temps que l'on apercevrait les voiles hautes, on verrait les basses voiles et la coque, qui sont bien plus faciles à distinguer. La surface de la terre est donc, à n'en pouvoir douter, une surface courbe. Quant à la forme de la terre elle-même, on s'est assuré qu'elle était sphérique ou à peu près, c'est-à-dire ronde. Des voyageurs partis pour de longs voyages de découvertes, ayant toujours fait voile vers un même point, sont revenus au point de départ. Magellan, le premier, fit le tour de la terre, et cette entreprise, exécutée, depuis dans divers sens, a démontré que la terre a la figure d'un globe. On s'est encore confirmé dans cette opinion, en remarquant la forme cônique qu'affecte l'ombre de la terre dans les éclipses de lune, forme qui ne peut être produite que par un corps rond. Toutefois, on a reconnu, par des calculs géométriques rigoureux, que la terre était aplatie vers les pôles ; cet aplatissement a été trouvé de huit lieues et

demie pour les deux pôles. On a mesuré l'étendue
d'un degré de la terre, on a trouvé qu'elle était de
25 lieues; en multipliant ces 25 lieues par 360,
on a conclu la longueur totale de sa circonférence,
qu'on a trouvée être de 9,000 lieues, ce qui fait pour
son diamètre, qui en est environ le tiers, 2,865 lieues;
ainsi nous sommes éloignés du centre de la terre de
1,432 lieues et demie, qui sont la moitié du diamètre.

On est convenu de considérer la terre comme parfaitement sphérique, bien que sa surface soit hérissée,
en plusieurs endroits, de chaînes de montagnes plus
ou moins élevées : la hauteur de ces montagnes est
pour ainsi dire nulle à l'égard du diamètre de la
terre; en effet, la plus haute n'est, à l'égard de la
terre, que ce que serait une inégalité de deux tiers de
lignes sur un globe de dix pieds de diamètre.

La terre est à l'égard des corps qui sont à sa surface ce que serait une pierre d'aimant à l'égard de
plusieurs morceaux de fer placés à sa surface ou
dans son voisinage. Tous les corps qui environnent
la terre tendent à se précipiter vers son centre, en
vertu de leur pesanteur; en sorte que les habitants
situés sur des points opposés et qu'on appelle antipodes, sont poussés vers le centre dans des directions
opposées.

On appelle horizon cette étendue circulaire qui se
développe devant soi, lorsque l'on est à la mer, et
qui semble se confondre avec le ciel : on nomme ce
cercle horizon sensible, pour le distinguer d'un autre
horizon qui lui est parallèle, passant par le centre
de la terre et qu'on appelle horizon rationnel. Si on
les suppose tous les deux prolongés jusqu'au ciel, ils
seront distants l'un de l'autre d'une quantité égale au
rayon de la terre; mais cette distance dans le calcul
est considérée si petite, comparativement à l'immen-
sité de la sphère céleste, qu'on suppose ces deux horizons confondus ensemble.

Si l'on imagine une ligne droite perpendiculaire à l'horizon , passant par le centre de la terre et allant rencontrer le ciel , cette ligne sera l'axe de l'horizon ; on la nomme aussi la verticale : les points où elle rencontre le ciel sont les pôles de l'horizon, distants de 90° de sa circonférence ; celui qui est au-dessus de la tête est le Zénith ; celui qui est sous les pieds, diamétralement opposé, s'appelle le Nadir. Il suit de cette définition de l'horizon et de la forme sphérique de la terre , qu'un observateur qui change de place change aussi d'horizon, de zénith, de nadir et d'antipodes ; il cesse de voir certaines parties du ciel et en découvre de nouvelles.

### DU MOUVEMENT DE LA TERRE ET DES PRINCIPAUX CERCLES IMAGINÉS POUR FIXER LA POSITION DE SES PARTIES.

On a long-temps regardé la terre comme immobile au milieu du mouvement céleste qui semble s'effectuer autour d'elle ; mais l'expérience, aidée d'observations sûres, a prouvé au contraire que c'était la terre qui tournait sur elle-même. On était séduit par les apparences ; c'était la même illusion que celle qui séduit lorsqu'on longe un rivage sur un navire ; on croit voir fuir le rivage, tandis que c'est le navire qui marche d'orient en occident.

La terre tourne uniformément autour d'un de ses diamètres que l'on appelle axe, et accomplit une révolution entière dans l'espace de vingt-quatre heures. Dans ce mouvement, chaque point de la surface de la terre décrit un cercle qui a son centre sur l'axe du monde ; le point qui est également éloigné des deux extrémités de l'axe, appelées les pôles du monde, décrit le plus grand cercle ; on le nomme l'équateur, parce qu'il partage le globe en deux parties égales ; il est perpendiculaire à l'axe de la terre.

Chaque moitié du globe comprise entre l'équateur et l'un des pôles s'appelle hémisphère : on appelle boréal ou septentrional ou arctique celui qu'habitent les Européens ; l'autre s'appelle hémisphère austral, ou méridional ou antarctique. On appelle pôle nord celui qui est dans l'hémisphère boréal, et pôle sud celui qui est dans l'hémisphère méridional.

Les cercles que décrivent les différents points de la terre situés de part et d'autre de l'équateur, se nomment des parallèles ; ils sont d'autant plus petits qu'ils s'éloignent de l'équateur, et ils vont en diminuant jusqu'au pôle, où il n'y a plus de mouvement : il suit de là que chaque point de la terre à son parallèle. La trace que décrit Paris pendant une révolution du globe s'appelle le parallèle de Paris.

Un observateur situé sur un point quelconque de la terre, voit les astres tourner dans le sens contraire à celui dans lequel la terre effectue son mouvement journalier. Si l'on imagine que le plan de l'équateur terrestre soit prolongé de toutes parts jusqu'au ciel, il y formera une section circulaire qu'on appelle l'équateur céleste ; une étoile placée sur l'un des points de cet équateur paraîtra tourner dans un sens contraire à celui de la terre. Il en sera de même des étoiles situées sur tous les autres points de la sphère céleste ; elles décriront des parallèles à l'équateur céleste, qui seront d'autant plus petites, qu'elles en seront plus éloignées. Les astres voisins de l'équateur paraîtront tourner beaucoup plus vite que ceux qui seront voisins des pôles ; le mouvement se fera avec la même uniformité que celui de la terre et s'achevera dans le même temps. Dans le calcul, on s'exprime comme si les astres tournaient réellement autour de la terre, les résultats étant les mêmes pour les opérations astronomiques.

Supposons, dans la figure 1, page 63, que le cercle LSON soit l'horizon d'un lieu quelconque et situé sur la surface de la terre. On voit que ce cercle coupe un parallèle à l'équateur IBR en deux parties, dont l'une, BRN, qui est au-dessous de l'horizon, ne pourra être vue par un observateur placé en L , et l'autre B I N pourra être vue par cet observateur. L'horizon et l'équateur étant deux grands cercles qui se coupent en deux parties égales, un astre qui, dans son mouvement, décrit l'équateur, est aussi long-temps au-dessus qu'au-dessous. Les parallèles étant inégalement coupés par l'horizon , les astres qui les parcourront seront d'autant plus long-temps visibles, qu'ils s'approcheront du pôle élevé , c'est-à-dire du pôle P qui est au-dessus de l'horizon ; en sorte que les astres qui auront leur parallèle au-dessus de l'hori-zon, comme A A, seront toujours visibles pour l'ob-servateur placé en L ; d'autres, au contraire, dont le parallèle K M sera entièrement au-dessous de l'ho-rizon ne seront jamais visibles pour lui. Il n'y a que les lieux situés sur l'équateur pour lesquels les astres soient aussi long-temps au-dessus de l'horizon qu'au-dessous parce que leur horizon étant perpendiculaire à l'équateur, il coupe tous les parallèles en deux parties égales. Pour les lieux situés à droite et à gauche de l'équateur, la durée de la présence d'un astre sur l'ho-rizon dépend de la distance de cet astre à l'équa-teur et de l'inclinaison du lieu où l'on se trouve à l'égard de l'équateur. Au pôle, où l'horizon se confond avec l'équateur, les étoiles qui sont visibles ne se lèvent ni ne se couchent jamais ; elles tournent toujours au-tour de l'horizon, sans monter ni descendre.

Le point S et son opposé où l'horizon coupe l'é-quateur, s'appellent l'est et l'ouest ou le levant et le couchant : ce sont les deux points où un astre qui décrit l'équateur se lève et se couche, pour quelque horizon que ce soit. Si, par les pôles de l'équateur et les pôles de l'horizon , c'est-à-dire le zénith et le na-dir , on imagine un grand cercle , ce cercle sera le méridien céleste; son correspondant sur la terre sera le méridien terrestre ; la méridienne sera la ligne d'intersection de ce plan avec l'horizon. Le méridien sera perpendiculaire à l'horizon , à l'équateur et à

l'un des parallèles, et il les coupe en deux parties
égales, ainsi que leurs parties élevées au-dessus de l'horizon. Il partage la durée du jour en deux parties
égales, et l'on appelle midi le moment où le soleil
passe par ce cercle au-dessus de l'horizon, et minuit
le moment où il passe au méridien au-dessous de l'horizon. L'intervalle entre deux passages du soleil au
méridien mesure la durée du jour, que l'on partage
en vingt-quatre heures : ces heures comptées de suite
d'un midi à l'autre forment le jour astronomique,
le seul en usage dans les calculs nautiques.

Tous les lieux situés sur un même méridien compteront midi au même instant ; il en sera de même pour
toute autre heure. On peut imaginer pour chaque
lieu un méridien auquel le soleil corresponde successivement pendant la durée d'un jour : ainsi,
quand il sera midi pour ceux qui habitent un méridien, il sera plus de midi pour ceux qui habitent des
méridiens situés à l'orient, puisque le soleil a déjà
passé par leur méridien ; et il ne sera pas encore midi
pour ceux qui seraient plus à l'ouest, parce que le
soleil ne sera pas encore venu à leur méridien.

Le soleil faisant le tour de la terre en 24 heures,
parcourt par heure 15°, qui sont la 24me partie de la
circonférence du méridien, c'est-à-dire de 360° :
ainsi d'heure en heure, il passe par des méridiens
distants entre eux de 15° ; donc si deux méridiens sont
éloignés de 15, 30 ou 45 degrés, la différence des
instants auxquels les habitants situés sur ces méridiens
compteront midi ou toute autre heure, sera d'une,
deux ou trois heures, selon la différence des méridiens. Ceux qui seront à 180° d'un méridien, ou qui
seront situés sur l'autre moitié de ce méridien, compteront minuit lorsque les habitants situés en dessus
compteront midi. Ainsi, si l'on faisait le tour de la
terre en allant de l'est à l'ouest, on compterait en
revenant au méridieu du départ un jour de moins
que ceux qui y seraient restés ; on compterait au

contraire un jour de plus si on avait été de l'ouest à l'est.

On a choisi un méridien auquel ou est convenu de comparer tous les autres, et on lui a donné le nom de premier méridien. On appelle longitude d'un lieu la distance du méridien de ce lieu au premier méridien, comptée sur l'équateur. On compte la longitude de l'un et de l'autre côté du méridien, depuis 0 jusqu'à 180°. Celle que l'on compte à partir du premier méridien en allant vers l'est se nomme longitude orientale ; l'autre s'appelle longitude occidentale.

Toutes les nations n'ont pas le même premier méridien : les Anglais ont pris pour leur premier méridien celui qui passe par Greenwich ; les Hollandais celui du pic Ténériffe. Il eût été à désirer que toutes les nations eussent eu le même premier méridien ; néanmoins, il est toujours facile de réduire la longitude comptée depuis un certain méridien, à la longitude comptée depuis tout autre méridien. Car, ou le nouveau méridien d'où l'on veut compter tombe à l'ouest, ou il tombe à l'est de celui dont on comptait. Dans le premier cas, toutes les longitudes sont augmentées de la différence des deux méridiens ; dans le second cas, elles sont diminuées de la même quantité.

On compte la longitude en degrés ou en temps, c'es-à-dire en heures ; il est toujours facile de ramener l'une de ces manières de compter à l'autre. Pour convertir des degrés en temps, puisque 15° valent une heure de temps ou soixante minutes, 1° vaudra la quinzième partie de 60' ou 4' ; une minute de degré vaudra 4 secondes de temps ; ainsi, pour réduire les degrés, minutes et secondes, de degrés en temps, il faut quadrupler le tout, et compter successivement les parties de ce produit pour des minutes et secondes d'heure. Soit, par exemple, 17° 52' 43" de longitude à convertir en temps, on multiplie 43° par 4 ; on a 172", dont on extrait les minutes à raison de soixante secondes pour une minute, ce qui fait 2' 52''; on multiplie également par quatre 52', en y joignant les deux minutes provenant des secondes; on trouve pour produit 210' : extrayant de ce produit les degrés, à raison de 60' pour un degré, on a 3° et 30'; multipliant également les 17° par quatre, en joignant au produit 68 les 3° extraits des 210', on trouve pour résultat de la multiplication par quatre, 71° 30' 52''. Comptant les degrés de produit pour des minutes, les minutes pour des secondes, et les secondes pour des tierces, on a 71' 30'' 52''', ou une heure 11 minutes 30 secondes 52 tierces pour la valeur de 17° 52' 43'' de longitude exprimés en degrés.

S'il faut, au contraire, réduire le temps en degrés, puisqu'une heure répond à 15°, une minute de temps répondra à 15' de degré, c'est-à-dire à un quart de degré, ou à la soixantième partie de quinze degrés; une seconde de temps répondra à 15'' ou un quart de minute de degré, et ainsi de suite. Donc, pour convertir les heures et les parties d'heure en degrés et parties de degré, il faut réduire les heures et minutes de temps tout en minutes, puis compter les minutes, les secondes et les tierces pour des degrés, minutes et secondes de degrés; le quart du tout sera le nombre de degrés et parties de degré demandés. Soit 7 h. 17' 42'' 53''' à convertir en degrés, minutes, etc. : on changera cette quantité en 437' 42'' 53''', en réduisant les 7 h. en minutes, à raison de 60' à l'heure, ce qui donne, en multipliant sept heures par soixante, 420', et, ajoutant 17', on a 437 minutes; on comptera les 437' 42'' 53''' pour 437° 42' 53'', et, prenant le quart en commençant par la gauche, on aura 109° 25' 43'' 15''' pour le nombre de degrés et de parties de degré demandés.

La différence des méridiens, ou la longitude, est un des éléments qui servent à déterminer la position d'un lieu sur la terre; mais, comme tous les lieux situés sur un même méridien ont la même longitude,

la position d'un lieu n'est pas suffisamment déterminée par la longitude : il faut encore savoir quelle est
la position qu'il occupe sur ce méridien. Or, celle-ci
se détermine par le nombre de degrés du méridien
compris entre ce lieu et l'équateur ; c'est ce qu'on
appelle sa latitude : tous les points du parallèle passant par ce lieu étant également éloignés de l'équateur, auront la même latitude.

La latitude se compte sur le méridien du lieu, en
allant de l'équateur au pôle ; ainsi, l'on distingue
deux latitudes : l'une boréale, au nord, qui se compte
de l'équateur au pôle Nord ; l'autre méridionale, au
sud, qui se compte de l'équateur au pôle Sud.

En jetant les yeux sur la figure n° 1, page 63,
on verra que la hauteur du pôle P, sur l'horizon HO du lieu L, est égale à la latitude de ce
lieu, laquelle est mesurée par l'arc EZ, distance
du zénith à l'équateur. En effet, les deux angles
ZCO et ECP, étant tous deux droits et égaux par
conséquent, si on en retranche une même quantité
ZP, les restes EZ, mesure de la latitude du lieu L,
et PO, qui est l'élévation du pôle au-dessus de l'horizon de ce lieu, seront éganx ; donc, la latitude de
l'un est toujours égale à l'élévation du pôle au-dessus
de l'horizon de ce lieu.

### DE LA MANIÈRE DONT ON MESURE LE CHEMIN QUE FAIT UN NAVIRE : USAGE DU LOCH.

Nous avons dit plus haut qu'on avait mesuré un
degré de la terre pour en conclure la longueur de sa
circonférence ; on a trouvé pour mesure moyenne de
différens degrés du méridien, une longueur de
57,030 toises ; en sorte que la minute est de 950 toises
et demie.

C'est sur l'étendue d'un degré que l'on fixe celle de
la lieue marine, qui, en France, est la vingtième
partie du degré ; ainsi, la lieue marine est de 2,851

toises, et elle répond à trois minutes de degré. Si donc on voulait convertir un nombre de lieues en degrés, il faudrait prendre le 20$^{me}$ de ce nombre, ou diviser les lieues par vingt, on aurait les degrés ; en triplant le reste, on aurait les minutes. Réciproquement, pour convertir les degrés et minutes en lieues, il faut multiplier par vingt le nombre des degrés, et à ce produit ajouter le tiers du nombre des minutes.

C'est au moyen de cette division du degré, et en se servant du loch, que l'on est parvenu à mesurer le sillage ou le chemin que fait un navire. On a divisé la ligne de loch en parties égales, que l'on appelle nœuds ; leur grandeur a un rapport déterminé avec la lieue marine ; elle en est la 360$^{me}$ partie, ou la 120$^{me}$ partie d'un tiers de lieue. Or, comme l'expérience que l'on fait en filant le loch dure une demi-minute, et que dans une heure il y a 120 demi-minutes, pendant lesquelles le navire étant sensé conserver la même vîtesse, devra faire 120 fois autant de chemin, il s'ensuit que, pour chaque nœud qui aura été filé, le navire fait un tiers de lieue ; en sorte que si, peudant l'expérience, il y avait six nœuds ou sept nœuds de filés, le navire ferait six ou sept tiers de lieue à l'heure, c'est-à-dire deux lieues ou deux lieues et tiers.

La lieue marine étant de 2,851 toises et demie, ou de 17,109 pieds, si l'on en prend la 360$^{me}$ partie, on aura 47 pieds 6 pouces pour la longueur que doit avoir chaque nœud. Comme la ligne de loch est sujette à s'allonger lorsqu'on s'en sert pour la première fois, on ne fait les nœuds que de 45 pieds. On a soin aussi, en divisant la ligne de loch, de prendre sur la ligne environ la longueur du navire avant de commencer à marquer les nœuds ; cette longueur, à laquelle on donne le nom de houache, est destinée, lorsque l'on file le loch, à laisser passer le remous du navire, dans lequel le bateau de loch se trouvant trop agité, ne pourrait servir de point fixe pour apprécier le chemin que fait le navire. Ce n'est que lorsque la houache est passée, que l'expérience doit commencer, et que celui qui file le loch doit crier : Vire ! à celui qui tient le sablier; lui, à son tour, lorsque le sablier est vide, crie : Stop ! à celui qui tient la ligne, pour la faire arrêter; alors, on compte les nœuds que l'on double, si on s'est servi du quart de minute.

### DE LA BOUSSOLE ET DE SES USAGES.

C'est à l'aide de la boussole, ou compas de route, qu'on dirige un navire vers le lieu où l'on veut aller; la boussole est une boîte ronde, dans laquelle est un pivot qui supporte une aiguille aimantée chargée d'une rose des vents; cette aiguille a reçu de l'aimant la propriété singulière de se diriger constamment vers le nord et vers le sud, et d'indiquer à-peu-près la direction du méridien ; on a donné le nom de méridien magnétique à la ligne dans laquelle l'aiguille se fixe ainsi d'elle-même.

Nous avons dit que l'aiguille aimantée n'indiquait qu'à-peu-près la direction du méridien. En effet, on a remarqué qu'elle n'était pas absolument dans la ligne N. et S. du monde, et qu'elle faisait presque toujours un angle avec cette ligne, en déclinant d'un côté ou de l'autre du nord du monde, plus ou moins, selon les lieux où l'on se trouvait : on appelle cette déclinaison la variation de l'aiguille. On dit que la variation est N.-E. lorsque le nord du compas s'éloigne du nord du monde en déclinant vers l'est ; et l'on dit qu'elle est N.-O. lorsque le nord de la boussole décline du vrai nord vers l'ouest.

Cette déclinaison de l'aiguille aimantée n'étant pas la même dans tous les lieux, ni même dans tous les temps pour un même lieu, et les changements de variations étant considérables pour différents lieux, on doit y avoir continuellement égard pour diriger la route d'un navire ; nous donnerons plus tard les moyens de la trouver.

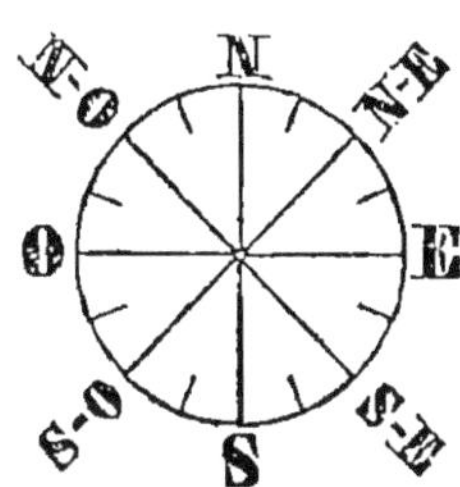



La rose des vents que nous mettons sous vos yeux est un cercle divisé en trente-deux parties égales nommées rumbs ou aires des vents, et qui sont chacune par conséquent de 11° 15'; le nord est toujours indiqué d'une manière remarquable. Perpendiculairement à la ligne N. S., est la ligne E. et O. : ces deux lignes partagent la rose en quatre parties égales de 9° chacune, et leurs extrémités se nomment les quatre points cardinaux. L'aire de vents qui se trouve entre deux points cardinaux emprunte son nom de ces deux points; celui qui est entre le N. et l'E. se nomme N.-E. ; celui qui est entre le N. et l'O. se nomme le N.-O. Il en est de même du S.-E. et du S.-O. Les rumbs qui se trouvent entre ces derniers et les points cardinaux, ont un nom composé des deux entre lesquels ils se trouvent, en nommant toujours le premier celui des deux points cardinaux dont il est le plus voisin. Ainsi le rumb entre l'E. et le N.-E. s'appelle E.-N.-E. ; celui qui est entre le N. et le N.-O. s'appelle le N.-N.-O., et ainsi des autres. Enfin, on partage encore chacune de ces aires de vent en deux, et l'on donne à chacune un nom composé des deux aires entre lesquelles il se trouve, en mettant le premier celui dont il est le plus voisin ; mais on sépare ces deux noms par le mot quart. Par exemple, pour énoncer l'aire de vent qui tient le milieu entre le N. et le N.-N.-E., on dira N. 1/4 N.-E., parce qu'il est près du nord, mais avancé vers le N.-E. d'un quart du nord au nord-est. Pour énoncer celui qui tient le milieu entre le N.-E. et le N.-N.-E., on dirait nord-est quart de nord, et l'on écrirait N.-E. 1/4 N.

Lorsque la boussole sert à relever les objets, c'est-à-dire à reconnaître à quelle aire de vent ils correspondent, on l'appelle compas de variation : alors, on la garnit de deux pinnules que l'on joint par un fil; on vise à l'objet à travers les deux pinnules, et pendant ce temps, un observateur regarde quel angle fait le fil avec la ligne Nord et Sud du compas, et qui sera égal à celui qu'on aurait observé à l'égard de la ligne Est et Ouest. Cet angle sera le gisement de l'objet par rapport à ces deux lignes. On emploie aussi le compas de variation pour connaître la dérive du navire, c'est-à-dire l'angle que fait la quille du navire avec la houache, angle qui est la quantité dont un navire au plus près s'éloigne de la route qu'on voudrait lui faire suivre.

### MOUVEMENT ANNUEL DU SOLEIL.

La terre, outre le mouvement de rotation qu'elle a autour de son axe, et en vertu duquel le soleil et les autres astres paraissent tourner autour d'elle, a encore un autre mouvement dit de translation qu'elle effectue autour du soleil en l'espace d'une année, dans un cercle incliné à l'équateur céleste de vingt-trois degrés vingt-huit minutes. Dans les calculs astronomiques, on attribue ce mouvement au soleil. Ce cercle dans lequel la terre effectue son mouvement annuel, ou dans lequel le soleil est sensé tourner autour de la terre, se nomme l'écliptique; c'est le mouvement du soleil dans l'écliptique qui détermine les saisons; comme ce cercle est incliné à l'égard de l'équateur, qu'il coupe en deux parties égales, il s'ensuit que, dans le cours d'uns année, le soleil est six mois au nord de l'équateur et six mois au sud, sans jamais s'en éloigner de plus de 23° 28'. Les deux cercles qu'il parcourt, lorsqu'il est parvenu à sa plus grande distance de l'équateur dans chaque hémisphère, se nomment les tropiques : ainsi, les tropiques sont deux cercles parallèles à l'équateur, et qui en sont éloignés de 23° 28' ; celui qui est dans l'hémisphère nord se nomme tropique du Cancer, l'autre se nomme tropique du Capricorne. Les pôles de l'écliptique décrivent, dans le mouvement diurne, deux cercles distants des pôles de l'équateur de 23° 28' ; celui qui est près du pôle Nord se nomme cercle polaire Arctique ; celui qui est près du pôle Sud, se nomme cercle polaire Antarctique ; ils sont tous deux éloignés de l'équateur de 66° 32'. Les sections de ces cercles sur la terre forment des tropiques terrestres et des cercles polaires terrestres qui divisent la terre en cinq zônes ; l'espace compris entre les deux tropiques s'appelle la zône torride ou brûlante ; elle est divisée, à son milieu, par l'équateur ; son étendue est de 46° 56' : on la nomme torride, parce que la chaleur y est fort grande et continuelle, le soleil étant toujours au-dessus. On appelle zônes glaciales les espaces compris entre les pôles et les cercles polaires ; le soleil ne sortant point de la zône torride, ne peut les échauffer de ses rayons que très-obliquement ; il y fait donc très-froid. On a enfin nommé zônes tempérées les espaces compris entre chaque tropique et le cercle polaire du même hémisphère : la France est située dans la zône tempérée septentrionale.

Les points où l'écliptique coupe l'équateur se nomment les points équinoxiaux, parce que, lorsque le soleil, en parcourant l'écliptique, arrive à l'un de ces points, les jours sont égaux aux nuits pour tous les habitants de la terre, puisque, tous les horizons étant coupés en deux parties égales par l'équateur, le soleil qui, ce jour-là, le parcourt, doit être aussi long-temps en-dessus qu'en dessous de tous les horizons. Le printemps est l'époque où le soleil arrive à l'un de ces points, et l'automne commence lorsque le soleil, en revenant passer l'écliptique, arrive au point équinoxial opposé : ces deux époques s'appellent les équinoxes. L'arc de l'écliptique, parcouru par le soleil, depuis son passage à l'équinoxe du printemps, qu'on appelle aussi le point du Bélier, s'appelle la longitude du soleil ; elle se compte en signes, qui sont de 30° chacun ; ils sont au nombre de douze : on leur a donné les noms suivants : Le Bélier, le Taureau, les Gémeaux, l'Ecrevisse, le Lion, la Vierge, la Balance, le Scorpion, le Sagitaire, le Capricorne, le Verseau, les Poissons. Les six premiers de ces signes sont dans la partie du nord, les six autres dans la partie du sud de l'écliptique.

Le commencement de chacune des quatre saisons, printemps, été, automne, hiver, est déterminé par l'entrée du soleil dans les signes du Bélier, de l'Ecrevisse, de la Balance et du Capricorne : ce qui arrive le 21 mars, le 21 juin, le 22 septembre et le 21 décembre.

Si, par les pôles de l'équateur et les points équinoxiaux, on conçoit un cercle, ce cercle sera ce qu'on appelle le coluré des équinoxes ;

Si, par les pôles de l'équateur et ceux de l'écliptique, on imagine un autre grand cercle, ce cercle sera le coluré des solstices. Les points où le coluré des solstices rencontre l'écliptique, sont les points les plus éloignés de ce cercle de chaque côté de l'équateur ; ils en sont éloignés de 23° 28' ; on les nomme les points solsticiaux, et le moment où le soleil arrive à l'un ou à l'autre est nommé solstice. Le solstice d'été a lieu lorsque le soleil arrive au point solsticiel de l'hémisphère nord, au 21 juin ; le solstice d'hiver est l'époque où le soleil arrive au point solsticiel de l'hémisphère sud, vers le 21 décembre. Parvenu à ces deux points, le soleil reste quelques jours stationnaire avant de se rapprocher de l'équateur ; c'est ce qui leur a fait donner le nom de points solsticiaux.

La quantité dont le soleil, par son mouvement annuel dans l'écliptique, s'éloigne chaque jour ou s'approche de l'équateur, se nomme déclinaison du soleil ; elle se compte à partir de l'équateur sur le colure des solstices vers l'un et l'autre point solsticial, ou sur un cercle de déclinaison passant sur le centre du soleil et les pôles de l'équateur ; cette déclinaison ne peut jamais dépasser 23° 28', quantité dont le soleil s'éloigne de chaque côté de l'équateur ; elle est nord ou sud, selon que le soleil est dans l'hémisphère nord ou dans l'hémisphère sud.

On a dressé des tables exactes, jour par jour, de la déclinaison du soleil, et c'est de sa combinaison avec la hauteur de cet astre prise chaque jour à midi, que l'on déduit la latitude du lieu où l'ou se trouve. En réduisant, au moyen du quartier de réduction, les diverses routes qu'on a pu faire depuis le midi précédent, on s'assure de la quantité de chemin dont on s'est avancé vers l'est ou vers l'ouest, et, par suite, on a la longitude approchée du lieu où l'on se trouve. Ces deux éléments, la latitude et la longitude, déterminent le lieu de la mer où est le navire : c'est ce qu'on appelle faire le point, opération qui se répète tous les jours à midi.

### DE L'OCTANT ET DE SON USAGE.

L'octant est un secteur ou partie de cercle dont l'arc BC est divisé en quatre-vingt-dix parties égales, au centre A, et perpendiculairement au plan de l'instrument, est placé un miroir fixé à l'alidade AD et mobile avec elle autour du centre A. A quelque distance du miroir A, est placé perpendiculairement au plan de l'instrument, et fixé sur le côté AB, un petit miroir, dont une partie seulement, celle qui est voisine du plan de l'instrument, est étamée ; l'autre est transparente, et sert à voir l'horizon auquel on vise, à l'aide d'une pinnule placée sur l'autre côté AC de l'instrument.

La position du petit miroir et du grand miroir doivent être telles, que, lorsque l'alidade AD sera sur le point zéro de la graduation, le grand miroir soit parallèle au petit.

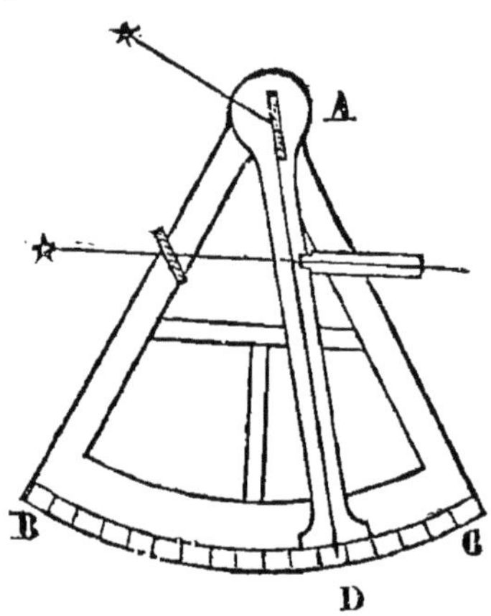

Pour employer l'octant à prendre la hauteur du soleil, il faut d'abord que cet instrument soit rectifié, c'est-à-dire que les miroirs qui y sont adaptés soient rigoureusement dans l'état de perpendicularité à l'égard de l'instrument, et de parallélisme entre eux, indispensable pour cette opération.

Pour s'assurer de la perpendicularité du grand miroir à l'égard de l'instrument, on place l'alidade au milieu à-peu-près de l'arc gradué ou limbe ; on place son œil au sommet de l'instrument, et l'on regarde si la partie du limbe qui se réfléchit dans le grand miroir est bien en ligne droite avec l'autre partie. Si elles sont bien en continuité, le grand miroir est perpendiculaire au plan de l'instrument. Si la partie réfléchie semble s'élever, c'est que le grand miroir penche en avant ; ainsi qu'il arrive dans une chambre lorsqu'une glace penche en avant, le plancher semble s'élever. Si la partie réfléchie semblait s'abaisser, au contraire, c'est que le grand miroir pencherait en arrière. Dans ces deux cas, il faudrait le rappeler à la perpendicularité au moyen des vis qui se fixent sur l'alidade.

Il faut aussi s'assurer de la perpendicularité du petit miroir. Pour cela, tenant l'instrument dans une position verticale, et regardant à l'horizon à travers la pinnule et la partie non étamée du petit miroir, on fait, au moyen de l'alidade, coïncider, dans un même alignement, l'image réfléchie de l'horizon dans la partie étamée, avec l'horizon vu directement à travers la partie non étamée; puis on incline l'instrument à droite et à gauche, tenant toujours l'œil à la pinnule. Si, dans ce mouvement, les deux horizons continuent à rester dans le même alignement, le petit miroir est perpendiculaire au plan de l'instrument ; si, au contraire, en balançant l'instrument, on s'aperçoit que les deux horizons inclinent entre eux ou forment un angle, c'est que le petit miroir n'est pas perpendiculaire à l'instrument. On le rappelle à la perpendicularité au moyen des vis de sa monture.

Pour s'assurer du parallélisme des miroirs entre eux, on met le point zéro de la division qui est au bas de l'alidade sur le point zéro de la division du limbe ; on regarde à l'horizon à travers la pinnule, en tenant l'instrument verticalement. Si, dans cette position, l'horizon vu directement à travers la partie non étamée du petit miroir et l'horizon réfléchi dans la partie étamée sont dans le même alignement, les deux miroirs sont parallèles entre eux. Si les deux horizons n'étaient pas en alignement, on les y mettrait en tournant de côté ou d'autre la queue ou support qui est placé derrière le petit miroir.

L'octant étant ainsi rectifié, pour prendre la hauteur du soleil, on tient son instrument verticalement, dans le plan supposé passer par le soleil et le centre ou sommet de l'instrument, l'alidade étant sur le point zéro du limbe ; on vise à l'horizon à-peu-près à l'endroit qui répond sous l'astre ; puis on fait mouvoir l'alidade jusqu'à ce qu'on voie arriver l'image du soleil dans la partie étamée du petit miroir, à-peu-près sur la même ligne que l'horizon vu par la partie étamée. On fait alors balancer l'instrument à droite et à gauche, et, si la hauteur est bien prise, le soleil, dans ce mouvement, doit raser l'horizon légèrement et s'en détacher en s'élevant; s'il mordait sur l'horizon en faisant balancer l'instrument, c'est que la hauteur prise serait trop forte; il faudrait, dans ce cas, rappeler l'alidade à soi légèrement, jusqu'à ce qu'on obtienne un contact léger du soleil avec l'horizon. On peut aussi viser directement au soleil; on l'apercevra dans la partie étamée du petit miroir; on le fera descendre à l'horizon en poussant l'alidade, ayant soin de le maintenir dans la partie étamée. S'il s'agissait de la hauteur méridienne du soleil ou de celle qu'il a lorsqu'il passe au méridien à midi, on se mettrait en observation quelques instants avant midi; on observerait la hauteur du soleil, et, poussant l'alidade à mesure qu'il s'élève, on suivrait son mouvement ascensionnel jusqu'à ce que, cessant de monter, il reste stationnaire; la hauteur, à cet instant, serait la hauteur méridienne : c'est l'instant du midi du lieu où l'on se trouve, ou le passage du soleil au méridien de ce lieu.

L'arc parcouru par l'alidade sur le limbe pendant l'observation, est la hauteur du soleil que l'on compte depuis le zéro du limbe jusqu'au zéro de la division de l'alidade. Les grandes divisions seront comptées pour des degrés, et les divisions plus petites, qui sont au nombre de trois dans chaque degré, seront comptées pour vingt minutes chacune.

Si le zéro de l'alidade ne tombait pas exactement sur une des divisions de vingt minutes, on aurait les minutes intermédiaires, en remarquant quelle est la division de l'alidade qui répond exactement à une des divisions du limbe; comptant depuis le zéro de l'alidade jusqu'à cette division, en prenant pour une minute chaque division de l'alidade, on aura les minutes entre zéro et vingt, entre vingt et quarante, et entre quarante et soixante.

Une fois la hauteur méridienne du soleil obtenue, on y ajoute douze minutes ; on la retranche ainsi augmentée de quatre-vingt-dix degrés, le reste est la distance du soleil au zénith. Cette quantité combinée avec la déclinaison du soleil, prise dans la *Connaissance des Temps* et calculée pour le midi du bord, donne la latitude du lieu où l'on se trouve.

Avant de faire connaître quelle est la modification que l'on doit faire subir à la déclinaison du soleil, donnée pour le midi de chaque jour à Paris, afin de la ramener au midi du bord, nous allons donner quelques explications au sujet des douze minutes dont nous augmentons la hauteur trouvée.

La quantité de douze minutes que l'on ajoute à la hauteur observée du soleil, pour la corriger, est, à peu de chose près, le résultat de trois causes, qui font que la hauteur observée n'est pas absolument la vraie. Premièrement, ce n'est pas la hauteur du centre du soleil que l'on a prise ; on n'aurait pu saisir ce point exactement : c'est la hauteur du bord inférieur. La hauteur observée est donc trop petite de la moitié du diamètre du soleil, puisque, pour avoir la hauteur du centre, il eût fallu pousser encore un peu l'alidade ; il faudrait donc, à la hauteur trouvée, ajouter le demi-diamètre du soleil, quantité que l'on trouve dans des tables.

Secondement, l'élévation de l'œil de l'observateur au-dessus de l'horizon, tend à abaisser cet horizon, et rend nécessairement les hauteurs prises trop grandes ; il faudrait donc les diminuer de cette quantité, que l'on appelle dépression ou inclinaison de l'horizon, et dont on a formé des tables pour des élévations différentes.

Une troisième cause tend encore à altérer les hauteurs : les rayons du soleil, en pénétrant l'atmosphère qui nous environne, éprouvent une légère rupture, ainsi qu'il le paraît lorsqu'on plonge obliquement un bâton dans l'eau ; ils décrivent, pour arriver à l'œil, une courbe inclinée vers la terre, et c'est selon la tangente à cette courbe que l'astre nous apparaît ; vu ainsi, il nous paraît plus élevé qu'il n'est réellement ; la hauteur est donc trop grande de la quantité occasionnée par la déviation des rayons solaires, et doit en être diminuée. Cette déviation des rayons solaires se nomme réfraction : on l'a calculée pour divers degrés de hauteur, et on en a dressé des tables.

La réfraction du soleil est nulle lorsque ses rayons pénètrent perpendiculairement dans les couches de l'atmosphère ; mais, lorsqu'il est à l'horizon, elle est communément de 32' ; en sorte que cet astre paraît à l'horizon lorsqu'il est encore réellement au-dessous.

Ces trois corrections appliquées à la hauteur observée du soleil, chacune dans le sens qui lui est propre, donnent pour résultat, ainsi que nous l'avons dit, environ douze minutes, qu'il faut ajouter à cette hauteur pour avoir la hauteur vraie du centre du soleil.

La déclinaison du soleil, que l'on trouve dans les tables de la *Connaissance des Temps*, est calculée pour le midi de chaque jour à Paris ; mais, si l'on est à l'est ou à l'ouest du méridien de Paris, lorsqu'il sera midi à bord, il sera plus de midi à Paris, si on est à l'ouest, puisque le soleil aura déjà passé au méridien de Paris, et il sera moins de midi, au contraire, à Paris, si l'on se trouve à l'est du premier méridien.

Il faut donc chercher quelle heure il est à Paris, quand il est midi à bord, et calculer la déclinaison du soleil pour cette heure. Pour cela, si on est à l'ouest du premier méridien, il faut ajouter au midi du bord la longitude du lieu où l'on se trouve, c'est-à-dire la différence des méridiens de Paris et du bord réduite en temps, à raison de une heure pour quinze degrés, et de quatre minutes de temps pour un degré, ainsi que nous l'avons indiqué plus haut, et l'on aura l'heure qu'il est à Paris lorsqu'il est midi à bord ; on prendra, pour le temps correspondant à la différence des méridiens, des parties proportionnelles au mouvement de déclinaison en vingt-quatre heures, indiqué dans les tables entre le midi du jour et le jour suivant ; on ajoutera cette quantité à la déclinaison du jour, ou l'on retranchera, selon que la déclinaison du soleil ira en augmentant ou en diminuant, et l'on aura ainsi la déclinaison du midi de Paris ramenée au midi du bord.

Si on est à l'est de Paris, quand il sera midi à bord, il ne sera pas encore midi à Paris ; la déclinaison cherchée tombera, par conséquent, entre celle du midi du jour et celle du midi précédent. Si l'on était, par exemple, à l'est de Paris de 60°, qui font quatre heures de temps, quand il serait midi à bord, il ne serait à Paris que huit heures du matin, en temps civil, ou vingt heures en temps astronomique, comptant, comme nous l'avons dit, à partir du midi précédent ; ce serait pour cette heure que l'on chercherait la déclinaison, en prenant des parties proportionnelles au mouvement de déclinaison en vingt-quatre heures entre le midi du jour et celui du midi précédent.

Quand on a la déclinaison du soleil ainsi ramenée au midi du bord, il ne s'agit plus, pour trouver la latitude, que de la combiner, ainsi que nous l'avons dit, avec la hauteur du soleil ou sa distance au zénith, qui est le complément de la hauteur.

Si le soleil est au nord du zénith ; si, en se tournant vers lui, on le voit se mouvoir de droite à gauche, on dit que la distance au zénith est nord. Si, au contraire, il est au sud du zénith ; si, en se tournant vers lui, on le voit se mouvoir de gauche à droite, on dit que la distance au zénith est sud.

Cela posé, si la distance du zénith au soleil est de même dénomination que la déclinaison, retranchez l'une de l'autre, le reste sera la latitude. Si l'astre n'est pas au-dessous du pôle élevé, c'est-à-dire si la hauteur méridienne n'est pas plus petite que la hauteur du pôle; s'il y est, au contraire, ajoutez la déclinaison à la distance au zénith : cette somme, retranchée de 180°, donnera la latitude. Si la distance du zénith à l'astre est de dénomination différente de la déclinaison, c'est-à-dire si la déclinaison est indiquée nord dans les tables, et que la distance au zénith soit sud, ajoutez-les ensemble, la somme sera la latitude du lieu.

## DU CHEMIN EST ET OUEST ET DU CHANGEMENT EN LONGITUDE.

La latitude à elle seule ne suffit pas pour déterminer la position d'un lieu sur le globe, parce qu'il existe une foule de lieux situés sur un même parallèle et qui ont tous la même latitude. Il en est de même à l'égard de la longitude, puisque tous les lieux situés sur un même méridien ont la même longitude ou sont également éloignés du méridien de Paris. Mais si, sachant sur quel parallèle se trouve un lieu quelconque, c'est-à-dire si, connaissant sa latitude, on sait aussi à quelle distance il est du premier méridien, ou quelle est sa longitude, sa position pourra être irrévocablement fixée.

Pour se procurer le changement en longitude avec lequel on a la longitude, il faut d'abord savoir de quelle quantité l'on s'est avancé vers l'est ou vers l'ouest, quantité que l'on ramène ensuite à être exprimée en degrés de l'équateur, vraie mesure de la longitude.

Pour trouver le chemin qu'on a fait à l'est ou à l'ouest, et qu'on appelle chemin est et ouest, pendant les vingt-quatre heures d'un midi à l'autre, il faut réduire les diverses routes qu'on a parcourues pendant ce temps, c'est-à-dire chercher ce qu'elles ont pu donner de chemin à l'est, à l'ouest, au nord et au sud. Ces routes ont été soigneusement marquées sur le renard avec le sillage du navire, par les timoniers et l'officier de quart, qui, ensuite, les a transportées sur le journal du bord.

Pour opérer cette réduction, on dresse une petite table composée de quatre colonnes, que l'on intitule nord, sud, est et ouest, comme on le voit ici. On relève sur le journal les routes courues dans les vingt-quatre heures, comptant chaque nœud pour un mille, et ayant soin de corriger de la variation du compas et de la dérive, s'il y en a, quantités qui sont toujours marquées sur le journal. On écrit les routes ainsi corrigées à côté de la table.

| | N. | S. | E. | O. |
|---|---|---|---|---|
| N. E. 35 m. . . . . . . | 25 | | 25 | |
| E. N. E. 70 m. . . . . | 27 | | 65 | |
| E. 1/4 S. E. 140 m. | | 27 | 138 | |
| | 52 | | 228 | |
| | 27 | | | |
| | 25 | | | |

Pour trouver ce que chacune de ces routes a pu donner de chemin, tant à l'est qu'à l'ouest, au nord ou au sud, on se sert du quartier de réduction que nous mettons soûs vos yeux. Cet instrument représente un quart de la rose des vents ; le côté qui est dans une situation perpendiculaire représente la ligne nord et sud ; et le côté horizontal, la ligne est et ouest. Les lignes intermédiaires représentent les rumbs de vent compris entre deux points cardinaux voisins. Les quartiers de réduction dont on fait ordinairement usage, sont collés sur une feuille de carton ; un fil est fixé au centre du quartier à la jonction des lignes nord et sud, et est et ouest. Une opération très-simple suffit pour trouver les milles au nord, au sud, à l'est ou à l'ouest de chaque route.

Par exemple, pour la première route, le N.-E., inscrite à la table de réduction, on tend le fil sur le N.-E., et l'on compte, à partir du centre, sur le fil trente-cinq milles, en faisant valoir un mille à chaque petite division du quartier; au point où ces milles se terminent, on abaisse une perpendiculaire sur la ligne est et ouest, et une sur la ligne nord et sud, comptant depuis le centre jusqu'au pied de la perpendiculaire abaissée sur la ligne est et ouest. On trouve vingt-cinq divisions ou 25 milles faits à l'est, et sur la ligne nord et sud, on trouve également 25 milles faits au nord; on inscrit à la table ces milles nord et est, chacun dans la colonne qui leur convient; les milles au nord sous le nord, et les milles à l'est dans la colonne marquée est.

Pour la seconde route, on comptera 70 milles sur le fil tendu à l'est, en faisant valoir deux milles à chaque petite division, le quartier n'étant pas assez étendu pour leur faire valoir un mille seulement; du point où ils se terminent, on abaisse une perpendiculaire sur la ligne est et ouest, et l'on compte à partir du centre jusqu'au pied de la perpendiculaire abaissé; on trouve ici trente-deux divisions et demie : chacune de ces divisions comptera pour deux, ainsi que celle des rhums de vent, et elles donneront 65 milles à l'est. Du même point B, on abaissera une perpendiculaire sur la ligne N. et S., et l'on trouvera treize divisions et demie, qui, comptant pour deux, donneront 27 milles au N. On inscrira pareillement ces deux chemins dans leur colonne respective et vis-à-vis de la seconde route.

Quant à la troisième route, comme elle a été parcourue entre le sud et l'est, le quartier de réduction représentera la partie de la rose comprise entre le sud et l'est, et le point nord deviendra le point sud.

On tendra le fil sur l'est 1/4 sud-est, et on comptera, à partir du centre, sur le fil, 140 milles, en faisant valoir quatre milles à chaque division, en raison de la longueur de la route, et du point U, où elle se terminera, on abaissera une perpendiculaire sur la ligne est et ouest; comptant les divisions sur cette ligne à partir du centre, et leur faisant valoir quatre milles, on trouvera qu'on s'est avancé de 138 milles à l'est. Du point où la route se termine, menant également une perpendiculaire à la ligne nord et sud, on trouvera qu'on a fait 27 milles au sud; on écrira les milles est dans la colonne de la table marquée est, et les milles sud dans la colonne marquée sud, vis-à-vis de la troisième route est 1/4 sud-est. Additionnant les routes qui sont dans le même sens, et faisant la différence de celles qui ont été courues en sens contraire, on trouvera que l'on s'est avancé de 228 milles à l'est et de 25 milles seulement au nord, puisque les milles nord et les milles sud se détruisent, il a fallu en faire la différence.

Le chemin est et ouest ayant été parcouru sur un parallèle dont les degrés sont toujours plus petits que ceux de l'équateur, il faut chercher à combien de degrés ce chemin répond sur l'équateur; ces degrés seront le changement en longitude. On suppose, à cet effet, que le chemin est et ouest a toujours été fait sur le parallèle de la latitude moyenne qu'on a parcourue. Pour trouver ce moyen parallèle, on fait la somme des deux latitudes de départ et d'arrivée. Si elles sont de même dénomination, c'est-à-dire toutes deux nord ou toutes deux sud; la moitié de cette somme est la latitude moyenne. Si elles étaient de dénomination différente, l'une nord et l'autre sud, on en ferait la différence, et l'on prendrait la moitié de cette différence pour avoir la latitude moyenne.

Lorsqu'on a la latitude moyenne, pour réduire le chemin est et ouest en degrés de l'équateur, on se sert du quartier de réduction. On tend le fil sur la latitude moyenne trouvée, se servant, pour la compter, de l'arc gradué du quartier ; puis on compte sur la ligne est et ouest le chemin que l'on a trouvé en réduisant les routes ; on fait valoir, à chaque division du quartier, plusieurs milles, si le nombre en est trop grand pour être contenu dans le quartier ; au point où les milles est et ouest se terminent, on élève une perpendiculaire jusqu'à la rencontre du fil tendu sur la latitude ; le nombre de divisions comprises entre le point de rencontre et le centre du quartier, sera le changement de longitude exprimé en milles, que l'on convertira en degrés. On ajoutera ce changement de longitude à la longitude du départ, ou on l'en retranchera, selon que le chemin est et ouest tendra à augmenter ou à diminuer la longitude ; le résultat sera la longitude d'arrivée. On portera cette longitude sur la carte avec la latitude observée, comptant la longitude sur l'échelle des longitudes qui est au bas de la carte, et la latitude sur le méridien gradué qui lui est perpendiculaire ; la rencontre de deux lignes perpendiculaires l'une à l'autre, passant par la longitude et la latitude, sera le lieu de la mer où l'on se trouve.

Quand on a couru directement à l'est ou à l'ouest, on se sert, pour réduire le chemin parcouru à l'arc correspondant de l'équateur, de la latitude du parallèle où l'on est ; il n'y a pas alors de moyen parallèle.

Le chemin couru nord et sud, ou la différence en latitude que l'on trouve en faisant la réduction des routes comme nous l'avons fait plus haut, peut servir à se procurer une latitude estimée, qui, comparée à la latitude observée, aidera à corriger les erreurs que l'on aurait faites, soit en mesurant le chemin, soit en gouvernant ; il peut aussi aider à découvrir des courants dans le sens de la latitude, c'est-à-dire dans la direction nord et sud. On ne doit jamais négliger cette comparaison.

Il peut se présenter, dans la direction de la route

d'un navire, plusieurs cas que nous allons faire connaître. Comme dans leur solution, on a quelquefois besoin de réduire le changement en longitude en milles est et ouest, c'est-à-dire de faire l'opération inverse à celle que nous avons faite pour trouver le changement en longitude, nous allons indiquer ici cette opération. On prendra, comme nous l'avons déjà fait, la latitude moyenne au moyen des deux latitudes de départ et d'arrivée ; puis, tendant le fil du quartier de réduction sur cette latitude, on comptera, à partir du centre, le changement en longitude réduit en milles ; et du point où il se terminera, on abaissera une perpendiculaire sur la ligne est et ouest ; les divisions comprises entre le centre du quartier et le pied de cette perpendiculaire, seront les milles est et ouest. Maintenant, supposons que, connaissant le point de départ, c'est-à-dire sa longitude et sa latitude, le rumb de vent que l'on a tenu et la latitude d'arrivée, on veuille trouver la longueur du chemin qu'on a fait et sa longitude d'arrivée.

Il faut tendre le fil du quartier sur le rumb de vent connu, et, ayant compté sur CA le nombre de lieues qui convient au changement en latitude qui se terminera soit en H, on plantera une épingle sur le rumb de vent vis-à-vis de H, soit en K, on comptera le nombre d'intervalles d'arc de C en K, ce sera le nombre de lieues qu'on a courues en ligne droite. On comptera pareillement le nombre d'intervalles qui, sur CB, répondent à KH ; ce sera le nombre de lieues courues est et ouest, avec lesquelles on se procurera les lieues du changement en longitude, comme nous venons de le faire voir ; ces lieues, réduites en degrés, seront le changement des longitudes.

Supposons que l'on connaisse le point de départ, le chemin qu'on a fait et la latitude d'arrivée ; on veut trouver le rumb de vent qu'on a tenu et la longitude d'arrivée.

On compte de C vers A le nombre de lieues qui

convient au changement en latitude ; supposons qu'il se termine en L. On compte les lieues de distance par les intervalles d'arcs, et l'on voit où l'arc qui terminerait cette distance rencontre la parallèle à CB, qui passerait par le point L ; supposons que ce soit en M. On arrête le fil sur CM, on voit sur l'arc gradué quel est le rumb de vent ; et le nombre des intervalles que comprend LM donne le chemin est et ouest, que l'on réduit en milles ou heures de changement en longitude, puis en degrés, et l'on a la différence en longitude.

On connaît le lieu de départ et celui de l'arrivée. On demande quel rumb de vent on doit suivre pour se rendre de l'un à l'autre, et le chemin qu'il y a à faire.

Par la différence des latitudes ou par leur somme, si elles sont de dénomination contraire, on connaîtra le chemin qu'on doit faire suivant la ligne nord et sud. Il sera facile aussi d'avoir le moyen parallèle.

Par la différence des longitudes, on connaîtra les lieues du changement en longitude, que l'on réduira en chemin est et ouest. Alors on comptera de C vers A les lieues nord et sud. Supposons qu'elles se terminent en L : on prendra sur LM, parallèle à CB, le nombre des lieues est et ouest ; CM sera le rumb de vent qu'on doit suivre, et le nombre d'intervalles d'arcs compris entre C et M, sera le nombre de lieues que l'on a à courir sur ce rumb.

## DE LA MANIÈRE DONT ON DOIT MESURER LES DISTANCES DES LIEUX, SUR LES CARTES, DU POINT DE PARTANCE.

La surface de la terre étant courbe, le rumb de vent que l'on parcourt est nécessairement une ligne courbe. De plus, une même route devant toujours faire un même angle avec tous les méridiens sous

lesquels elle passe, et ces méridiens concourant en un
même point ou passant tous par un même point, qui
est le pôle, il s'ensuit qu'une route constamment la
même suivie par un navire, excepté la ligne N. et S.,
serait une spirale qui s'approcherait sans cesse du pôle
en tournant autour, mais sans que le navire qui la
suivrait puisse jamais y arriver.

La ligne ou route que suit un navire est donc une
ligne courbe en deux sens : d'abord dans le sens de la
surface de la terre, et ensuite dans le sens d'une spirale, ayant pour centre le pôle ; on donne à cette
ligne de double contexture le nom de loxodromie.

Pour représenter cette route sur les cartes par une
ligne droite faisant constamment un même angle
avec tous les méridiens sous lesquels elle devrait
passer, il a fallu rendre tous les méridiens parallèles
entre eux, au lieu de les faire concourir vers le pôle,
ce qu'on n'a pu faire sans rendre tous les parallèles
égaux à l'équateur. D'où il est arrivé que les degrés
des parallèles étaient trop grands, et cela d'autant
plus, qu'ils étaient situés par une grande latitude.
Pour compenser cette augmentation des degrés des
parallèles, on a augmenté les degrés des méridiens ou
de la latitude dans un rapport exact et correspondant
à la latitude des parallèles ; en sorte que les degrés du
méridien ou de la latitude sont inégaux et vont en
augmentant de l'équateur au pôle, et que, par conséquent, les distances réciproques des lieux sont augmentées sur les cartes ; le méridien gradué est donc
l'échelle qui doit servir à mesurer les distances res-
pectives des lieux entre eux. Lorsqu'on voudra savoir
quelle est la distance qui sépare deux lieux situés sur
la carte, on portera l'ouverture du compas qui les
sépare sur l'échelle des latitudes, en faisant valoir
vingt lieues à chaque degré, et ayant soin que la
latitude moyenne qui sépare ces deux lieux sur l'é-
chelle se trouve à-peu-près au milieu entre les deux
parties du compas.

2*

Le point de partance ou le lieu de départ d'un navire se prend lorsqu'on est prêt à perdre la terre de vue; on relève alors, avec le compas de variation, deux points sur la côte qui soient marqués sur la carte. Puis on mène par chacun de ces deux points une ligne parallèle sur la carte au rumb de vent corrigé de la variation. La rencontre de ces deux lignes détermine le point de partance. Quand on ne peut observer qu'un seul point, on estime la distance à laquelle on en est, et on la marque sur la carte depuis ce point sur le rumb corrigé, le point de partance est à l'endroit où se termine cette distance sur le rumb de vent.

Nota. Pour faciliter l'intelligence de ce que nous avons dit sur le mouvement annuel du soleil et sur les cercles imaginés pour représenser les diverses conséquences de ce mouvement, nous plaçons ici un tracé de ces divers cercles.

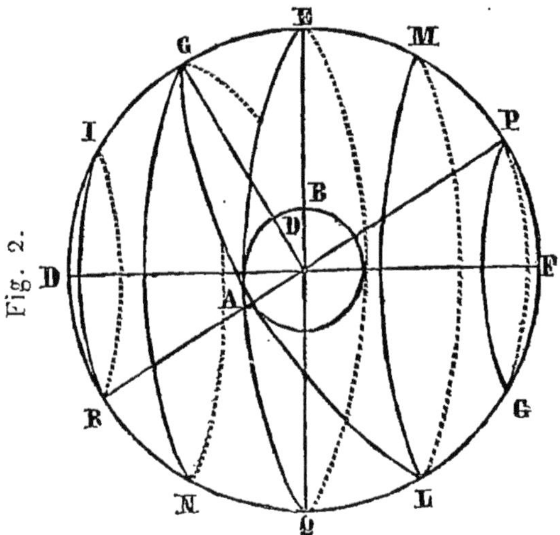


Dans cette figure 2, EQ représente l'équateur; CL est l'écliptique ou la trace du mouvement annuel autour de la terre; TML et CN représentent les tropiques ou parallèles que décrit le soleil lorsqu'il est parvenu aux points solsticiaux ; PG et IR représentent les cercles polaires qui sont décrits par les pôles P et R de l'écliptique. Le cercle FDAB qui passe par les pôles de l'équateur et les points équinoxiaux où l'écliptique coupe l'équateur A et B, est le colure des équinoxes ; et le cercle DEFG qui passe par les pôles de l'équateur et de l'écliptique, est le colure des solstices ; les points C et L où ce cercle rencontre l'écliptique sont les points solsticiaux.

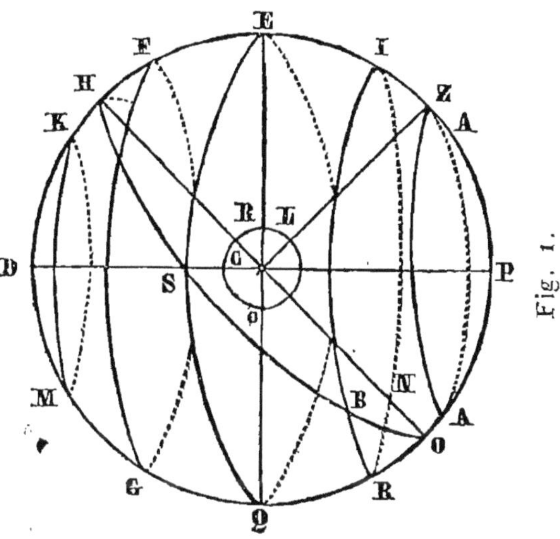


## MÉTHODE POUR TROUVER LA VARIATION DU COMPAS ; CORRECTION DE LA VARIATION ET DE LA DÉRIVE.

Pour trouver la variation de l'aiguille, on se sert le plus souvent du lever et du coucher du soleil. Pour cela, au moment de son lever ou de son coucher, deux observateurs relèvent le soleil avec le compas de variation. L'un regarde cet astre à travers les deux pinnules dont ce compas est garni ; l'autre, pendant ce temps, observe l'angle que suit le fil qui joint les deux pinnules avec la ligne est et ouest du compas,

Cet angle est ce qu'on appelle l'amplitude du soleil ; elle est dite ortive au lever de l'astre et occase à son coucher.

On fait le point pour le moment approché de l'instant de l'observation, afin de calculer la déclinaison du soleil pour l'instant du lever ou du coucher, au moyen de de la différence des méridiens. Cela fait sur le quartier de réduction, on compte les degrés de la déclinaison du soleil sur l'arc gradué, à partir du point A. Du lieu où elle se termine, on abaisse une perpendiculaire sur la ligne CB, et l'on remarque en quel point cette perpendiculaire coupe le fil que l'on tend sur la latitude trouvée pour l'instant où l'on a observé le soleil. On fera tourner ce point circulairement autour du centre du quartier, en l'abaissant sur la ligne CB ; et au point où il arrivera, on élevera une perpendiculaire qui ira rencontrer l'arc gradué. Les degrés contenus entre ce point de rencontre et le point A, seront les degrés de l'amplitude calculée, qui, étant combinée avec l'amplitude observée, donnera la variation de l'aiguille.

Supposons que l'on soit par 50° de latitude, et qu'on ait trouvé la déclinaison du soleil de 22° 30' : on tendra le fil sur la latitude, à partir du point A ; on comptera sur l'arc gradué les 22° 30' de déclinaison, et du point R où ils se terminent, on abaissera une perpendiculaire sur la ligne CD qui rencontre le fil en S. On fera tourner ce point autour du centre du quartier, en l'abaissant sur le côté CD ; et au point T où il arrive, on élevera une perpendiculaire sur CD : cette perpendiculaire rencontrera l'arc gradué en V ; comptant les degrés de ce point au point A, on trouvera 36° 1/2 environ pour l'amplitude calculée.

Quand on a trouvé l'amplitude calculée, on la combine avec l'amplitude observée pour avoir la variation. Si l'amplitude calculée et l'amplitude observée sont de même dénomination, toutes deux nord ou toutes deux sud , il faut les soustraire l'une de l'autre pour avoir la variation. Mais, si les deux amplitudes sont l'une nord et l'autre sud, il faudra les additionner pour avoir la variation. La règle suivante fera connaître de quel côté sera la variation : Si le point du compas où l'on devait observer l'astre pour que la variation soit nulle, est à droite de celui où on l'a observé , la variation est nord-est ; elle est nord-ouest, au contraire, si ce point tombe à gauche.

La variation de l'aiguille affecte nécessairement les routes que l'on a parcourues , et doit vicier celles que l'on a à faire ; il faut donc en corriger les routes faites et la prévenir quand la route est à faire.

Si, par exemple, on a fait route au nord du compas avec un quart de variation nord-est , il est évident que , croyant faire le nord, on a réellement fait le nord 1/4 nord-est ; il faut donc corriger la route au nord de ce quart de variation , et écrire le nord 1/4 nord-est , c'est-à-dire porter la variation à droite ou dans le sens de sa dénomination. Si la variation était nord-ouest au lieu de nord, on aurait fait le nord 1/4 nord-ouest. Il faudrait, dans ce cas, porter la variation à gauche pour avoir la vraie route : ainsi donc, pour corriger une route faite de la variation , il faut porter la variation dans le sens de sa dénomination.

Si, au contraire, la route était à faire , il faudrait, pour tenir la route que l'on se proposerait, porter la variation dans le sens opposé à sa dénomination. Si , par exemple, on se proposait de faire le nord du monde , et que la variation fût de 1/4 nord-est, il faudrait faire le nord 1/4 nord-ouest du compas. Si la variation était nord-ouest, pour faire le nord, il faudrait faire le nord 1/4 nord-est.

La dérive d'un navire ou l'angle que fait la quille avec la houache, lorsque ce navire est au plus près, tend aussi à altérer la route. Il faut donc l'en corriger lorsqu'elle est faite, ou y avoir égard lorsque la route est à faire. Elle est toujours du côté opposé aux amures, c'est-à-dire sous le vent ; et on la relève avec le compas de variation, ainsi que nous l'avons dit.

Pour corriger une route faite avec les amures à tribord et la dérive à babord, par conséquent, on portera la dérive à babord ; si les amures étaient à babord, on porterait la dérive à tribord, c'est-à-dire dans le sens opposé aux amures.

Si la route était à faire, on porterait la dérive du côté des amures, pour pouvoir compenser son effet.

Si le navire a de la dérive, on corrige les routes de la dérive et de la variarion tout à-la-fois ; si elles agissent dans le même sens, on en fait la somme. Par exemple, la variation étant nord-est et la dérive à tribord, ou bien la variation étant nord-ouest et la dérive à babord, on les additionne, et on corrige la route de leurs quantités réunies. Si elles agissent dans un sens opposé, on en fait la différence, et on corrige la route dans le sens de la plus grande de ces deux quantités. Si l'on avait, par exemple, deux quarts de variation nord-est, et que la dérive fût d'un quart à babord, on corrigerait la route d'un 1/4 de variation nord-est. Il en serait de même si c'était la dérive qui fût plus forte que la variation : on les soustrairait l'une de l'autre, et l'on corrigerait dans le sens de la dérive.

On peut employer, pour trouver la variation, le passage du soleil au premier vertical, qui est un cercle passant par le zénith et les points est et ouest du monde. A cet instant, on relevera le soleil avec le compas de variation ; s'il répond au point est ou ouest du compas, il n'y a point de variation ; si, au contraire, il s'en écarte, la quantité de cet écart est la variation. Il ne s'agit donc que de s'assurer de l'instant où le soleil sera au premier vertical. Pour cela, on calcule la hauteur qu'il devra avoir au moment de son passage à ce cercle ; et après avoir réduit cette hauteur calculée en hauteur observée, en lui ôtant douze minutes, on la marquera sur l'octant. Puis, lorsque le soleil approchera de cette hauteur, on l'observera avec l'instrument, sans toucher à l'alidade, le faisant suivre en même temps et relever avec le compas de variation, jusqu'au moment où il sera parvenu à la hauteur marquée d'avance sur l'octant ; alors il sera au premier vertical, et répondra au point est ou ouest du monde.

Pour trouver la hauteur du soleil à son passage au premier vertical, on opère à-peu-près comme pour l'amplitude, se servant des mêmes éléments, la latitude du lieu où l'on se trouve et la déclinaison du soleil : on fait donc le point pour l'instant estimé du passage, afin de réduire la déclinaison du soleil pour cet instant approché, comme on l'a fait plus haut pour l'amplitude. Puis, sur le quartier de réduction, on tend le fil sur la latitude comptée, à partir du côté AC ou sur son complément, à partir du côté CD. On compte à partir du côté AC les degrés de la déclinaison sur l'arc gradué ; des points où ils se terminent, on abaisse une perpendiculaire sur le côté CD; on fait tourner circulairement autour du centre, vers le côté CD, le point où la perpendiculaire abaissée rencontre le fil ; et, à l'endroit où arrive ce point sur le côté CD, on élève une perpendiculaire qui va rencontrer l'arc gradué. Le nombre de degrés compris entre ce point de rencontre et le côté AC, est la hauteur du soleil à l'instant de son passage. Ce problême ne diffère de celui de l'amplitude qu'en ce que la latitude, au lieu d'être comptée à partir du point CD, est comptée à partir du côté AC.

On peut aussi trouver, par le quartier de réduction, l'heure du passage du soleil au premier vertical. Pour cela, il suffit, par le point de rencontre avec le fil de la perpendiculaire abaissée du point où se termine la déclinaison, de mener une ligne parallèle au côté CD jusqu'à la rencontre de l'arc gradué ; on comptera, à partir du côté CD, sur l'arc gradué en degrés et minutes, jusqu'au point de rencontre de la parallèle ; on les réduira en temps, c'est-à-dire en heures et minutes ; on ajoutera cette quantité ainsi réduite à six heures, on aura l'heure du passage au vertical le matin ; la retranchant au contraire de six heures, on aura l'heure du passage pour le soir.

Cette heure, comparée à l'heure marquée sur le chronomètre ou la montre marine du bord, à l'instant du passage, c'est-à-dire lorsque le soleil arrive à la hauteur marquée sur l'octant, pourrait donner une longitude approchée, plus exacte que celle que l'on obtient par le point ; cette dernière se trouvant affectée des erreurs du sillage, tant dans sa mesure que dans sa direction, et aussi par les courants erreurs qu'il est difficile de corriger exactement.

Pour cela, il faudrait d'abord corriger l'heure du chronomètre de son avance ou de son retard actuel, conclu de l'avance au retard sur lequel il a été réglé avant le départ et de sa marche journalière ; c'est-à-dire, par exemple, que, si le chronomètre avait été réglé au départ sur le méridien de Paris, avec une avance de cinquante-six secondes, et que sa marche journalière fût un retard de 0'' 4 dixièmes, et que l'on eût vingt-trois jours de mer, on multiplierait, par ce nombre de jours de mer le retard diurne, et on retrancherait le produit de l'avance, 56 secondes ; on obtiendrait par là l'heure qu'il serait à Paris, temps moyen, soit du passage du soleil au premier vertical au lieu où l'on se trouve. Ces deux éléments, l'avance on le retard du chronomètre sur le méridien de Paris ou du lieu de départ, et sa marche journalière, se trouvent toujours à bord ; ils doivent accompagner le chronomètre.

À cette heure ainsi corrigée, on ajouterait ou on en retrancherait une quantité appelée équation du temps, prise pour le jour de l'observation dans la *Connaissance des Temps*. Cette équation du temps est l'accumulation successive de la différence qui existe chaque jour entre le jour vrai mesuré, par l'intervalle exact, entre deux passages consécutifs du soleil au méridien d'un même lieu, et le jour moyen, qui est celui que doivent marquer les horloges bien réglées, et qui est constamment le même. Cette différence est tantôt dans un sens, tantôt dans un autre ; c'est-à-dire que le temps pris est tantôt plus grand, tantôt plus petit que le temps moyen. Il y a quatre jours dans l'année où ces deux temps sont les mêmes. L'heure du temps moyen est donnée dans la *Connaissance des Temps,* page 2 de chaque mois, pour l'instant où il est midi, temps vrai à Paris, avec la différence du temps vrai en vingt-quatre heures, portée dans la dernière colonne verticale de la page ; la différence entre le midi du temps vrai et l'heure portée dans la colonne du temps moyen, donne l'équation du temps pour l'instant de midi à Paris chaque jour ; en ajoutant ou retranchant la partie proportionnelle qui convient à l'heure que marquait la montre à l'instant du passage, on a l'équation réduite pour cet instant ; avec cette équation, il est facile de réduire l'heure marquée, temps moyen, sur la montre à l'heure, temps vrai, en lui ajoutant l'équation, si le temps moyen est indiqué, dans la *Connaissance des Temps,* retarder sur le temps vrai, et en retranchant, au contraire, si le temps moyen avançait sur le temps vrai.

Ayant fait subir cette opération à l'heure que marquait la montre à l'instant du passage du soleil au premier vertical, on prendra la différence entre cette heure et l'heure du passage trouvée par le quartier de réduction, la différence entre ces deux heures réduite en degrés sur la longitude, qui sera orientale ou occidentale, selon que l'heure du chronomètre avancera ou retardera sur l'heure du passage.

Comme le soleil ne passe au premier vertical sur

l'horizon, que lorsque la déclinaison est plus petite que la latitude et de même dénomination qu'elle; pour se procurer l'heure à bord quand ce passage n'a pas lieu, on opère de la manière suivante:

On prendra la hauteur du soleil, soit le matin ou après midi, évitant de la prendre lorsque le soleil est près du méridien, et lorsqu'il sera assez éloigné de l'horizon pour n'être pas affecté d'une trop grande réfraction, à dix degrés de hauteur environ. On ajoutera douze minutes à cette hauteur pour avoir la hauteur vraie; on fera le point pour le moment de l'observation, et on calculera la déclinaison du sud pour cet instant estimé; puis on tendra le fil du quartier de réduction sur la latitude comptée depuis le côté CD; on comptera la déclinaison sur l'arc gradué, à partir du côté AC: au point où elle se termine, on abaissera une perpendiculaire sur le côté CD; à partir du fil, on comptera sur l'arc gradué, en allant vers le côté AC, autant de degrés et minutes qu'il y en a dans la hauteur vraie; par le point où elle se terminera, on menera avec soin une ligne parallèle au fil qui rencontrera la perpendiculaire abaissée du point où se termine la déclinaison sur le côté CD; par le point de rencontre, on menera une parallèle au côté CD; on comptera sur l'arc gradué les degrés et minutes compris entre le côté CD et la parallèle menée du point de rencontre. On réduira ces degrés et minutes en heures et minutes de temps, et si l'observation a été faite le matin, on ajoutera le nombre d'heures et minutes trouvées; à six heures, le résultat sera l'heure qu'il est à bord. Si l'observation a été faite après midi, on retranchera les heures et minutes trouvées de six heures pour avoir l'heure du bord; comparant ensuite cette heure à celle que marquait une montre lors de l'observation, on aura son avance ou son retard sur l'heure vraie. Cette heure vraie trouvée à bord étant comparée à celle du chronomètre, à laquelle on aura fait subir une préparation

où correction analogue à celle que nous avons ensei=
gnée pour conclure la longitude de l'heure du passage
du soleil au premier vertical, donnera également la
longitude du lieu où l'on se trouve.

## DES PLANÈTES.

On a nommé planètes, ou étoiles errantes, des
corps célestes qui, outre le mouvement que paraissent
avoir toutes les parties fixes du ciel, en vertu du mouvement diurne de la terre, en ont encore un particulier. On a découvert que ces corps avaient, comme
la terre, un mouvement de rotation autour de leur
axe, et comme elle aussi un mouvement de translation
autour du soleil. On en compte ordinairement neuf ;
on leur a donné les noms suivants : Saturne, Jupiter,
Mars, Mercure, Vénus, la Terre, Pallas, Cérès et
Herschell. On les nomme de première classe ou de
premier ordre ; elles tournent toutes autour du soleil.
Quelques-unes de ces planètes sont accompagnées,
dans leur mouvement, par d'autres qui leur sont
attachées et qui font des révolutions autour d'elles en
même temps qu'elles tournent autour du soleil. On
les appelle planètes de second ordre ou satellites.
Jupiter en a quatre, Saturne en a cinq. La lune est
un satellite de la terre, autour de laquelle elle tourne
sans cesse.

Les planètes sont des corps opaques, c'est-à-dire
non transparents, à-peu-près sphériques et à-peu-
près semblables à la terre. Elles ne sont point lumi-
neuses par elles-mêmes ; elles ne deviennent visibles
que par la lumière qu'elles reçoivent du soleil et
qu'elles réfléchissent vers nous.

Toutes les planètes tournent d'occident en orient
autour du soleil, dans des courbes différentes appelées
ellipses ; ces courbes sont plus ou moins inclinées à
l'égard de l'écliptique, qui est, comme nous avons vu,
l'orbite de la terre ou la trace de son mouvement autour

du soleil. La planète qui s'en écarte le plus, Vénus, n'en est jamais plus distante que de huit degrés, tantôt d'un côté, tantôt de l'autre.

Le mouvement des planètes s'opère donc dans une zône ou bande à laquelle on a donné le nom de zodiaque, de la largeur de seize degrés, huit de part et d'autre de l'écliptique, et qui comprend tout l'espace que les planètes parcourent dans le ciel; en sorte qu'elles sont faciles à distinguer des étoiles fixes, d'abord par leur lumière, qui est moins étincelante, puisqu'elles ne brillent que de l'éclat réfléchi du soleil, et parce que les cercles elliptiques qu'elles parcourent s'éloignent peu de l'écliptique.

### DE LA LUNE ET DE SES PHASES.

De toutes les planètes, la lune est celle qui nous intéresse le plus, par son mouvement autour de notre globe et par l'action qu'elle exerce sur ses parties, ainsi que nous le dirons plus tard. Le mouvement de la lune autour de la terre se fait d'occident en orient dans un plan incliné à l'égard de l'écliptique de 5°, que l'on appelle orbite de la lune. Elle s'avance chaque jour dans son orbite de treize degrés dix minutes, par rapport à une étoile fixe; ainsi, elle emploie 27 jours 7 heures environ à revenir à une même étoile : c'est ce qu'on appelle son mois périodique. La révolution à l'égard du soleil est plus longue. Le soleil, dans son mouvement annuel, s'avançant chaque jour dans l'écliptique à-peu-près d'un degré, et dans le même sens que la terre, celle-ci doit nécessairement s'éloigner moins du soleil, dans le même temps, que d'une étoile qui reste fixe : elle s'avance chaque jour, par rapport à lui, de 12° 11' 27"; la différence de cette quantité à celle dont la lune s'avance chaque jour dans son orbite, par rapport à une étoile, est la quantité moyenne dont le soleil s'avance chaque jour dans l'écliptique.

Cette révolution de la lune à l'égard du soleil est

ce qu'on appelle une lunaison ; c'est l'intervalle d'une nouvelle lune à la suivante, ou d'une pleine lune à la pleine lune suivante.

La terre n'occupe pas le centre de l'orbite de la lune ; les différentes distances de cet astre à la terre occasionnent des variations de vitesse dans sa révolution : la plus grande vitesse a lieu lorsque la lune est le plus près de la terre ; ce point le plus rapproché se nomme le périgée de la lune, et le point où la lune est le plus éloignée de la terre s'appelle l'apogée. Son mouvement est alors plus lent que lorsqu'elle est au périgée. La distance de la lune à la terre varie depuis cinquante-six demi-diamètres de la terre jusqu'à soixante-cinq environ, en sorte que la distance moyenne est à-peu-près de soixante demi-diamètres ; cette distance est environ la 340$^{me}$ partie de celle de la terre au soleil ; la lune est, de toutes les planètes, celle qui est la plus rapprochée de la terre, et qui a, par rapport à elle, le mouvement le plus prompt.

La lune n'ayant d'autre lumière que celle qu'elle reçoit du soleil, et étant un corps opaque et rond, il s'ensuit qu'elle n'a jamais que la moitié de sa surface éclairée ; car, à cause de sa forme ronde, elle n'en peut pas présenter davantage au soleil. Ainsi, suivant qu'elle est placée, par rapport à l'observateur situé sur la terre, elle doit lui présenter plus ou moins de cette partie éclairée. Ce sont ces différentes apparences que l'on appelle ses phases.

Lorsque la lune est entre la terre et le soleil, sa partie éclairée étant alors tournée vers cet astre, elle nous présente sa partie non éclairée, et nous ne pouvons la voir : cette phase s'appelle la nouvelle lune ; on la nomme aussi la conjonction, parce que la lune et le soleil paraissent se confondre, lorsque la lune arrive à ce point de son orbite. C'est de ce point qu'on compte l'âge de la lune ou le nombre de jours écoulés depuis la nouvelle lune. A ce point de sa course, la lune se lève et se couche à-peu-près en même temps que le soleil, et passe au méridien vers midi ; mais, les jours suivants, son passage au méridien retarde, et la quantité moyenne de ce retard est d'environ 49'.

Lorsque la lune est parvenue à 90 degrés ou 1/4 de la course du soleil, l'on dit qu'elle est dans son premier quartier ; elle se lève alors vers le temps où le soleil est au méridien.

Lorsqu'ayant parcouru la moitié de sa course ou 180°, à partir de la nouvelle lune, elle se trouve diamétralement opposée à ce point, sa partie éclairée par les rayons du soleil nous apparaît tout entière, et alors on dit qu'elle est pleine : à cette phase, la lune se lève lorsque le soleil se couche ; elle passe au méridien vers minuit, et brille sur l'horizon toute la nuit ; on nomme aussi l'opposition la phase de la pleine lune. Enfin, lorsqu'ayant encore parcouru 90°, elle n'a plus que 90 autres degrés à faire pour arriver à son renouvellement, on dit que la lune est à son dernier quartier : alors elle se lève vers minuit. Le premier et le dernier quartier se nomment aussi les quadratures ; on n'aperçoit, dans ces deux phases, que la moitié de sa partie éclairée ou le quart de son disque entier. Dans le premier quartier, la lune est à l'est du soleil, ce qui fait que les cornes de son croissant sont tournées vers l'est ; dans le dernier quartier, au contraire, comme la lune précède le soleil sur l'horizon, qu'elle est par conséquent à l'ouest de cet astre, les cornes de son croissant sont tournées vers l'ouest. Ainsi, il sera toujours facile de distinguer le premier quartier du dernier : cette remarque peut aussi servir à s'orienter.

Les quatre phases de la lune divisent la durée totale de sa révolution autour de la terre en quatre parties égales, et sont, par conséquent, distantes l'une de l'autre de sept jours et un tiers environ.

La lune, pendant ses quatre phases, nous présente toujours le même hémisphère ; il est facile de s'en convaincre en remarquant les taches de son disque qui sont toujours les mêmes. Cela vient de la coïncidence qui existe entre la durée de sa révolution autour de la terre et la durée de sa révolution sur son axe ; elle n'opère son mouvement de rotation sur cet axe qu'en 27 jours 7 heures, précisément dans le même temps qu'elle emploie à faire le tour de la terre ou à revenir à un même point du ciel étoilé. Elle est, à notre égard, comme un homme qui ferait le tour d'un arbre ayant le visage constamment tourné vers cet arbre : en terminant son tour ou après avoir parcouru un cercle entier autour de cet arbre, il aurait aussi fait un tour sur lui-même.

Les points où l'orbite de la lune coupe l'écliptique à laquelle elle est inclinée de cinq degrés, se nomment les nœuds. Si le passage de la lune par un de ses nœuds concourt avec l'instant de la nouvelle ou de la pleine lune, alors il y a éclipse du soleil ou de la lune. Il y a éclipse du soleil si la lune est nouvelle, parce qu'alors, étant entre la terre et le soleil, elle intercepte ses rayons et le cache à une partie des habitants de la terre. Si le passage, par l'un des nœuds, coïncide avec l'instant de la pleine lune, il y aura éclipse de lune, parce qu'alors, la terre étant entre le soleil et la lune, celle-ci se trouve dans un espace où les rayons du soleil ne peuvent pénétrer ; elle est dans l'ombre projetée par la terre, et elle est invisible.

Lorsque la lune, dans le moment de sa conjonction ou de son opposition avec le soleil, se trouve dans quelque point éloigné des nœuds, il ne peut y avoir éclipse, parce qu'alors, en raison de l'inclinaison de l'orbite de la lune à l'égard du plan de l'écliptique, les rayons du soleil peuvent toujours arriver jusqu'à la terre, en passant ou par-dessus ou par-dessous la lune dans l'instant de la conjonction : dans l'instant de l'opposition, cette même inclinaison permet à la lumière du soleil d'arriver jusqu'à la lune, en passant par-dessus ou par-dessous la terre ; ainsi, la lune ne peut être éclipsée.

## DU NOMBRE D'OR ET DES ÉPACTES.

L'année ne pouvant comprendre un nombre exact de lunaisons, la lune ne peut se retrouver dans les mêmes positions, à l'égard de la terre et du soleil, qu'après un certain nombre d'années. On a remarqué que cela arrivait tous les dix-neuf ans, période qui contient 6,939 jours 18 heures. A cette époque, les nouvelles et pleines lunes et en général les phases semblables de la lune arrivent aux mêmes jours du mois et presqu'à la même heure, à une heure et demie près. Cette période remarquable a reçu le nom de cycle d'or, et on appelle nombre d'or la date du cycle qui répond à une année proposée.

Pour trouver le nombre d'or, il faut ajouter un à l'année proposée, et diviser le tout par 19 ; le reste sera le nombre d'or. Par exemple, pour 1836, je divise 1,837 par 19 ; le reste de la division, qui est 13, est le nombre d'or de 1836, et le quotient 96 est le nombre de cycles écoulés depuis le commencement de l'ère chrétienne. On ajoute un à l'année proposée, parce qu'au commencement de l'ère chrétienne, époque d'où nous comptons les années, il y avait un an que le cycle d'or, déjà en usage alors, était révolu.

Nous avons dit que l'année ne contenait pas un nombre exact de lunaisons ; elle contient douze lunaisons et onze jours, en sorte que, si la lune était nouvelle au 1er janvier d'une année, elle se trouverait âgée de 11 jours à la fin de cette année. Par conséquent, au bout de deux années, elle serait âgée de 22 jours, et ainsi de suite. Ce nombre de 11 jours, accumulé pour chaque année, forme ce qu'on appelle l'épacte, qui augmente par conséquent de 11 jours tous les ans.

Ainsi, lorsque la première année du cycle d'or est écoulée, la lune a 11 jours ; l'épacte de la deuxième année est donc 11, celle de la troisième 22 ; celle de la quatrième 33 , ou 3 seulement en retranchant 30 jours , temps approché d'une lunaison.

Donc, lorsqu'on voudra trouver l'épacte correspondante au nombre d'or, il faudra diminuer le nombre d'or d'une unité , et , multipliant le reste par 11, du produit on retranchera 30 autant de fois qu'il y sera compris ; le reste sera l'épacte. Par exemple , pour 1836 , le nombre d'or étant 13 , je multiplie 12 par 11 , le produit est 132 , dont , ôtant quatre fois 30 , il reste 12 pour l'épacte de 1836 , ou l'âge qu'avait la lune à la fin de 1835.

On fait encore trouver l'épacte par la méthode pratique suivante : On compte le nombre d'or circulairement , sur la racine , sur la jointure et sur le bout du pouce, en commençant par la racine.

Si le nombre d'or finit sur la racine, on en retranche 1 pour avoir l'épacte ; s'il finit sur la jointure, on y ajoute neuf ; s'il finit sur le bout, on y ajoute 19 ; si la somme est plus grande que 30, on en prend le surplus.

On trouvera les mois de 30 jours et ceux de 31 jours en fermant le poignet , et comptant les mois de 31 jours sur les saillies ou les os de la racine des doigts , et les mois de 30 jours dans les creux , en commençant sur la saillie de l'index par janvier, qui est un mois de 31 jours, et recommençant sur l'index lorsqu'on sera arrivé à la saisie du petit doigt.

L'épacte sert à trouver l'âge de la lune pour un jour proposé, ou le nombre de jours qui se sont écoulés depuis la nouvelle lune dernière. Pour cela, on ajoute ensemble l'épacte calculée par le jour, le nombre de mois écoulés depuis mars inclusivement, c'est-à-dire en le comptant, et enfin le quantième du mois. La somme, si elle est au-dessous de 30, sera l'âge de la lune ; si elle est au-dessus de 30, l'âge de la lune sera l'excès au-dessus de 30, si le mois a 31 jours, et l'excès au-dessus de 29, si le mois n'a que 30 jours. S'il s'agissait de janvier ou de février, on ajouterait seulement l'épacte au quantième du mois.

Cette règle est fondée sur ce que l'âge de la lune augmentant chaque année de 11 jours, cela donne environ un jour d'augmentation par mois : on compte depuis fin de février, parce que janvier et février formant à eux deux à-peu-près exactement deux lunaisons, l'épacte ou l'âge qu'a la lune à la fin d'une année, est à-peu-près le même à la fin de février de l'année courante.

Si l'on voulait trouver la nouvelle lune pour un mois proposé, on ajouterait seulement l'épacte et le nombre des mois écoulés depuis mars inclusivement, et on retrancherait la somme de 29 ou de 30 jours, selon que le mois a 30 ou 31 jours. Si la somme était trop forte, on la retrancherait de 60 jours, valeur de deux lunaisons.

### DU FLUX ET DU REFLUX DE LA MER.

Les observations astronomiques ont fait découvrir qu'il existe une tendance mutuelle des corps célestes les uns vers les autres. Cette force mystérieuse, dont la cause est inconnue, a été nommée gravitation ou attraction. Ainsi, de même que la lune gravite vers la terre, de même aussi la terre et toutes ses parties gravitent vers la lune, ou, ce qui revient au même, sont attirées par elle. Le soleil exerce aussi sur la terre et toutes ses parties une force d'attraction, mais beaucoup moindre que celle de la lune, à cause de la distance immense qu'il y a entre lui et la terre : l'action d'attraction du soleil n'est environ que le tiers de celle de la lune. C'est cette attraction de la lune jointe à l'attraction du soleil, ou cette tendance des parties de la terre vers la lune et vers le soleil, qui donne lieu au phénomène de la marée, et règle l'inondation périodique que la mer fait deux fois par jour sur les côtes : on appelle flux et reflux ce mouvement journalier, régulier et périodique d'élévation et d'abaissement alternatifs qu'on observe dans les eaux de la mer.

Dans les mers vastes et profondes, on remarque que les eaux, pendant environ six heures, s'élèvent et s'étendent sur les rivages : c'est ce qu'on appelle le flux ; elles restent un fort petit espace de temps, c'est-à-dire quelques minutes stationnaires ou en état de repos ; après quoi, elles descendent, durant environ six autres heures, ce qui forme le reflux. Au bout de ces six heures et d'un très-petit espace de temps de repos, elles remontent de nouveau, et la même suite de mouvements se reproduit sans cesse.

Pendant le flux, les eaux des fleuves s'enflent et remontent aux environs de leur embouchure ; ce qui vient évidemment de ce qu'elles sont repoussées par les eaux de la mer ; pendant le reflux, les eaux de ces mêmes fleuves recommencent à couler.

On a désigné par le seul mot de marée le flux et le reflux. Le moment où finit le flux, lorsque les eaux sont stationnaires et que la mer est étale, s'appelle la haute mer, le flot ou pleine mer ; la fin du reflux s'appelle basse-mer, èbe ou jusant. La direction des vents, leur force, la configuration des côtes, la nature des fonds, peuvent encore se combiner avec l'action de la lune et du soleil, pour produire ou varier le phénomène des marées.

Toutes ces circonstances locales produisent de grandes différences dans les marées. Dans les mers libres, les eaux ne montent que de trois pieds, tandis que, sur les côtes, dans les manches, les détroits où elles sont resserrées, elles montent bien davantage. A Saint-Malo, par exemple, on a vu l'élévation aller jusqu'à cinquante pieds ; là, elles se précipitent dans un canal étroit, la Manche, et sont encore augmentées par le gîsement des côtes d'Angleterre, qui renvoient les eaux sur les côtes de France. Ces circonstances contribuent aussi à faire varier le temps que la mer emploie à monter : au cap de Bonne-Espérance, deux heures et demie suffisent pour que la mer soit à son plus haut ; tandis qu'à Saint-Malo et d'autres points de la Manche, elle emploie six heures à monter. Enfin, la nature des fonds et les gîsements des côtes peuvent encore faire que la mer, une fois pleine, garde son plein plus ou moins long-temps : au Havre, la mer garde son plein jusqu'à trois heures de temps.

### THÉORIE DES MARÉES.

La surface de la terre et de la mer étant sphérique

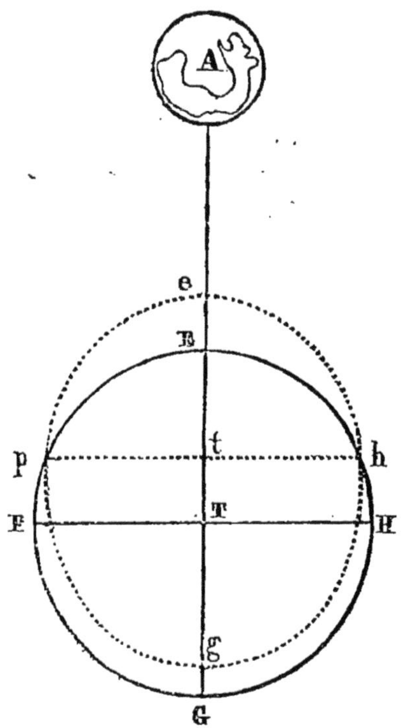

ou regardée comme telle, si l'on imagine que la lune A est au-dessus de quelque partie de la surface de la mer comme E, il est évident que l'eau en E étant la plus près de la lune, gravitera vers elle plus que ne le fait aucune autre partie de la terre et de la mer dans tout l'hémisphère P E H. Par conséquent, l'eau en E doit s'élever vers la lune, et la mer doit s'enfler en E.

Par la même raison, l'eau en G étant la plus éloignée de la lune, doit moins graviter vers cette planète que ne le fait aucune autre partie de la mer ou de la terre dans l'hémisphère P G H ; par conséquent, l'eau de cet endroit doit moins s'approcher de la lune que toute autre partie du globe terrestre : c'est-à-dire qu'elle doit paraître s'élever du côté opposé, et, par conséquent, elle doit s'enfler en G.

Par suite de ces attractions diverses, la surface de l'Océan doit prendre nécessairement une figure ovale dont le plus long diamètre est E G et le plus court P H ; de sorte que, la lune venant à changer sa position dans son mouvement diurne apparent autour de la terre, cette figure ovale autour de l'eau doit changer avec elle ; et c'est là ce qui produit les deux flux et reflux que l'on remarque environ toutes les vingt-cinq heures, pendant lesquelles la lune passe au méridien d'un lieu, une fois au-dessus de l'horizon et une fois au-dessous, en occasionnant la pleine mer dans ce lieu, à chacun de ces deux passages. Dans l'hémisphère qui regarde la lune, les eaux, attirées vers elle, envahiront les rivages ; dans l'hémisphère opposé, les eaux, moins attirées vers la lune que le centre de la terre, resteront en arrière ; le rivage s'abaissera donc au-dessous du niveau des eaux, et la mer montera dans les deux points opposés à chacun des deux passages au méridien E et G.

A quatre-vingt-dix degrés des deux points en P et en H, les eaux s'abaisseront, puisqu'elles doivent s'écouler vers les eaux qui montent, pour combler le vide que celles-ci font en s'élevant : les rivages qu'elles couvraient seront donc abandonnés, et dans ces lieux la mer baissera.

Quand nous avons dit que la haute mer devait avoir lieu lors du passage au méridien, nous avons fait abstraction de l'adhérence qu'ont entr'elles toutes les parties des eaux et de la force dite d'inertie, qui est la résistance naturelle qu'opposent tous les corps à l'action d'autres corps, qui tendent à se mettre en mouvement. C'est par l'effet de ce retard que les eaux mettent à obéir à l'attraction de la lune, que la pleine mer n'a lieu que trois heures environ après son passage au méridien, tantôt avant, tantôt après ces trois heures.

Dans les mers de peu d'étendue, les marées sont moins sensibles, parce que, eu égard à la grandeur de la terre dans un espace peu étendu, tous les points sont à-peu-près à la même distance de l'astre; l'équilibre n'est donc pas sensiblement troublé. Ainsi, dans la Méditerranée, à Marseille, par exemple, ou Toulon, la mer ne monte que d'environ un pied, et le vent, à lui seul, pour peu qu'il soit fort, peut produire des différences plus grandes sur l'élévation des eaux que l'effet des marées. Ce phénomène n'est bien remarquable que dans les mers vastes, profondes comme l'Océan, et à des latitudes suffisamment rapprochées de la zône torride, où la lune et le soleil exercent leur action; à de hautes latitudes par 65°, par exemple, les marées sont insensibles. Dans les hautes latitudes, les eaux ne concourent guère au phénomène des marées que par un abaissement perpétuel causé par l'action des deux astres sur les eaux de la zône torride et des zônes tempérées qu'ils attirent sans cesse à eux. D'ailleurs, dans les latitudes glaciales, la disposition des terres et les glaces énormes qui surnagent à la surface des eaux, opposent beaucoup d'obstacles au flux et au reflux.

On a attribué le mouvement des marées à la lune, parce qu'on a vu que la quantité dont la pleine mer retardait chaque jour, était la même que celle dont le passage de la lune au méridien d'un lieu retarde chaque jour. On a remarqué aussi qu'au bout d'une lunaison, lorsque la lune revient dans une même position à l'égard du soleil, les marées revenaient à la même heure; et qu'à l'époque des nouvelles et pleines lunes, appelées aussi les sizigies, temps où la lune et le soleil, étant dans la même ligne par rapport à la terre, ils réunissent leurs efforts d'attraction sur ses parties, les plus fortes marées ou malines avaient lieu.

L'attraction solaire doit aussi intervenir dans le phénomène des marées, parce que d'abord ce n'est pas sur le retour de la lune à un même point du ciel étoilé que les marées sont réglées, mais bien sur son retour à un même point à l'égard du soleil. En effet, la lune retarde chaque jour de 52' à l'égard des étoiles ; mais le retard moyen des marées n'est que de 48, quantité qui est aussi le retard de la lune à l'égard du soleil. Il faut conclure de la concordance de ces deux retards, que le soleil intervient dans le phénomène des marées. D'ailleurs on vient de voir que les plus fortes marées avaient lieu dans les sizigies ou nouvelles et pleines lunes, quand le soleil et la lune réunissaient leur action. Si la lune seule agissait, son action ne devrait pas être plus forte dans ce temps-là que dans les autres positions. On voit aussi que les plus grandes marées de sizigie arrivent dans les temps d'équinoxe, où le soleil parcourt l'équateur et agit avec plus de force sur les parties de la terre : on doit donc reconnaître son intervention dans les marées.

Les plus faibles marées ont lieu dans les quadratures, parce qu'à cette époque le soleil et la lune étant à 90° l'un de l'autre, leurs efforts d'attraction se contrarient. Ainsi, des sizigies aux quadratures, les marées vont en décroissant ; et des quadratures aux sizigies, elles vont en croissant.

Quand la lune va des sizigies aux quadratures, la haute mer arrive plus tôt que les trois heures de retard dont nous avons parlé plus haut ; c'est le contraire si la lune va des quadrateurs aux sizigies.

Comme il arrive quelque retard aux marées, par la résistance naturelle des eaux à l'action immédiate de la lune, lors de son passage au méridien, par la même raison, les plus hautes marées n'arrivent pas précisément dans la conjonction et dans l'opposition de la lune avec le soleil ou dans les sizigies , mais deux ou trois marées après : de même aussi, les plus petites marées ne doivent arriver qu'un peu après les quadratures.

Dans l'hiver , le soleil étant un peu plus près de la terre que dans l'été , on observe en général que les marées du solstice d'hiver sont plus grandes que celles du solstice d'été ; on a remarqué aussi que les marées du matin , en hiver , étaient plus fortes que les marées du soir , et que le contraire avait lieu en été.

Telles seraient régulièrement les marées, si les mers étaient partout également profondes ; mais les bas-fonds qui se trouvent en certains endroits , et le peu de largeur de certains détroits où doivent passer le eaux , sont cause de la grande variation des marées, tant dans les hauteurs qu'elles atteignent dans les différents ports, que dans les heures auxquelles la pleine mer y arrive.

## DE L'ÉTABLISSEMENT DES PORTS.

### MÉTHODE APPROCHÉE ET MÉTHODE EXACTE POUR TROUVER L'HEURE DE LA PLEINE MER D'UN PORT.

La configuration des rivages , ainsi que nous l'avons dit , influe beaucoup sur le moment du flux, et les différents lieux des côtes le reçoivent à des moments différents ; mais, comme cette cause est constante, les effets qu'elle produit le sont aussi. Dans un même lieu , la différence de l'heure de la pleine mer avec celle du passage de la lune au méridien de ce lieu, est toujours la même ; c'est ce qui a permis de dresser des tables constantes de l'heure de la pleine mer, le jour de la nouvelle ou de la pleine lune, dans plusieurs ports ; cette heure est ce qu'on appelle l'établissement d'un port.

Si les marées retardaient exactement l'une sur l'autre de 49' tous les jours, comme elles reviennent aux mêmes heures dans les nouvelles et pleines lunes, rien n'eût été plus facile que de trouver l'heure de la pleine mer pour entrer dans un port : connaissant l'établissement de ce port, on aurait, au moyen de l'épacte et du nombre de mois écoulés depuis mars, calculé le jour de la nouvelle lune, et ajouté, à l'heure de l'établissement du port, autant de fois 49' qu'il se serait écoulé de jours depuis la nouvelle lune trouvée ; mais ce retour n'est pas toujours le même, tant parce que le mouvement de la lune n'est pas uniforme, que parce qu'il dépend aussi du soleil. D'ailleurs, le calcul de la nouvelle lune au moyen de l'épacte, n'est qu'un calcul approché, qui, dans plusieurs cas, peut donner un ou plusieurs jours d'erreur. L'heure de la pleine mer, calculée avec ces deux éléments, n'est donc qu'une heure approchée : la différence qui peut se trouver entre cette heure et l'heure véritable, peut aller jusqu'à une heure. Comme cette différence pourrait devenir fatale dans plusieurs cas, nous allons indiquer une méthode plus exacte pour se procurer l'heure de la pleine mer lorsqu'on veut entrer dans un port.

La terre n'occupant pas le centre de l'orbite de la lune, cet astre s'éloigne et s'approche alternativement de la terre. Ce rapprochement et cet éloignement alternatifs de la lune sont sensibles par les différents aspects de cette planète, qui nous semble plus petite quand elle est plus éloignée, et plus grosse lorsqu'elle est plus près de la terre. On a observé le diamètre ou demi-diamètre de la lune à ces diverses distances, et on en a dressé des tables : nous indiquerons tout-à-l'heure l'usage de ces tables pour calculer, d'une manière précise, l'heure de la pleine mer.

Lorsque la lune est le plus rapprochée de la terre, ou lorsqu'elle est en périgée, elle a nécessairement une plus grande force d'attraction sur ses parties ; si ce moment concourt avec l'une ou l'autre des sizigies, les marées sont alors les plus grandes possibles.

Cette variation des distances de la lune à la terre est la cause des inégalités périodiques entre les marées du matin et du soir, qui s'observent pendant six mois dans un sens et six mois dans l'autre : la lune, passant alternativement, de six mois en six mois, par les points les plus rapprochés et les plus éloignés de la terre, est, en grande partie, la cause de cette périodicité constante.

Lorsque la lune est plus rapprochée de la terre, son mouvement est accéléré; il retarde au contraire lorsqu'elle est plus éloignée de la terre : le retard des marées, qui est basé sur sa marche, doit donc, ainsi que nous l'avons déjà dit, éprouver des variations. On a dressé des tables de corrections dues aux variations des distances lunaires que l'on emploie dans le calcul de l'heure de la pleine mer.

Pour calculer exactement l'heure de la pleine mer pour un port, on se sert de l'heure du passage de la lune au méridien du lieu, de la correction due aux variations des distances lunaires et de l'établissement du port.

L'heure du passage de la lune au méridien du lieu se déduit de l'heure du passage de la lune au méridien de Paris, en la corrigeant, à raison de deux minutes par quinze degrés de longitude; cette correction s'ajoute si l'on est à l'ouest de Paris, et se retranche dans le cas contraire; elle peut être négligée pour les ports qui ont peu de longitude. On trouvera l'heure du passage de la lune au méridien de Paris dans la *Connaissance des Temps*, livre qui est toujours à bord.

La correction due aux variations des distances lunaires se prend dans la table qui suit. La *Connaissance des Temps* fait connaître, par la table des demi-diamètres dont nous avons parlé plus haut, si la lune est périgée ou apogée, selon que le demi-diamètre indiqué pour le jour est de 17' ou de 14' ; le chiffre 17' indique que la lune est périgée, et celui de 14' qu'elle est apogée. La correction due aux variations des distances lunaires se prend vis-à-vis l'heure du passage au méridien, dans la colonne périgée ou apogée, selon que l'indique le chiffre du demi-diamètre ; on la retranche de l'heure du passage au méridien si elle a le signe — ; on l'ajoute, au contraire, à cette heure, si elle a le signe +. Enfin, à ce résultat on ajoute l'établissement du port ; la somme est l'heure exacte de la pleine mer.

TABLE POUR TROUVER L'HEURE DE LA PLEINE MER.

| PASSAGE DE LA ☾ AU MÉRIDIEN. | DEMI-DIAMÈTRE ☾. | | |
|---|---|---|---|
| | 17' | 16' 15' | 14' |
| 0h. 0' | — 4 | — 0' | + 5,5 |
| 0 40 | — 12,5 | — 10,5 | — 8 |
| 1 20 | — 22 | — 22 | — 22 |
| 2 0 | — 31,5 | — 33,5 | — 36 |
| 2 40 | — 40 | — 44 | — 49,5 |
| 3 20 | — 48 | — 53,5 | — 61,5 |
| 4 0 | — 55 | — 62 | — 72 |
| 4 40 | — 59,5 | — 67 | — 78 |
| 5 20 | — 60,5 | — 68,5 | — 80 |
| 6 0 | — 55,5 | — 62,5 | — 72,5 |
| 6 40 | — 43 | — 47 | — 53 |
| 7 20 | — 22 | — 22 | — 22 |
| 8 0 | — 1 | + 3 | + 9 |
| 8 40 | + 11,5 | + 18,5 | + 28,5 |
| 9 20 | + 16,5 | + 24,5 | + 36 |
| 10 0 | + 15,5 | + 23 | + 34 |
| 10 40 | + 11 | + 18 | + 28 |
| 11 20 | + 4 | + 9,5 | + 17,5 |
| 12 0 | + 4 | + 9 | 5,5 |

(Heures après midi ou après minuit.)

# DEUXIÈME SECTION.

—

## PRATIQUE.

—

### CONSTRUCTION.

On emploie communément, tant dans la construction que dans l'armement et l'ornement des navires, le chêne, le chêne vert, le sapin, le hêtre, l'orme, le charme, le peuplier, le cèdre, le tekc et l'acacia.

La membrure et toutes les pièces principales sont ordinairement en chêne; on borde et on vaigre en chêne autant que possible : cependant, généralement, hors les préceintes, le bordage se fait en sapin, ainsi que celui des ponts entre les hiloires. Le chêne, par sa force et sa disposition à durer long-temps, présente, surtout en Europe, le bois le plus propre à la construction des navires; sa bonté se reconnaît, à la pesanteur unie à l'état le plus sec possible, par des fibres belles, nombreuses et saines, un grain bien serré et une couleur paille qui s'éclaircit en venant vers la partie extérieure. On en connaît plusieurs espèces, parmi lesquelles se distinguent le blanc et le vert : ce dernier croît dans les pays méridionaux de l'Europe; c'est le meilleur de tous, le plus dur, le plus pesant et celui qui fait le meilleur usage. On l'emploie à faire des essieux de poulies, des clés de mâts de hune et de perroquet pour des bâtiments de moyenne grandeur.

Le sapin est particulièrement consacré à la mâture, en raison de sa légèreté et de sa flexibilité. Il faut qu'il soit d'un grain bien serré, rempli d'une abondante résine et d'une odeur agréable. Son usage est très-répandu ; il entre dans beaucoup de parties de la construction, et il y a même, dans certains pays, des navires entièrement construits de ce bois.

Le hêtre s'emploie aussi quelquefois en bordages ; mais ce bois a le défaut de ronger les clous : les avirons, les anspects, les barres de cabestan, celles de virevaut, sont ordinairement en hêtre. L'orme fait les pompes, caisses de poulies, etc., etc. Le charme est souvent préféré au hêtre pour les anspects et les roues d'affût.

Le châtaignier s'emploie pour faire des futailles ; le gayac fait des rouleaux et des roues de poulie. C'est avec le peuplier que sont confectionnées les sculptures.

Le cèdre est très-propre à la construction et passe pour incorruptible : son amertume le préserve de la piqûre des vers.

Le teck est un bois qui remplace avantageusement le chêne dans la construction ; on en fait aussi des mâtures, quoique beaucoup trop lourd pour cet objet. Le cèdre et le teck sont peu employés en Europe : cependant, depuis quelque temps, l'étranger nous importe des cèdres pour la construction des pirogues baleinières.

L'acacia est très-recherché pour gournables, et les Américains commencent à l'employer pour la membrure de leurs navires.

Nous donnons ici une petite table de la pesanteur spécifique des bois les plus employés dans la marine, en faisant observer, pour la bien comprendre, que l'eau de pluie sert de terme de comparaison, chaque espèce de bois étant prise sous le même volume que celui de l'eau de pluie. Ainsi donc, si un baril d'eau de pluie pèse 100 ℔, déduction faite du poids particulier du baril, un morceau de bois de chêne, présentant un volume égal à celui occupé par l'eau de pluie, pesera les 87/100$^{mes}$ de l'eau, c'est-à-dire sera plus léger de 13/100$^{mes}$. Le gayac sera plus pesant que l'eau de 34/100$^{mes}$, environ un tiers, et si l'on compare deux bois ensemble, comme le sapin avec le chêne, on verra que la différence est 32 ; donc le chêne est plus lourd que le sapin d'un peu plus que la moitié de celui-ci.

| | | | | |
|---|---|---|---|---|
| Eau de pluie... | 1,00 | | Sapin......... | 0,55 |
| Chêne......... | 0,87 | | Pin........... | 0,43 |
| Hêtre......... | 0,85 | | Liége......... | 0,24 |
| Cèdre ........ | 0,61 | | Gayac......... | 1,34 |
| Orme......... | 0,60 | | | |

Nous ne traiterons de la construction que ce qui regarde particulièrement l'art du charpentier, et nous le ferons d'une manière simple et rapide. Seulement, pour bien comprendre l'ordre dans lequel s'élève la machine depuis la quille jusqu'au pont supérieur, pour se donner une idée juste et parfaite des détails de tous les travaux nécessaires à l'achèvement de cette belle œuvre de l'esprit humain, il faut suivre ces travaux de ses propres yeux. Ce que nous allons en dire a pour simple but d'encourager le matelot à porter une plus grande attention aux constructions qui, chaque jour, se font dans tous les ports qu'il fréquente, et pour lesquelles une indifférence trop prononcée devient pour lui un obstacle de plus au développement de ses progrès dans le métier, conséquemment un obstacle à son avancement.

On appelle chantier l'emplacement dans lequel doit s'élever le navire en construction, et où l'on a réuni tous les bois nécessaires à cet effet. Au milieu sont placés les chantiers en bois de chêne sur lesquels doit reposer la quille pendant le temps de la construction. Ces chantiers ne s'élèvent guère au-dessus de 18 pouces de la cale; espèce de plate-forme qui va en s'abaissant vers le point où le navire devra entrer dans l'eau, à moins que cette cale n'existant pas on n'élève ces chantiers, à partir du lieu qu'occupera l'avant du navire, de façon que la quille, en posant dessus, se trouve elle-même dans la position voulue pour glisser à l'eau.

La quille se compose de plusieurs pièces liées ensemble par des écarts chevillés et cloués à leurs extrémités; elle se termine en avant par une pièce qui, commençant à prendre une certaine courbure, forme la base de la saillie de l'élancement et se nomme brion. La fausse quille s'applique sous la quille: elle a pour but de conserver la quille et de diminuer la dérive; on lui donne quelques pouces de hauteur. Cette fausse quille ne se met souvent qu'après la mise à l'eau du navire et lorsqu'il est abattu en carène. En la posant, il faut que ses écarts ne correspondent pas avec ceux de la quille, comme ceux de celle-ci doivent être combinés de manière à éviter de tomber sur les endroits où devront reposer les mâts : des deux bords de la quille et dans toute sa longueur, on pratique la râblure, espèce d'excavation dont l'ouverture est destinée à recevoir les bordages qui devront recouvrir le fond du navire.

Sur le brion s'élève l'étrave. Une pièce de bois nommée massif, placée sur la partie supérieure de la quille, sert à lier celle-ci à l'étrave, et, sur ce massif, commence la contre-étrave. En avant de l'étrave, et appuyé sur le brion par un écart, vient le taquet de gorgère, et, sur celui-ci, repose le taille-mer. Le taquet de gorgère et le taille-mer, réunis ensemble, prennent le nom d'éperon, qu'on marie au navire par des dauphins et des lisses. Le dauphin le plus haut est immédiatement au-dessus des écubiers. Toute la saillie de charpente sur l'avant de l'étrave se nomme guibre.

A l'autre extrémité de la quille où doit être l'arrière du bâtiment, on pose l'étambot et l'arcasse. L'étambot est d'une seule pièce de même largeur que la quille; il incline un peu sur l'arrière : cette inclinaison se nomme quête. On fait à l'étambot, comme à l'étrave, une râblure pour recevoir les bouts des bordages qui viennent s'y placer. L'étambot est marié à la quille par un tenon qui entre dans une mortaise. Le faux-étambot est une pièce ajustée en dehors pour recevoir les ferrures du gouvernail, dont les branches doivent être assez longues pour embrasser aussi l'étambot.

Le contre-étambot placé intérieurement sert aussi à renforcer l'étambot.

L'étambot est lié intérieurement à la quille par des pièces nommées massifs, et sur celles-ci sont placés les estains surmontés des allonges de cornière. Les estains sont liés entre eux et à l'étambot par plusieurs barres transversales, dont les extrémités s'appuient sur la levée des estains. Le nombres des barres est indéterminé : la plus haute se nomme barre d'arcasse ; celle qui est au-dessous est la lisse d'hourdi, nommée généralement, dans la pratique, traversin d'étambot. C'est une pièce principale : sa largeur est celle de la quille ; elle est entaillée réciproquement à mi-bois dans l'étambot. Toutes les barres sont attachées fortement sur l'étambot par des chevilles frappées à revers l'une de l'autre et rivées sur virole.

L'arcasse ayant été assemblée, liée, montée, on procède à sa mise en place par le moyen de deux bigues placées des deux côtés de la quille et à son extrémité. En général, l'arrière du navire, en sortant de l'eau, doit être combiné de manière à avoir assez de finesse pour donner au gouvernail tous les avantages possibles. L'avant, destiné à fendre la mer et à ouvrir le chemin au navire, doit offrir la plus grande solidité. L'arcasse et toute la partie de l'avant devant donc présenter une très-grande force, toutes les parties qui les composent ont besoin de la meilleure liaison ; aussi, est-ce dans ces deux parties que se trouvent les chevilles les plus longues et les plus fortes, et où l'on doit mettre le plus d'attention au perçage et au virolage.

Sur la quille se placent les couples qui déterminent les formes de la carène.

Chaque couple est un assemblage de pièces de bois dont l'échantillon est proportionné à la grandeur du navire, et dont la forme est déterminée suivant le degré de finesse que l'on veut y donner. Les couples sont composés d'une varangue, de genoux et d'une quantité indéterminées d'allonges. La pièce principale est la varangue : elle porte, par son milieu, sur la quille, et ses deux branches s'étendent tribord et babord. Le principal genou est celui qui marie la varangue avec l'allonge qui la surmonte immédiatement ; le milieu du genou se trouve à l'empâture de ces deux pièces ; il y a ensuite autant de genoux que d'empâtures d'allonges. La dernière allonge, celle d'en haut, se nomme allonge de revers ; celles qui se trouvent le plus près de l'étrave prennent le nom d'apôtres ; les autres ensuite, allonges d'écubier.

Le nombre des couples est indéterminé : plus ils sont rapprochés les uns des autres, moins les mailles, c'est-à-dire les intervalles entre deux couples voisins, sont grandes, et plus le navire a de solidité ; mais il faut dire que les mailles diminuent considérablement le poids de la coque, et elles ont l'avantage de permettre à l'air de circuler librement entre les membres, et, par conséquent, de les garantir de l'échauffement qui engendrerait leur pourriture. Elles donnent, de plus, beaucoup de facilité pour les changements de pièces quand on en trouve de gâtées.

Les varangues les moins renflées sont celles qui ont le moins d'acculement. L'acculement est la mesure de la finesse du navire. C'est la distance dont

l'extrémité de la varangue s'éloigne de la ligne hori-
zontale. Lorsque les varangues appartiennent à des
couples extrêmes, elles se nomment fourçats.

Le couple de la plus grande largeur du bâtiment
se nomme maître-couple, et sa varangue, maîtresse-
varangue. Les autres couples sont les couples de levée ; cependant, le dernier qui se trouve à la jonction de la quille avec l'étrave, prend le nom de
couple de coltis ; c'est sur l'avant de ce couple que
s'élèvent les allonges d'écubier. Les estains forment
le dernier couple sur l'arrière.

On entend par couple de grand-lof celui qui tient
le milieu entre l'étrave et le maître-couple. Quand
tous les couples ont été placés sur la quille, on les assujettit provisoirement ensemble par des lisses, espèces de ceintures qui vont de l'arrière à l'avant.
L'ouverture du couple se maintient par des planches
dites d'ouverture. On place des accores partout, afin
de maintenir l'équilibre de toutes les pièces. En ce
moment, le navire est dit monté en bois tors.

La plus grande attention doit être donnée à ce que
les deux bords du bâtiment soient absolument semblables, tant pour le poids que pour la forme des
matériaux, et, autant que possible, à ce que les deux
bords puissent subir ensemble les mêmes altérations,
causées soit par le soleil, la pluie ou les vents. Sans
cela on risque d'avoir un faux côté, c'est-à-dire un
côté sur lequel le navire penchera quand il sera à
flot, et qui lui donnera, à la mer, des défauts auxquels on remédie difficilement.

Il est toujours bon de laisser un peu de temps le
navire en bois tors avant de continuer la construction : les bois se durciront à l'air et seront, par la
suite, moins dans le cas de se détériorer. Le tout est
consolidé intérieurement par la carlingue, des clés et
des marsouins.

La carlingue est une espèce de quille intérieure.
Elle est, comme la quille, formée de plusieurs pièces

jointes les unes aux autres, par des écarts. Elle s'étend depuis le marsouin d'avant jusqu'au marsouin d'arrière, en passant sur le milieu de toutes les varangues, au travers desquelles elle est chevillée avec la quille.

Les marsouins sont les deux prolongations de la carlingue. L'un, celui d'avant, fortifie la contre-étrave, sur laquelle il s'adapte par en haut; le bas de ce marsouin repose dans le fond des fourçats qui forment les façons. L'autre, celui d'arrière, repose aussi sur les fourçats, et augmente la force de liaison qui unit l'étambot au navire. Ces deux pièces ont pour but de réunir fortement, au corps du navire, l'étrave et l'arcasse qui, par leur propre poids, tendent toujours à vouloir l'abandonner.

Les clés sont des pièces de bois qu'on introduit entre deux couples voisins. Il y en a qui sont chassées à coups de masse jusqu'à la quille; d'autres sont placées à l'extrémité supérieure des varangues, et se nomment clés d'empâture. Enfin, on en place en différents endroits, même entre les barres qui composent l'arcasse. Le principal but de ces clés est de s'opposer au rapprochement des pièces de la construction qui sont peu éloignées les unes des autres.

Les vaigres sont les bordages qui forment le revêtement intérieur et la liaison du navire; les vaigres de fond se posent sur les varangues, à partir de 6 à 8 pouces de la carlingue; on laisse cet espace pour les paracloses, virures mobiles qu'on lève pour nettoyer les anguillères ou entailles pratiquées de bout en bout dans les varangues, et qui forment un canal pour l'écoulement des eaux jusques aux pompes. Les vaigres de fond viennent jusques aux empâtures des varangues et des genoux où l'on place, selon la grandeur du navire, deux, trois, ou un plus grand nombre de vaigres dites d'empâture, qui, plus épaisses que les autres, vont s'entailler dans la membrure. Après les vaigres d'empâture, viennent les vaigres proprement dites. Il arrive parfois que, vers cette partie, on laisse vide la largeur d'une vaigre, afin de faciliter la circulation de l'air. La dernière vaigre placée immédiatement au-dessous de la bauquière, se nomme sous-bauquière.

Dans les grands navires, et quelquefois aussi dans les petits, quand ils deviennent vieux, on place, principalement près des emplantures de mâts, des couples appelés porques, qui, entaillés et percés sur la carlingue, sont chevillés avec elle et la quille. Sur les vaigres, et pour plus de consolidation à l'avant du navire, on met encore des courbes, qui prennent le nom de guirlandes et qui sont chevillées sur les allonges et sur l'étrave. Des guirlandes plus faibles que celles de l'avant se mettent aussi sur l'étambot.

Les baux, qui sont à un navire ce que les poutres sont à un édifice, empêchent les côtés de s'éloigner et plus encore de se rapprocher. Ils s'appuient sur un bordage très-épais établi le long du bord en dedans et appelé bauquière ; ils y sont reçus dans des entailles faites exprès et liés par des courbes avec le côté du navire. Comme les baux sont encore destinés à soutenir les planchers, c'est-à-dire les ponts, on leur donne un peu de bouge pour faciliter l'écoulement des eaux, et, pour le même objet, ils reçoivent aussi, dans leur plan de l'avant à l'arrière, une certaine courbure qu'on nomme tonture. On place les baux de l'avant et de l'arrière des écoutilles, des étambraies de mât, du cabestan, du virevant, à l'emplacement des bittes. Le maître-bau est celui qui est posé vers le maître-couple.

La bauquière est une véritable ceinture qui, non-seulement soutient les baux, mais lie aussi l'avant avec l'arrière. La serre bauquière est endentée et goujonnée avec la bauquière.

Entre les baux, se trouvent parfois des baux plus petits nommés barrots et barrotins, ou lattes. Enfin, tous les baux sont liés entre eux par des bordages épais : les hiloires renversés qui y sont entaillés et sous lesquels se placent les épontilles. En général, les hiloires sont des bordages de renfort qui sont placés dans plusieurs parties de la construction. Nous ne parlerons que des hiloires de pont : deux prolongent les deux côtés des écoutilles, deux autres passent près des gouttières. Toutes les hiloires sont endentées sur les baux, et sont des pièces importantes pour la liaison du navire. On conçoit que, suivant le nombre des ponts que doit avoir un navire, il y a même marche à suivre pour les baux, les bauquières et les hiloires ; mais, comme nous ne voulons donner ici qu'une simple idée de la construction d'un navire, nous ne nous occuperons pas de tous les détails qui entrent dans celle d'un vaisseau de guerre. Les principes étant les mêmes, nous ne voulons pas rendre notre explication plus compliquée.

Tout ce que nous avons dit étant bien fixé dans les idées, on arrivera facilement du simple au composé, en joignant l'expérience de la pratique à la petite théorie que nous traçons ici. Continuons donc à achever ce que nous avons commencé, en ne nous occupant que d'un navire proprement dit, sans parler des sabords et de toutes les pièces qui, dans une grande machine de guerre, sortent vraiment du domaine de la maison flottante, et ont but de rendre plus ou moins solides, plus ou moins guerrières, ces véritables citadelles mobiles.

Notre manuel étant destiné à donner plutôt le goût d'apprendre qu'à inculquer toutes les connaissances que demande un si vaste sujet, nous renverrons aux ouvrages qui traitent spécialement de la construction, ceux auxquels nos courtes descriptions ne pourraient suffire.

Continuons et achevons notre édifice :

Sur les baux se trouvent entaillées, à queue d'arronde, de nouvelles ceintures nommées fourrures de gouttière, qui règnent de l'avant à l'arrière ; ainsi, les baux se trouvent mordus, à leurs extrémités, entre la serre bauquière et la fourrure de gouttière, qui se trouve être appliquée sur la muraille du navire. Le bordage du pont, le plus près de cette fourrure, est entaillé sur les baux, et son épaisseur est plus forte que celle des autres bordages du pont. On le nomme gouttière. Il est toujours en chêne, chevillé avec la fourrure. C'est une pièce importante de liaison. Les dalots sont percés dans la fourrure ; ils servent à l'écoulement des eaux du pont vers la mer. Le pont du navire est alors garni de bordages, qui, dans le sens de la longueur, sont cloués sur les baux. Ces bordages sont ordinairement en sapin. Il est nécessaire, pour la beauté d'un pont et même sa durée, que les virures soient peu larges, et les coutures petites et bien soignées.

La couverture extérieure des membres est ce qu'on appelle communément le bordage. Border, c'est placer le franc-bord sur la membrure du navire. Le bordage, qui se noie dans la râblure de la quille, est le gabord. Généralement on dompte le bordage au feu ou à l'étuve dans l'eau bouillante, pour le faire ployer aux formes du navire, suivant la place qu'il doit occuper.

On borde de deux manières : à carvelle et à clin. Ce dernier mode est celui dont les épaisseurs des bords supérieurs prennent sur les bords inférieurs. Ce bordé n'a lieu que pour des embarcations ou de petits bâtiments légers. Celui qu'on emploie pour les bâtiments ordinaires est le bordé à carvelle, dont les épaisseurs se joignent, s'effleurent et se touchent.

Tous les bordages à carvelle s'appliquent les uns près des autres, et ont tous la même épaisseur jusques à ceux qui prennent le nom de préceintes : ceux-ci forment une espèce de ceinture plus ou moins large de l'avant à l'arrière, servant à consolider les liaisons du navire. Les préceintes sont composées de plusieurs virures. La plus élevée est ordinairement à la hauteur de la bauquière du second pont. Ces virures sont plus épaisses que celles des autres parties du navire, et c'est dans les préceintes que l'on fait passer les chevilles des courbes et des bauquières.

Les bordages doivent être d'une longueur à faire tomber leurs écarts sur le milieu des membres. Chaque extrémité portera une cheville et deux clous. Entre les deux écarts, se distribuent les clous et les gournables qui traversent aussi le vaigrage, et dont on coupe les bouts en dedans.

Enfin, on place les plats-bords sur la tête des dernières allonges ; ils recouvrent entièrement l'échantillon de la membrure, en y ajoutant l'épaisseur des bordages intérieurs et extérieurs.

Le navire étant encore sur les chantiers, on trace les emplantures des mâts ; on s'occupe de leurs carlingues ; on pose les bittes à la position qu'elles doivent avoir, les bossoirs, etc., etc. On construit l'archipompe, et l'on met les pompes en place. On prépare la jaumière du gouvernail, puis tous les autres travaux de détail.

Un navire peut sortir de dessus les chantiers, plus ou moins avancé dans tout ce qu'il faut faire pour le rendre capable de prendre définitivement la mer. Mais nous ne parlerons ici que de ce qui lui est strictement nécessaire pour se rendre de la cale de construction au ponton sur lequel il achèvera l'œuvre de la carène et du charpentage des œuvres-mortes.

Aussitôt que le bois est bien paré, il reçoit une couche de peinture pour le préserver de l'action du soleil, et l'on peut de suite s'occuper de son calfatage, pour le mettre à même d'être lancé à l'eau et conduit au ponton. Ce sera lorsqu'il sera rendu là que nous parlerons, avec détail, de la manière de le bien calfater.

Les vaisseaux de la marine militaire sont presque tous lancés au moyen d'un ber ou berceau. Leur volume, leur pesanteur, recommandent les plus grandes précautions; mais cette manière de procéder devient extraordinairement coûteuse. Nous en donnerons une légère idée avant de décrire la méthode employée en général pour les bâtiments de moyenne grandeur.

Le berceau est composé de deux coètes, de colombiers, de deux ventrières et d'un grand nombre de roustures de filin blanc, bien raidies au cabestan. Sur la cale, il y a deux coulisses sur lesquelles doivent courir les coètes dans leur mouvement. Les coulisses sont construites et consolidées de façon à maintenir et à forcer les coètes à suivre la direction voulue.

Les deux coètes sont des pièces de bois bien droites et de même dimension que la quille; elles sont tenues à égale distance de la quille par des traverses, des arcs-boutans sur la quille, et liées ensemble par de fortes roustures. Sur les coètes s'élèvent les colombiers, qui sont des montants allant porter en sifflet dans les côtés du vaisseau. Dans l'endroit où les varangues ont peu d'acculement, on place les ventrières, coupées dans leur plan supérieur, suivant les façons et tenues par des massifs.

Les colombiers sont souqués ensemble et contre le vaisseau par de fortes aussières de filin blanc, passant par-dessous la quille, et d'un bord à l'autre, autour des colombiers entaillés exprès pour cela. On arc-boute les colombiers, et l'on cloue les gardes pour lier leurs têtes. Lorsque le berceau est tout-à-fait achevé, le vaisseau repose dessus. On graisse les coulisses avec du suif, on retire le restant des accores, les pinces de l'avant; on coupe les brides, et le vaisseau, après avoir parcouru la longueur de la cale, entre dans la mer et y abandonne son ber.

Généralement, pour les bâtiments de moyenne grandeur, on se contente d'emboîter la quille dans une forte coulisse bien suiffée et soutenue sur des chantiers volans. Deux fortes pièces de bordailles

sont élevées des deux bords à la hauteur de l'empâture des varangues et parallèlement à la quille, et
sont supportées par des bois debout, solidement
tenues, et, comme des accores, placées verticalement.
De cette manière, le tout bien suiffé et savonné, les
saisines étant larguées, le navire se trouve bientôt à
l'eau.

## CHEVILLES.

La partie des chevilles est un objet essentiel de la
construction à laquelle on ne pourrait porter trop
d'étude et d'attention. C'est pourquoi nous en donnons
ici la nomenclature et l'usage.

Les chevilles sont généralement des barres cylin-
driques en fer, dont l'usage principal est de lier ensemble les membres et les pièces de bois qui forment
le corps d'un navire, ou bien elles servent à amarrer
les manœuvres ou tout autre objet : dans ce cas, on
les nomme cabillots.

Il y a des chevilles carrées qu'on appelle boulons,
et qui servent principalement aux affûts de canon.
Quoique, généralement, les chevilles soient cylin-
driques, on a coutume de les faire un peu plus épaisses
à un bout qu'à un autre, afin qu'elles pénètrent plus
aisément dans le bois, et qu'elles remplissent bien
exactement le trou qu'on a percé pour les recevoir.
On les fait plus ou moins grosses, plus ou moins
longues, selon l'emploi qu'on en veut faire.

*Cheville à goujon.* — Elle est toute unie, ronde,
sans tête ni queue, un peu plus grosse à un bout qu'à
l'autre. Elle sert à lier les pièces d'un couple de membrure et celles où la cheville ne doit pas forcer debout.
On l'enfonce jusqu'à ce que la tête soit noyée dans
le bois.

*Cheville à goupille.* — A la pointe est une fente,
dans laquelle, après que la cheville est rendue à sa
place, on fait entrer, à coups de marteau, un morceau de fer plat appelé goupille, et qu'on tortille autour de la pointe.

*Cheville à œillet.* — Cheville dont la tête est rempliée de manière à former un œillet sur lequel on peut crocher ou aiguilleter, soit une poulie, soit tel autre objet. Quand cette cheville hâle debout, il lui faut une goupille.

*Cheville à boucle.* — Celle-ci ne diffère de la cheville à œillet que parce que, dans l'œillet, il y a une boule ou anneau de fer mobile : les bosses de pont sont estropées sur des chevilles à boucle. Quand elles doivent recevoir un aiguilletage, la boucle est triangulaire.

*Cheville à croc.* — La tête est rempliée en crochet formant comme une crosse d'abbé.

*Cheville à boule et à croc.* — La tête est rempliée en crochet, et, au-dessous de ce crochet, il y a un trou ou œillet, dans lequel est mobile une boule ou anneau de fer. Une seule de ces chevilles peut tenir lieu d'une cheville à boucle et d'une cheville à croc.

*Cheville à tête.* — Grosse cheville qui sert à contenir les chaînes et les étriers des chaînes de haubans. Elle traverse la membrure et le vaigrage, et est goupillée en dedans. La tête est grosse et arrondie en forme d'un gros bouton.

*Chevilles à tête de dauphin* sont celles qui traversent la guibre, l'étrave, la contre-étrave et les guirlandes, et qui se goupillent à viroler les unes sur les autres, sur les guirlandes mêmes et le vaigrage d'en dedans, après avoir passé au travers des apôtres et du bordage. Leurs têtes se perdent dans la pièce qu'elles contiennent.

*Cheville à pointe perdue* est celle qui ne pénètre qu'à la moitié ou aux trois quarts de la pièce dans laquelle elle est enfoncée.

*Cheville à tête perdue* est celle qui, à force d'être enfoncée, noie sa tête de manière à pouvoir à peine être remarquée.

*Cheville à grille ou à barbe* est entaillée sur les

arêtres, de sorte qu'étant chassée dans le bois, et ce bois étant bon, elle ne peut plus sortir.

### CLOUTERIE.

On désigne les clous, dans les arsenaux, sous le nom de grande, moyenne et petite clouterie.

Les clous de la grande clouterie ont depuis 7 jusqu'à 30 pouces. Ceux de 30 pouces servent particulièrement pour les mâts d'assemblage des vaisseaux.

Les clous de la moyenne clouterie ont de 4 à 6 pouces. Ceux de la petite clouterie, de 1/3 pouce à 3 pouces 1/2.

Tous les clous se font avec du fer carré ou en verge ; celui de 4 lignes et au-dessus, sert pour clous de lisse, demi-lisse, tillac, demi-tillac, et autres de même clouterie. Celui de 5 lignes pour clous de 4 à 5 pouces ; celui de 6 lignes, pour clous de 7 à 8 pouces ; 7 lignes, pour clous de 8 pouces ; de 8, 9, 10, 11 lignes, pour clous de 9 à 22 pouces.

La tête des clous de grande clouterie doit avoir de largeur deux fois celle de la lame au collet, et d'épaisseur la largeur de la lame.

### MOYENNE CLOUTERIE.

| | |
|---|---|
| Clou de 6 pouces, long. | 6 p. |
| Clou de grand barrot | 5 1/2 à 5 1/4 |
| Dito de grand carvelle | 5 |
| Dito demi-barrot | 4 1/2 à 4 1/4 |
| Dito carvelle | 4 |

### PETITE CLOUTERIE A TÊTE DE DIAMANT.

| | p. | l. | Clous à la livre. |
|---|---|---|---|
| Lisse | 3 | 6 | 20 à 24 |
| Demi-lisse | 3 | 0 | 40 à 45 |
| 2 Demi-lisse | 2 | 6 | 52 à 60 |
| Tillac ou clou à d. de bois | 2 | 0 | 85 à 90 |
| Demi-tillac | 1 | 8 | 118 à 130 |
| 2e Demi-Tillac | 1 | 4 | 240 à 250 |
| P. souliers | 0 | 9 | 300 à 320 |

### A TÊTE RONDE.

|  | p. | l. | Clous à la livre. |
|---|---|---|---|
| Demi-lisse | 3 | 0 | 40 à 44 |
| Tillac | 2 | 9 | 63 à 65 |
| Demi-tillac | 1 | 10 | 146 à 150 |
| A plomb | 0 | 10 | 260 à 280 |
| A pompes | 0 | 8 | 670 à 690 |
| 2e à pompes | 0 | 6 | 910 à 940 |

### A AILES DE MOUCHE.

| Demi-lisse | 2 | 9 à gr. l. | 40 à 45 |
|---|---|---|---|
| Tillac | 2 | 9 à p. l. | 76 à 80 |
| Demi-tillac | 1 | 8 | 125 à 135 |
| A pattes | 1 | 0 | 320 à 330 |

### A TÊTE REBATTUE.

| Demi-lisse | 2 | 9 | 80 à 85 |
|---|---|---|---|
| Tillac | 2 | 0 | 90 à 100 |
| Demi-tillac | 1 | 7 | 160 à 165 |
| 2e demi-tillac | 1 | 4 | 275 à 290 |
| Dito à soufflets | 1 | 1 | 100 à 106 |

### A TÊTE PLATE.

| A mailleter | 0 | 11 | 78 à 82 |
|---|---|---|---|
| A maugère | 0 | 11 | 190 à 200 |
| A rivet | 0 | 12 | 15 à 18 |
| A rivet | 0 | 8 | 18 à 22 |
| A rivet | 0 | 6 | 34 à 40 |

Clou de cuivre pour doublage. . . . . . . . 4 ℔ le m.
Do   à claquet ou à pompe à tête ronde. 2    d.
Do   à broquette. . . . . . . . . . . . . . . . . 1 1/2 d.
Do   de lambris de 2 pouces. . . . . . . . 8    d.
Do   de penture de gouvern., 7 p. long. 1 la pièce.

On ne connaît, au Havre, les clous que par le nombre de pouces. Ainsi, par exemple, pour les carènes, on n'emploie des clous que de 5 à 8 pouces ; et, pour l'acastillage, de 2 à 4 pouces 1/2.

On calcule qu'il entre en fer pour clous , dans les

vaisseaux de différents rangs, à-peu-près la quantité suivante :

| Vaisseaux à 3 ponts, | | environ 182 milliers. |
|---|---|---|
| Dito | 80 canons, | dito 123 » |
| Dito | 74 dito | dito 100 » |
| Frégates | 50 portant du 32 | 62 » |
| Dito | 40 dito 18 | 46 » |
| Corvettes | de 18 | 20 » |
| Dito | 12 | 9 » |

### INSTALLATION D'ARMEMENT.

Le navire étant lancé et rendu dans le port, on s'occupe de suite de tous les préparatifs demandés pour son carénage. On travaille aux carlingues ou emplantures des mâts, aux porte-haubans, ou simplement aux chaînes de haubans, qui doivent servir à soutenir la mâture.

La carlingue d'un mât de très-grand bâtiment est un assemblage de charpente placé à l'endroit ou repose le pied du mât. C'est une coulisse formée par deux varangues de porque, et deux flasques liées et contenues par des traversins : le tout combiné de façon à pouvoir porter le pied du mât de l'avant à l'arrière. Des coins ensuite le fixent à la position voulue.

Les emplantures des mâts de tous les navires de commerce, sont mortaisées sur la carlingue du navire. Leurs places sont désignées par le constructeur, qui a dû les déduire du calcul et non les assigner arbitrairement. Sur les ponts et dans les directions voulues par les positions des carlingues, on perce les étambraies.

Soit que l'on établisse des porte-haubans, soit qu'on n'en veuille pas mettre, les chaînes des haubans doivent être solidement établies et chevillées sur les préceintes, au travers des membres et des vaigres, en dedans desquelles elles sont goupillées à virole.

Les bas-mâts sont mis en place avec leurs hunes. On capelle et on raidit les haubans et les étais, et on se prépare à virer le navire en quille.

## ABATTAGE.

Le navire est mis en parfaite tonture, pour que sa quille soit éventée également partout. Une aiguille de carène vient se lier à chaque mât par une portugaise. Cette aiguille est posée sur savate près des fourrures de gouttière, et fortement saisie en abord ; s'il y a entrepont, on épontille sous son pied. Plusieurs forts pataras sont aiguilletés ou capelés à la tête de chaque mât, et viennent se raidir dans des boucles ou des mains de fer placées exprès en dehors du bord. On met des caliornes pour aider encore à soutenir l'effort que fait la mâture. Puis des poulies d'appareil sont aiguilletées au capelage des mâts, et les aiguilletages bien bridées vers la portugaise ; les garants qui passent dans ces poulies vont à bord du ponton, et de ce ponton même sont frappés, sur le côté du navire qui doit être submergé, des palans dits de redresse, pour le cas où le navire viendrait trop vîte ou pour celui où il ne releverait pas aisément. Il est entendu, dans ce qui vient d'être dit, que le placement des bigues, des pataras, et généralement tous travaux faits pour abattre et soutenir les mâts, dépendent du bord sur lequel on doit abattre. Une pompe est mise aussi par la grande écoutille, en allant poser son pied sous le vent et sa tête au vent, et un échafaud est établi pour permettre de pomper l'eau qui devra ou pourra entrer dans la cale. Tout préparé, on vire sur le ponton, et bientôt le bâtiment se couche sur le côté et finit par éventer sa quille. S'il était dur à obéir, on pourrait, en le redressant, lui passer ses mâts d'hune, les guinder à moitié ou tout-à-fait, ou bien mettre quelques poids dans les hunes.

## CARÉNAGE.

Le navire étant viré en quille, on procède à donner la dernière main à sa carène.

Pour ne pas nous répéter, nous traiterons cet article en embrassant le carénage sous un point de vue général, et pouvant s'appliquer au navire qui, après voyage, est obligé de se caréner, comme au navire neuf dans lequel l'ouvrage est moins considérable.

On chauffe les fonds pour visiter scrupuleusement les écarts, les coutures, les têtes de clous, les gournables, les gerçures, gélivures, nœuds, les trous de vers et ceux des clous à doublage, afin de pouvoir les épiter.

Pour les navires neufs, le feu détermine les gélivures du bois, en contribuant à lui faire faire un effort. Pour ceux qui font seulement une carène neuve, le feu fait fondre le vieux brai, met le bois à nu, de façon à bien découvrir les coutures, les têtes des chevilles, des clous, des gournables, les rombaillets, les piqûres de vers.

Le calfat s'assure de l'état de chaque couture, qui doit avoir la forme d'un V, c'est-à-dire que les deux bordages doivent presque se toucher au list de dedans et s'ouvrir à-peu-près d'un quart de pouce en dehors. Il arrive parfois que le list d'en dedans est beaucoup trop ouvert par la faute du charpentier, si le navire est neuf, et quelquefois par faute de vétusté. Dans ce cas, la couture est dite crevée, et, si elle était d'une certaine longueur, il y aurait nécessité de changer le bordage ou de mettre un rombaillet.

Si la couture n'est pas assez large en dehors, le calfat l'élargit avec un clavet tranchant, en lui conservant toujours la forme d'un V. Ceci se nomme tirer du gras dans le joint.

Avec un clavet simple, sans tranchant aucun, il accueille la première étoupe au fond de la couture. Ceci reforme la base, et le travail doit en être fait avec beaucoup de soin. Il faut que l'étoupe ne soit ni trop ni pas assez cueillie, ni non plus trop ni pas assez forcée ; trop cueillie grossit trop dans la couture, pas assez cueillie donne peu de solidité à la couture ; pas assez forcée, l'étoupe prendra trop de place ; trop forcée, on peut crever la couture. L'étoupe doit donc être cueillie à point et battue convenablement.

Les autres étoupes sont de moins en moins cueillies, et forcées de plus en plus par le fer double ou triple, parce que, sans tranchant, il y a deux ou trois rainures. On compte jusques à 2 étoupes à faire entrer dans un bordage, par pouce d'épaisseur. La dernière entre en frappant dessus à grands coups, et alors on peut dire que les étoupes réunies ont acquis la dureté du bois. Au Havre, où les calfats jouissent d'une réputation d'habileté bien méritée, il entre généralement 5 étoupes dans la couture, le bordage ayant 2 pouces 1/2. Aussitôt, la dernière étoupe bien rebattue, on enduit la couture de brai bouillant.

Quand les coutures sont vieilles, on décrochète l'étoupe mouillée et pourrie avec le bec de corbin, et on en remet, ainsi que dans les endroits où, l'étoupe ayant craché d'elle-même, les coutures se seraient vidées. Tous les joints se travaillent comme les coutures, et il faut y porter encore plus de surveillance, car ils se trouvent être les points d'effort de tous les bordages.

Nota. Après les calfatages et le remplacement des gournables trouvées mauvaises, on enfonce de petites chevilles de bois pour boucher tous les trous qui peuvent avoir été faits dans le franc-bord par les clous à doublage. On force les épites à coups de maillet à calfat, et on les coupe ensuite au ras du bois. Des épites, un peu plus fortes, courtes et plates, se mettent dans la tête des gournables, tant dehors que dedans, pour les gonfler et les forcer à bien remplir leurs trous. Le trou se prépare avec un épitoir, petit poinçon qu'on enfonce dans le bout de la gournable.

Nous recommandons au matelot de porter la plus grande attention au carénage d'un navire; son père peut avoir un bateau caboteur à faire caréner et ne pouvoir pas y veiller par lui-même ; le fils doit être capable de le remplacer, et d'aider à la conservation de la propriété de famille. Il peut devenir maître au cabotage, capitaine au long-cours, officier même de la marine militaire ; il faut donc qu'il se prépare de bonne heure à tous les détails d'un travail aussi important que celui d'un carénage, dont il doit, non-seulement, suivre et observer toute le marche, afin que rien ne soit oublié, mais encore diriger et conduire tout le travail, dans les ports où il ne se trouve pas d'ouvriers intelligents et consciencieux.

### DOUBLAGE.

Deux raisons majeures ont fait penser à envelopper la partie submergée : la piqûre des vers, très-violente dans certaines eaux, et le désir d'échapper à toutes les saletés qui, venant se coller au fond du navire, nuisent considérablement à sa marche.

On a commencé par de forts courrois que l'on emploie encore pour de petits bâtiments qui, ne faisant que de petits voyages dans des mers où les vers n'abondent pas, peuvent être visités souvent. Puis ensuite est venu le doublage en bois, qui ne laissait pas que de devenir coûteux avec le temps ; après, le mailletage, assemblage immense de clous ; enfin, le cuivre et le zinc; et, en définitive encore, le cuivre, sous le nom de bronze, et d'autres compositions dont le cuivre est toujours la base. Le prix de ces dernières espèces de doublage est en raison de la plus ou moins grande quantité de cuivre qui entre dans la composition de leurs feuilles.

Pour les bâtiments de moyenne grandeur, c'est-à-dire pour les navires de commerce, les feuilles ont ordinairement 46 pouces de long sur 13 de hauteur. Suivant la grandeur des coques et la durée qu'on veut obtenir de son doublage, on emploie des feuilles plus ou moins pesantes. Les plus lourdes se mettent à la ligne de flottaison et principalement sur l'avant. Sur l'arrière, où il y a le moins d'usure, on met le même cuivre que dans le fond, et quelquefois moins pesant que celui du fond.

Avant l'application du cuivre, on garantit ordinairement le franc-bord par du papier goudronné. On commence sur la quille même, en coupant au fur et à mesure aux extrémités de chaque ligne, pour arriver juste et parallèlement à la ligne de flottaison.

Les feuilles se mordent les unes sur les autres, et chacune, à l'exception de la dernière virure, se cloue avec les quatre qui l'environnent, outre son clouage particulier.

L'avant de l'étrave se garnit de plomb ou de cuir fort.

Sur l'arrière, les ferrures du gouvernail appelées femelots ou connassières, sont aussi en cuivre et placées sur le dos de l'étambot, qu'elles embrassent en étendant leurs branches de manière que les chevilles qui les soutiennent soient solidement tenues dans la membrure.

Le gouvernail est travaillé à part, et ne se met en place que lorsque le navire est sorti de carène. Il est composé d'une mèche et d'un safran fortement consolidés ensemble. Le haut de la mèche reçoit la barre du gouvernail. Celui-ci est doublé à la hauteur de la ligne de flottaison, et garni de ses ferrures nommées aiguillots et vitonnières, dont les branches, en s'étendant sur le safran, ajoutent à sa liaison et à sa solidité avec la mèche.

**MATS ET VERGUES.**

Les bois les plus propres, par leur flexibilité et leur légèreté, à faire des mâts et des vergues, sont les pins, les sapins, mélèses, cèdres et autres.

La grosseur de ces bois, avant qu'ils ne soient travaillés, s'estime en mesures de 13 lignes, qu'on nomme palmes.

En raison de leur grand diamètre, les bas-mâts des vaisseaux de guerre sont des faisceaux de pièces assemblées méthodiquement, puis roustées et cerclées. Au-dessous de 5 à 600 tonneaux, les bas-mâts sont d'une seule pièce. Lorsque ceux-ci sont faite, on met à chacun deux jottereaux. C'est à partir de la partie supérieure des jottereaux que commence le ton qui va jusqu'au tenon destiné à entrer dans le chouquet. Entre ces deux jottereaux, on place la jumelle, pièce de bois utile à garantir le mât des frottements de la vergue et à supporter l'entretoire du devant des élongis. Elle tient au mât par des clous et des roustures. Au-dessus des jottereaux se placent les élongis.

Sur ceux-ci, les traversins qui sont dans le sens de la largeur du navire et sur lesquels doit reposer la hune. Le mât d'hune a son pied terminé par une caisse carrée, dans laquelle doit passer la clé quand il est en place. Au-dessus de la caisse sont les clans pour la guinderesse. Au haut du mât et pour servir d'appui au capelage, est la noix où souvent l'on perce un clan pour le passage de l'itague. Cette noix doit être d'une grosseur à pouvoir passer dans le chouquet du bas-mât. La distance entre la noix et le tenon se trouve être le ton. C'est sur la noix que reposent les barres de perroquet.

Le mât de perroquet est conformé de la même manière que le mât d'hune; souvent aussi, il y a un clan dans la noix pour la drisse de perroquet.

Les vergues sont proportionnées aux voiles qu'elles doivent supporter, comme celles-ci le sont à l'égard de la capacité du navire. Le milieu de la vergue compris entre les deux poulies de cargue à point est sur huit pans. De chaque côté, elle est ronde jusqu'aux taquets d'empointures, puis carrée dans les taquets, ronde ensuite et carrée tout au bout. Sur les extrémités, on perce des clans pour les écoutes de perroquet ou les itagues de palanquin. Le plus grand diamètre d'une vergue est à son milieu. Son plus petit diamètre est à chaque bout de la vergue.

Outre les proportions générales que nous donnons dans les tableaux suivants, et dont chacun peut faire l'application, nous les avons toutes comparées avec un même navire, afin de rendre les différences plus palpables. Quelques-unes des autorités que nous citons datent déjà d'un temps depuis lequel l'art de la marine a fait des progrès; mais, quelque grands qu'aient été ces progrès, surtout depuis vingt années, la théorie n'a point encore arrêté définitivement des principes sanctionnées par la pratique. Les dimensions des mâts et des vergues sont encore extrêmement variables, et, jusqu'à-présent, chacun les détermine assez arbitrairement.

Nous donnons ici les dimensions des meilleures autorités, laissant ensuite à chacun le soin de s'entendre avec son constructeur pour prendre celles qui lui paraissent le mieux convenir aux formes de la coque, aux voyages qu'il doit entreprendre et à l'économie raisonnée, qui est la base de tout succès.

### DIMENSIONS DE LA MATURE.

Longueur........................ 100 pieds
Largeur dite entre le tiers et le quart.. 27  7

La longueur est prise de la râblure de l'étambot à la râblure de l'étrave, au point de rencontre de la perpendiculaire à la quille.

La grande largeur en dehors du maître-couple.

## GRAND MAT.

| | LONGUEUR. | PIEDS. | GRAND. DIAMÈTRE. | POUCES. | PETIT DIAMÈTRE. | POUCES. | TON. | PIEDS. |
|---|---|---|---|---|---|---|---|---|
| Encyclopédie. | 2 baux 1/2. | 69,2 | Le 36$^{me}$ de la longueur du mât; ce diamètre entre les deux premiers ponts. | 22,8 | Les 2/3 du grand diamètre. | 15,2 | Le 9$^{me}$ de la longueur du mât. | 7,7 |
| Bouguer. | 2 baux 1/2. | 69,2 | Les 3/4 du bau réduit en pouces; ce diamètre au premier pont. | 20,8 | Les 2/3 du grand diamètre. en haut du ton. | 13,8 | Le 10$^{e}$ de la longueur du mât. | 6,9 |
| Duhamel. | 2 baux 1/2. | 69,2 | Le tiers de la longueur du mât réduit en pouces; ce diamètre au premier pont. | 23,0 | Les 2/3 du grand diamètre au ton. | | Le 9$^{me}$ de la longueur du mât. | 7,7 |
| Forfait–Willaumez. | 2 baux 1/2. | 69,2 | Le 38$^{me}$ de la longueur du mât. | 21,6 | | | Le 7$^{me}$ de la longueur du mât. | 9,9 |
| Gisquel-Destouches. | 2 baux 30 c. | 63,7 | Rapport de la longueur du mât à son grand diamètre, égale. 0,027 | 20,4 | | | Rapport de la longueur du mât à la longueur du ton. 0,143 | 9,1 |

## MAT DE MISAINE.

| | LONGUEUR. | PIEDS. | GRAND DIAMÈTRE. | POUCES. | PETIT DIAMÈTRE. | POUCES. | TON. | PIEDS. |
|---|---|---|---|---|---|---|---|---|
| Encyclopédie. | 2 b.1/2 moins le ton du gr. mât. | 61,5 | Le 39$^{me}$ de la longueur; ce diamètre entre le premier et le deuxième pont. | 19,2 | Les 2/3 du grand diamètre. | 12,8 | Le 9$^{me}$ de la longueur du mât. | 6,8 |
| Bouguer. | 2 baux 1/4. | 62,0 | Le 39$^{me}$ de la longueur; ce diamètre au premier pont. | 19,2 | Les 2/3 du grand diamètre. | 12,8 | Lé 10$^{e}$ de la longueur du mât. | 6,2 |
| Duhamel. | Le gr. mât m. le ton. | 61,5 | Le tiers de la longueur du mât réduit en pouces, placé au premier pont. | 20,5 | Les 2/3 du grand diamètre. | 13,6 | Le 9$^{me}$ de la longueur du mât. | 6,8 |
| Forfait-Willaumez. | 2 baux 20 c. | 60,9 | Le 38$^{me}$ de la longueur du mât. | 19,0 | | | Le 7$^{me}$ de la longueur du mât. | 8,7 |
| Gisquel-Destouches | 2 baux 7 c. | 57,3 | Rapport de la longueur à son grand diamètre...0,028 | 19,0 | | | Rapport de la long. du mât à la longueur du ton.....0,143 | 8,2 |

## MAT D'ARTIMON.

| | LONGUEUR. | PIEDS. | GRAND DIAMÈTRE. | POUCES. | PETIT DIAMÈTRE. | POUCES. | TON. | PIEDS. |
|---|---|---|---|---|---|---|---|---|
| Encyclopédie. | 1 bau 3/4 | 48,4 | Les 7/288mes de la longueur du mât au - dessus du gaillard. | 14,8 | Les 7/12mes du gr. diamètre. | 8,6 | Le 10e de la longueur du mât. | 4,8 |
| Bouguer. | 1 bau 3/4 | 48,4 | Les 7/16mes du bau réduit en pouces ou le 48me de la longueur. | 11,9 | La 1/2 du grand diamètre au chouquet. | 6,0 | Le 10e de la longueur du mât. | 4,8 |
| Gisquel-Destouches | 1 bau 30 c. | 54,0 | Rapport de la longuéur du mât au grand diamètre. 0,0215 | 11,6 | | | Rapport de la longueur du mât à la longueur du ton. 0,125 | 6,7 |
| Dito pour mât d'artimon à flèches. | 2 baux 70 c. | 74,8 | Rapport de la longueur du mât au grand diamètre. 0,0154 | 11,5 | | | Rapport de la longueur du mât avec la flèche...0,350 | 26,2 |

BEAUPRÉ.

| | LONGUEUR. | PIEDS. | GRAND DIAMÈTRE. | POUCES. | PETIT DIAMÈTRE. | POUCES. | TON. | PIEDS. |
|---|---|---|---|---|---|---|---|---|
| Encyclopédie. | 1 bau 2/5. | 38,7 | Moitié de la somme des grands diamètres du grand mât et du mât de misaine. | 21,0 | La moitié du grand diamèt. pris auprès du chouquet. | 10,5 | 35° d'inclinaison | |
| Bouguer. | 1 bau 1/2. | 41,5 | Le 27me de la longueur du mât en haut de l'étrave. | 18,0 | Dito. | 9,0 | Dito. | |
| Duhamel. | 1 bau 1/2. | 41,5 | Comme à l'Encyclopédie. | 19,2 | Dito. | 9,5 | Dito. | |
| Forfait—Willaumez. | 1 bau 56 c. | 42,9 | Le 29me de la longueur du mât. | 19,2 | Dito. | | Dito. | |
| Gisquel-Destouches | 1 bau 32 c. | 36,5 | Rapport de la longueur du mât au grand diamètre. 0,045 | 16,4 | | | | |

## GRAND MAT D'HUNE.

| | LONGUEUR. | PIEDS. | GRAND DIAMÈTRE. | POUCES. | PETIT DIAMÈTRE. | POUCES. | TON. | PIEDS. |
|---|---|---|---|---|---|---|---|---|
| Encyclopédie. | 1 bau 1/2. | 41,5 | Les 7/288mes de la longueur du mât placé au chouquet. | 12,0 | Les 7/12mes du grand diamètre au bout du ton. | 7,0 | Le 10me de la long. du mât. | 4,1 |
| Bouguer. | 1 bau 1/2. | 41,5 | Le 43me de la longueur du mât. | 12,0 | | | | |
| Forfait–Willaumez. | 1 bau 55 c. | 43,6 | Le 40me de la longuer du mât. | 12,0 | | | Le 7me de la longueur du mât. | 6,2 |
| Gisquel–Destouches | 1 bau 32 c. | 36,2 | Rapport de la longueur du mât au gr.diamèt…0,325 | 11,7 | | | Rapp. de la long. du mât à la long. du ton. 0,125 | 4,5 |

## PETIT MAT D'HUNE.

| | LONGUEUR. | PIEDS. | GRAND DIAMÈTRE. | POUCES. | PETIT DIAMÈTRE. | POUCES. | TON. | PIEDS. |
|---|---|---|---|---|---|---|---|---|
| Encyclopédie. | | | | | | | | |
| Bouguer. | 1 bau 3/8mes. | 38,1 | Le 43me de la longueur du mât. | 10,8 | | | | |
| Forfait–Willaumez. | 1 bau 35 c. | 42,9 | | | | | Le 7me de la longueur du mât. | 6,2 |
| Gisquel–Destouches | 1 bau 19 c. | 32,8 | Rapport de la longueur du mât au gr. diamèt..0,028 | 9,2 | | | Rapp. de la long. du mât au ton. 0,125 | 4,2 |

## MAT DE PERROQUET DE FOUGUE, A FLÈCHE.

| | LONGUEUR. | PIEDS. | GRAND DIAMÈTRE. | POUCES. | PETIT DIAMÈTRE. | POUCES. | TON. | PIEDS. |
|---|---|---|---|---|---|---|---|---|
| Gisquel-Destouches | 1 bau 38 c. | 38,2 | Rapport de la long. du mât au diamètre ........0,017 | 6,5 | | | Rapp. de la long. du mât à la flèche... 0,40 | 15,3 |

## MAT DE PERROQUET DE FOUGUE.

| | LONGUEUR. | PIEDS. | GRAND DIAMÈTRE. | POUCES. | PETIT DIAMÈTRE. | POUCES. | TON. | PIEDS. |
|---|---|---|---|---|---|---|---|---|
| Encyclopédic. | 1 bau. | 27,7 | Le 7/238$^{mes}$ de la longueur du mât. | 8,4 | Les 5/12$^{mes}$ du gr. diamètre. | 4,2 | Le 10$^{me}$ de la long. du mât. | 2,7 |
| Bouguer. | Moitié de toutes les proportions du grand mât d'hune. | 20,7 | | | | | | |
| Gisquel-Destouches | Les 99 c. du bau. | 27,6 | Rapport de la longueur du mât au diamètre...0,017 | 6,5 | | | Rapp. de la longueur du mât au ton.. 0,125 | 3,4 |

## GRAND MÂT DE PERROQUET.

| | LONGUEUR. | PIEDS. | GRAND DIAMÈTRE. | POUCES. | PETIT DIAMÈTRE. | POUCES. | TON. | PIEDS. |
|---|---|---|---|---|---|---|---|---|
| Encyclopédie. | Les 40/48mes du bau. | 23,2 | Le 48me de la longueur du mât pl. au chouquet. | 5,9 | Le tiers du grand diamètre. | 2,0 | Flèche 1/3 de la longueur du mât. | 8,0 |
| Bouguer. | Les 5/12mes du gr. mât d'hune. | 17,3 | La moitié du diamètre du grand mât d'hune. | 6,0 | | | | |
| Forfait–Willaumez. | 1 bau 2 c. | 31,3 | Le 50me de la longueur du mât. | 7,2 | | | Le 1/4 de la longueur du mât. | 8,0 |
| Gisquel-Destouches (avec flèches.) | 1 bau 1 c. | 30,4 | Rapport de la longueur du mât au diamètre...0,017 | 6,0 | | | Rapp. de la long. du mat avec la flèche...0,400 | 12,2 |

## PETIT MAT DE PERROQUET.

| | LONGUEUR. | PIEDS. | GRAND DIAMÈTRE. | POUCES. | PETIT DIAMÈTRE. | POUCES. | TON. | PIEDS. |
|---|---|---|---|---|---|---|---|---|
| Encyclopédie. | Les 7/9mes du bau. | 21,5 | Le 48me de la longueur du mât. | 5,0 | | | Le tiers de la long. du mât. | 7,2 |
| Bouguer. | Les 4/7mes du petit mât d'hune. | 21,0 | La moitié du diamètre du petit mât d'hune. | 5,4 | | | | |
| Forfait–Willaumez. | 1 bau 2 c. | 31,3 | Le 50me de la longueur du mât. | 7,2 | | | Le 1/4 de la longueur du mât. | 8,0 |
| Gisquel–Destouches (avec flêches). | 1 bau 1 c. | 30,4 | Rapport de la longueur du mât au diamètre...0,017 | 5,2 | | | Rapp. de la long. du mât avec la flêche...0,400 | 12,2 |

## MAT DE PERRUCHE.

| | LONGUEUR. | PIEDS. | GRAND DIAMÈTRE. | POUCES. | PETIT DIAMÈTRE. | POUCES. | TON. | PIEDS. |
|---|---|---|---|---|---|---|---|---|
| Encyclopédie. | 1/2 bau. | 13,8 | Le 48me de la longueur du mât pl. au chouquet. | 3,6 | Le tiers du gr. diamètre placé à la noix. | 1,2 | Flêche 5me du mat. | 2,0 |
| Gisquel–Destouches | Les 83 c. du bau. | 23,0 | Rapport de la longueur du mât au diamètre...0,016 | 4,4 | | | Rapp. de la long. du mât à la long. de la flêche.....0,400 | 9,2 |

## BOUTE-DEHORS DE BEAUPRÉ.

| | LONGUEUR. | PIEDS. | GRAND DIAMÈTRE. | POUCES. | PETIT DIAMÈTRE. | POUCES. | TON. | PIEDS. |
|---|---|---|---|---|---|---|---|---|
| Encyclopédie. | 1 bau. | 27,7 | Le 48me de la longueur du mât pl. au chouquet. | 7,0 | Les 4/5mes du gr. diamètre. | 5,6 | | |
| Forfait–Willaumez. | 1 bau 1 c. | 30,4 | Le 49me de la longueur du mât. | 7,2 | | | | |
| Gisquel–Destouches (avec flèche). | 1 bau 32 c. | 36,9 | Rapport de la longueur au diamètre , . . . . . . . 0,018 | 6,6 | | | Rapp. de la longueur à la flèche. . . . . .0,250 | 9,2 |
| Sans flèche. | Les 09 c. du bau. | 25,0 | Rapport de la longueur au diamètre . . . . . . . .0,024 | 6 | | | Dito. . . . . . .0,010 | 2,5 |

LONGUEUR DES VERGUES.

| NOMS DES VERGUES. | ENCYCLOPÉDIE. | PIEDS. | ROMME. | PIEDS. | BOUGUER. | PIEDS. | FORFAIT. | PIEDS. | GISQUEL-DES-TOUCHES. | PIEDS. |
|---|---|---|---|---|---|---|---|---|---|---|
| Grand-vergue. | 2 baux 1/4. | 62,0 | 2 baux 1/4. | 62,0 | 2 baux 1/6. | 60,0 | Les 0,63 de la longueur du navire. | 63,0 | Les 0,53 de la longueur du navire. | 53 |
| Vergue de misaine. | 2 baux. | 55,4 | 2 baux. | 55,4 | 2 baux. | 55,4 | Dito. | 63,0 | Les 0,47 dito. | 47 |
| Baume. | | | | | | | | | Les 0,35 dito. | 35 |
| Corne d'artimon. | 1 bau 1/3. | 36,9 | 1 bau 1/3. | 36,9 | | | | | Les 0,25 dito. | 25 |
| Vergue du gr. hunier | 1 bau 1/2. | 41,5 | 1 bau 1/2. | 41,5 | 1 bau 1/4. | 34,4 | Les 0,45 dito. | 45,0 | Les 0,39 dito. | 39 |
| Vergue du p. hunier. | 1 bau 1/3. | 37,0 | 1 bau 1/3. | 37,0 | 1 bau 1/6. | 32,3 | Dito. | 45,0 | Les 0,35 dito. | 35 |
| Vergue barrée. | 1 bau 1/3. | 37,0 | 1 bau 1/3. | 37,0 | 1 bau 1/4. | 34,4 | Dito. | 45,0 | Les 0,35 dito. | 35 |
| Vergue de perroquet de fougue. | 1 bau. | 27,7 | 1 bau. | 27,7 | 3/4 du bau. | 21,1 | | | Les 0,25 dito. | 25 |
| Vergue du g. perroq. | 4/5 du bau. | 22,0 | 4/5 du bau. | 22,0 | 3/4 du bau. | 21,1 | Les 0,35 dito. | 35,0 | Les 0,24 dito. | 24 |
| Vergue du p. perroq. | 7/10 du bau. | 19,4 | 7/10 du bau | 19,4 | 2/3 du bau. | 18,4 | Dito. | 35,0 | Les 0,22 dito. | 22 |
| Vergue de perruche. | 2/3 du bau. | 18,4 | 2/3 du bau. | 18,4 | | | | | Les 0,18 dito. | 18 |
| Vergue de g. cacatoi. | 8/15 du bau. | 14,4 | 8/15 du bau | 14,4 | | | | | Les 0,18 dito. | 18 |
| Vergue de p. cacatoi. | En rapp. avec le p. hunier comme le g. cacatoi avec le g. hunier. | 11,4 | Comme l'Encyclopédie. | 11,4 | | | | | Les 0,16 dito. | 16 |
| Vergue de cacatoi de perruche. | | | | | | | | | Les 0,13 dito. | 13 |

Nous ajouterons, comme méthode pratique, que les dimensions peuvent encore être prises de la manière suivante :

Les mâts se mesurent sur le maître bau, et les vergues sur la longueur du navire; ainsi :

Grand mât, 2 fois 1/3 le maître bau; ton, le 7$^{me}$ de la longueur du mât; diamètre, 3 pouces par 10 pieds

long. ton. diam.

de longueur totale................ 64,7 9,2 19,4

Le grand mât se place en arrière du milieu du navire de 8 lignes par pied de la longueur totale.

Mât de misaine, égale le grand-mât, moins le ton; ton, le 7$^{me}$ de sa longueur; diamètre, 3 pouces par 10 pieds

pi. pi. po.

de la longueur totale............. 55,7 7,9 16,5

Il se place sur l'extrémité arrière du bryon.

Mât d'artimon, terme moyen entre le mât de misaine et le beaupré..... 46,2 » »

Mât de beaupré, 1 fois 1/3 le maître bau; diamètre, égale le terme moyen entre celui du grand mât et celui du mât de misaine.................... 36,9 » 17,9

Il se place sur le premier pont et repose sur la guirlande la plus élevée.

Mâts d'hune, 1 bau 1/3 .......... 36,9
Mâts de perroquet sans flèche, 7/10$^{mes}$ { 19,4
du bau; avec flèche, 2/3 en sus.... { 32,3

Mât de perroquet de fougue et bâton de foc, terme moyen entre les mâts d'hune et les mâts de perroquet. 28,1

VERGUES.

Grand'vergue, les 11/20$^{mes}$ de la longueur............................. 55
Vergue de misaine, les 10/20$^{mes}$ dito 50
Vergue d'hune et vergue barrée, les 8/20$^{mes}$ dito ..................... 40

Vergue de perroquet et de perroquet de fougue, les 5/20/^mes dito.... 25

Vergue de cacatois, les 2/3 des perroquets............................ 16,6

Guy pour les trois-mâts, les 8/20^mes de la longueur .................... 40

Corne, 2/3 du guy.............. 26,6

Les diamètres des vergues doivent avoir, au milieu, le quart de la longueur de la vergue, le pied étant pris pour pouce.

### HUNES.

Une hune est une espèce de plate-forme placée à la naissance du ton des bas-mâts. Sa largeur est ordinairement la moitié de celle du navire, et sa longueur de l'avant à l'arrière est un peu moindre. Les hunes sont placées sur les barres et chevillées sur viroles, afin qu'elles tiennent solidement aux barres. Les meilleures hunes sont à caillebottis ; elles sont plus légères et prennent moins de vent. On les fait, en général, en sapin ; elles sont garnies des deux côtés et sur l'avant d'un bordage de chêne nommé guérite. Tribord et babord, la guérite est surmontée d'une bande de fer.

Sans s'arrêter positivement aux dimensions données ci-dessus, on devra toujours observer que les hunes doivent être proportionnées aux longueurs des mâts d'hune qu'elles sont destinées à soutenir par les haubans, et que, comme les mâts d'hune sont généralement mieux tenus par les galhaubans que par les haubans, il faut conséquemment donner aux hunes une largeur telle, qu'elles ne puissent empêcher les galhaubans de se trouver toujours en ligne droite.

### CHANVRE ET CORDAGE.

Le chanvre est la matière avec laquelle on fait les cordes et la toile à voile. L'écorce de cette plante fournit la filasse. On la fait rouir. Rouir le chanvre, c'est le tenir dans l'eau pour détacher la chenevotte et attendrir la filasse. Le chanvre est suffisamment roui, si l'écorce se détache facilement de la chenevotte. Ensuite, on le retire de l'eau et on le fait sécher ; puis on le tille ou on le broie, c'est-a-dire on enlève l'écorce ou on la rompt pour séparer la filasse d'avec la chenevotte : du résultat, soit par le tillage, soit par le broyage, on fait des balles pour être livrées au commerce. A grosseur égale, la balle la plus lourde est la meilleure. La bonté du chanvre se reconnaît à son odeur forte. Il doit être fin et souple ; ni noir ni blanc. S'il sent le réchauffé, il faut le rebuter. Plus le brin est long, moins la corde a besoin d'être tortillée, et plus elle acquiert de force. La longueur suffisante du 1$^{er}$ brin est 3 ou 4 pieds. Le brin long et le brin court ont chacun leurs avantages et leurs désavantages.

Le chanvre rendu à la corderie, on le purge des chenevottes et des pattes qui restent dans la filasse ; c'est ce qui s'appelle l'espader. Après cela, on le peigne. Le 1$^{er}$ brin est ce qui reste à la main après le 1$^{er}$ peignage. Le 2$^{me}$ brin se trouve ensuite sur ce qui reste au peigne. Quelquefois, on retire un 3$^{me}$ brin, et enfin vient l'étoupe et le déchet.

Les cordages se font en 1$^{er}$, 2$^{me}$ ou 3$^{me}$ brins, suivant la force que doit faire telle ou telle corde. Ainsi, les manœuvres dormantes, telles que haubans, étais, etc., nécessitent de bon cordage ; les manœuvres courantes viennent ensuite ; et, parmi celles-ci, comme la force qu'elles doivent faire est différente, on emploie diverses qualités de cordage.

Le chanvre ayant passé par tous les degrés de préparation dont nous avons parlé ci-dessus, on procède à en faire des cordages. Le cordage se distingue en noir et blanc. Le noir est celui qui est imbibé de goudron.

La quantité de goudron nécessaire est d'environ 12 à 15 °/₀ au plus.

| PAYS DU CHANVRE. | QUALITÉS. | PRODUIT PAR QUINTAL DE FILLASSE BRUTE. | | | | |
|---|---|---|---|---|---|---|
| | | LONGUEUR. | 1er BRIN. | 2e BRIN. | ÉTOUPE. | DÉCHET. |
| Bordeaux et Tonneins. | Fort, se filant bien. | 7 pieds. | 68 liv. | 24 liv. | 4 liv. | 4 liv. |
| Bologne (Italie). | Beau, fin et doux. | jusq. 10 p. | 56 » | 25 » | 14 » | 5 » |
| Piémont (Italie). | Rude, mal uni, vert jaunâtre, bon à l'eau, très-rude pour les câbles et les grelins. | jusq. 10 p. | 60 » | 24 » | 8 » | 8 » |
| Bretagne (France). | Rude, pas assez roui, des chenevottes. | 4 à 5 p. | 68 » | 24 » | 4 » | 4 » |
| Dauphiné (France). | Assez doux et fin. | 4 à 5 p. | 66 » | 18 » | 9 » | 7 » |
| Riga (Russie). | Le plus doux et le plus fin ; il est généralement vert jaunâtre. | 5 à 6 p. | 76 » | 14 » | 4 » | 6 » |

Tortiller des fils assemblés en torons s'appelle commettre. Le fil de carret se trouve être la plus simple de toutes les cordes et celle avec laquelle on constitue toutes les autres. Toute réunion de fils de carret est un toron qui, commis avec d'autres, compose les aussières. Les aussières commises ensemble, forment les grelins. Les 1res sont commises une fois, les dernières le sont deux. Le bitord est la plus simple et la plus petite de toutes les aussières. Jusqu'à 2 pouces à-peu-près, le cordage se distingue par le nombre de ses fils, ensuite par sa circonférence, c'est-à-dire par le nombre de pouces contenus dans son contour. Passé trois torons, les aussières ont une mèche dans le cœur. Cette mèche est pour empêcher les torons de se comprimer les uns sur les autres ; elle n'ajoute rien à la force du cordage. Les haubans sont faits en aussières ; les grelins sont des cordages composés ou deux fois commis. Les plus petits câbles, les étais, les itagues, les orins, se font en grelin.

Lorsque, par suite de circonstances quelconques, quelques parties d'un câble, d'un grelin, d'une aussière, ou de tout autre corde, se trouvent être hors d'état de servir, les bouts coupés ne pouvant remplir le but auquel ils étaient destinés, on en refait de petits cordages qui peuvent encore être employés à des manœuvres courantes. On nomme quelquefois ce cordage refait, mort-fondu. Les cordes usées qui ne peuvent être mises en mort-fondu, vont faire du bitord, qui donne encore un bon emploi. Ce dont on ne peut tirer parti parmi les fils de carret, reste pour faire de l'étoupe.

Quelques marins prétendent que le poids total du cordage entrant dans l'armement d'un navire, peut approximativement être calculé sur autant de milliers qu'il y a de pieds dans le maître-bau, et que le résultat ne différera du véritable que de 4 à 5 quintaux. Tout cela dépend beaucoup de la manière dont le cordage est fabriqué, soit à la mécanique, soit par la méthode ordinaire, et ensuite du plus ou moins de légèreté que l'on veut mettre dans le gréement. En faisant l'application de ce que nous venons de dire à un navire de 27 pieds de bau, nous trouverions 27 milliers, qui, à raison de 50 fr. le quintal, donneraient, pour valeur de tout le cordage, la somme de 13,500 fr. Il faut faire observer que les câbles et les grelins entrent pour leur part dans cette somme, et qu'en employant des chaînes, il y aurait alors un retranchement à faire à la somme ci-dessus.

Dans le navire le *Saint-Salvador*, que nous armâmes à Toulon en 1824, et qui avait 26 pieds de bau, nous trouvons qu'il est entré 13,000 kil. de cordage formant la somme de 12,500 fr. environ.

**ANCRES ET CABLES.**

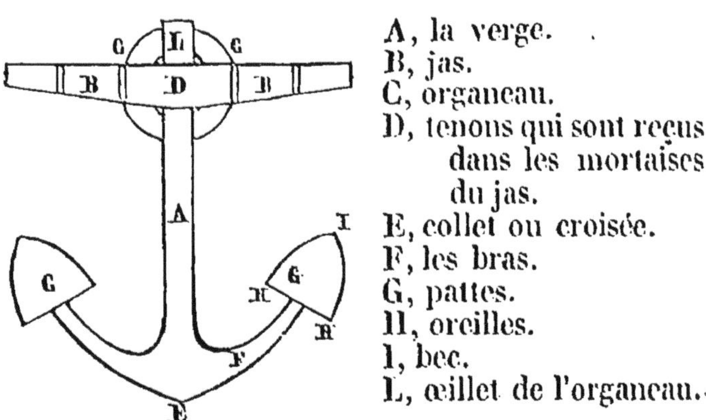


A, la verge.
B, jas.
C, organeau.
D, tenons qui sont reçus dans les mortaises du jas.
E, collet ou croisée.
F, les bras.
G, pattes.
H, oreilles.
I, bec.
L, œillet de l'organeau.

D'après l'*Encyclopédie*, le poids des ancres doit être au navire dans le rapport du bau multiplié par lui-même, en prenant pour base que la grande ancre d'un navire de 33 pieds de bau, de dedans en dedans, doit peser 3,450 liv. Si donc le navire a 26 pieds de dedans en dedans, on obtiendra la pesanteur de la 1re ancre en faisant ce calcul :

On multipliera............ 3450
Par 26 multiplié par 26, ou 676

```
            20700
           241500
          2070000
```

On divis. le prod. trouvé par le prod. de 33 multiplié par 33, c'est-à-dire par 1089.

2332200 | 1089
1543    | 2142 6  poids
4530    | de l'ancre du navire de 26 pieds
1740    | de bau.

On donne pour pesanteur à la seconde ancre la moitié de la somme de la grande ancre et de la 3me, et à la 3me les 7/8mes de la pesanteur de la grande. Nous avons donc ..... 2me ancre  2,008 liv.
3me ancre  1,874 liv.

On donne aussi pour principe que le poids de la 1re ancre égale trois fois le produit du bau multiplié par lui-même. D'après cette règle, nous aurions pour la 1re ancre dont nous cherchions le poids par la méthode précédente ; nous aurions, disions-nous, 3 fois 676 , ou bien 2,028 liv. Différence entre les deux règles, 114 liv.

Le câble prend son nom de sa forme. Pour être câble, il faut que, comme les grelins, il soit commis deux fois. La longueur d'un câble est de 120 brasses. Sa grosseur égale , en comptant les pieds pour des pouces, la moitié du maître-bau.

En dépit de tous les tarifs du poids des câbles , le plus sûr est d'employer la balance pour s'assurer du poids.

D'après l'*Encyclopédie*, le poids d'un câble doit être double de celui de son ancre. D'après Bougner, le poids en livres d'une brasse de cordage est à-peu-près le 5ᵉ du produit de sa grosseur multipliée par elle-même. Ainsi, pour un câble de 14 pouces, la brasse peserait 39,2, et, par conséquent, le câble 4,704 liv. Donc, le poids de l'ancre sera de 2,352.

Dans l'*Encyclopédie*, la pesanteur du câble est déduite de celle de l'ancre. Dans Bouguer, c'est au contraire l'ancre que l'on déduit du câble.

Le tarif géométrique que nous adjoignons ici, est calculé d'après la règle de l'*Encyclopédie*, et celle que la 1ʳᵉ ancre égale en pesanteur trois fois le bau multiplié par lui-même.

AB échelle des grosseurs des câbles exprimées en pouces.

CD, échelle des baux exprimés en pieds.

Les deux colonnes A correspondent au calcul donné par l'Encyclopédie; les deux colonnes B sont basées sur ce que la première ancre égale trois fois le bau multiplié par lui-même.

### Usage de ce Tarif.

Si l'on veut savoir le poids d'une ancre, la grosseur et le poids de son cable; par exemple, pour un navire de 34 pieds de bau, on trouvera sur l'échelle des baux le nombre 34, et, vis-à-vis, sur l'échelle des grosseurs, le nombre 17 pour la grosseur du câble; et, suivant la ligne EF jusqu'à la diagonale GH, qui forme un angle droit avec cette perpendiculaire, on aura à droite le poids total du câble 7,324, d'après l'*Encyclopédie*, et 6,936, d'après l'autre méthode; et à gauche le poids de l'ancre, ou 3,662 ou 3,468.

Il est bon de répéter ici que les poids cités dans cette table ne sont qu'approximatifs et beaucoup trop forts, d'après notre opinion.

| POIDS de L'ANCRE. | LONGUEUR de la VERGUE. | | LONGUEUR des BRAS. | | LARGEUR du COLLET. | | ÉPAISSEUR au COLLET. | |
|---|---|---|---|---|---|---|---|---|
| 2000 | 11 p. | 5 p. | 4 p. | 0 p. | 7 p. | 3 l. | 5 p. | 10 l. |
| 1900 | 11 | 2 | 3 | 11 | 7 | 0 | 5 | 9 |
| 1800 | 11 | 0 | 3 | 10 | 6 | 11 | 5 | 8 |
| 1700 | 10 | 8 | 3 | 8 | 6 | 7 | 5 | 6 |
| 1600 | 10 | 7 | 3 | 7 | 6 | 6 | 5 | 5 |
| 1500 | 10 | 4 | 3 | 6 | 6 | 3 | 5 | 5 |
| 1400 | 10 | 3 | 3 | 5 | 6 | 2 | 5 | 4 |
| 1300 | 10 | 1 | 3 | 4 | 6 | 0 | 5 | 3 |
| 1200 | 10 | 0 | 3 | 4 | 5 | 11 | 5 | 2 |
| 1100 | 9 | 10 | 3 | 3 | 5 | 9 | 5 | 1 |
| 1000 | 9 | 8 | 3 | 2 | 5 | 7 | 5 | 1 |
| 900 | 9 | 4 | 3 | 1 | 5 | 4 | 4 | 11 |
| 800 | 9 | 3 | 2 | 11 | 5 | 3 | 4 | 10 |
| 700 | 9 | 0 | 2 | 10 | 4 | 2 | 4 | 10 |
| 600 | 8 | 10 | 2 | 8 | 4 | 1 | 4 | 8 |
| 500 | 8 | 6 | 2 | 4 | 3 | 7 | 3 | 4 |

## TABLE DE LA PESANTEUR DES CABLES,
CONFORMÉMENT A L'USAGE DU PORT DE BREST.

| GROSSEUR en POUCES. | NOMBRE de FILS DE CARRET | POIDS D'UNE BRASSE EN LIVRES. | | POIDS DE LA PIÈCE DE 120 BRASSES |
|---|---|---|---|---|
| 10 | 504 | 19 | 05 | 2286 |
| 11 | 603 | 22 | 3 | 2276 |
| 12 | 720 | 26 | 9 | 3228 |
| 13 | 846 | 32 | 3 | 3874 |
| 14 | 981 | 36 | 3 | 4357 |
| 15 | 1125 | 40 | 4 | 4843 |
| 16 | 1287 | 46 | 3 | 5557 |
| 17 | 1449 | 52 | 9 | 6348 |
| 18 | 1620 | 59 | 9 | 7192 |

## GRÉEMENT.

Le gréement étant ce que le matelot connaît le mieux, nous n'en donnerons aucun détail particulier. Nous nous contenterons de quelques indications qui peuvent lui être utiles, tant pour la coupe des cordes que pour leur grosseur, lorsque, devenu véritablement matelot, il arrive à sortir de la foule pour entrer dans la maistrance.

Tout bâtiment doit être gréé avec force et solidité, et toujours son gréement doit être en rapport avec le nombre d'hommes qui doivent le manœuvrer, et les voyages qu'il est destiné à accomplir.

Un gréement trop lourd ajoute un poids à la mâture et au navire. Un gréement trop léger, beau sur les rades et bon à flatter les yeux de quiconque ne connaît pas la mer, est condamné par tout marin, qui y voit absence totale de la puissance qui ajoute à la force de l'équipage et à la promptitude des évolutions. Un juste milieu raisonnable doit donc être pris pour base, quand il s'agit de gréer un navire. En manœuvres courantes, tout ce qui est simple doit être préféré à tout ce qui est double, quand on peut le faire sans crainte ; car, si l'on est obligé d'appliquer une plus grande force, l'on obtient plus de vitesse et d'économie. En manœuvres dormantes, quand, avec une grosseur, on peut obtenir le point nécessaire de sécurité contre les plus grands efforts, tout l'excédant que l'on pourrait ajouter à cette grosseur, deviendrait poids de plus pour le navire et surplus de dépenses pour l'armement.

Nous recommandons donc tout ce qui est nécessaire à la solidité et toute la puissance ni plus ni moins grande qu'il faut avoir pour manœuvrer avec célérité.

### COUPE DES MANOEUVRES.

L'art de couper les cordes d'un gréement est assez important pour en donner une petite explication. Les fautes commises en coupant, soit en plus, soit en moins, ne laissent pas que de devenir très-onéreuses pour un armement, si leur nombre est considérable.

Cette opération se fait, dans les arsenaux de l'état, par un maître de l'atelier de la garniture; dans les ports de commerce, ce sont les maîtres d'équipage qui en sont chargés, sous la surveillance des capitaines.

Le maître chargé de la coupe d'un gréement, prend exactement les mesures de la longueur et de la largeur du navire, la longueur des mâts, vergues, etc., leur emplacement; puis, linéairement, il trace le plan du navire, en prenant, pour chaque dimension, la mesure exacte et proportionnelle sur une échelle, c'est-à-dire sur une ligne tracée et divisée arbitrairement en un certain nombre de parties égales représentant des pieds et des pouces. Ce plan étant achevé, il pourra procéder à la coupe de son gréement.

Soit, par exemple, un hauban à couper, qui doit passer dans une cosse placée sur la lisse. Le mât a

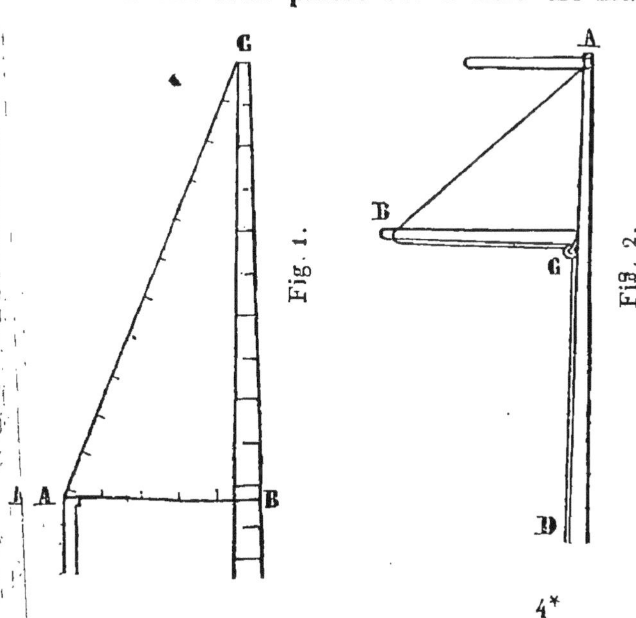


4*

52 pieds jusqu'à la hauteur de la lisse, en comptant chaque division pour deux pieds. On prend donc 52 pieds sur l'échelle, et on tire la ligne CB; de la lisse A au point B du mât, il y a 44 pieds. On trace AB, et on porte dessus 44 pieds. Maintenant, joignant le point A au point B, on aura AC qui, porté sur l'échelle, donnera 54 pieds pour la longueur du hauban, moins la longueur nécessaire pour faire le tour du capelage, le passage de la cosse et le bout pour faire l'amarrage.

Soit une écoute de hunier à mesurer : au moyen du devis du navire, vous tracez la fig. 2. L'écoute, en partant du point A, doit aller en B, puis en C, puis en D. Vous prenez successivement, avec une ouverture de compas, AB, DC et CD; puis, les portant sur votre échelle et ajoutant ensemble le nombre de pieds que chacune de ces lignes contient, vous aurez la longueur de l'écoute.

Ces deux exemples bien compris, on trouvera facilement, d'une manière analogue, la longueur de la corde que l'on voudra obtenir, et on pourra alors couper, sans avoir à craindre d'erreur, si toutefois on ne s'est pas trompé dans les dimensions qu'il fallait prendre, sur l'échelle et sur la construction des plans qui ont dû être tracés.

### GROSSEUR DES CORDES.

La grosseur des cordes est tout aussi variable que chacune des dimensions de la mâture : chaque pays a sa mode, chaque port son usage, et tous les calculs de la théorie n'ont encore pu fixer des lois invariables, parce que, chaque corderie employant des chanvres différents et des méthodes diverses de fabrication, les produits doivent nécessairement donner des résultats différents à la pratique. Ainsi, deux premiers brins de chanvre de Russie et de Piémont, par exemple, fabriqués d'une manière différente, l'un plus chargé de goudron que l'autre, ne demanderont pas même grosseur pour supporter le même poids. C'est donc à celui chargé de désigner la grosseur du cordage à employer, d'arriver, autant que possible, à celle qui convient le mieux à la qualité du chanvre et à sa fabrication. A force égale et à même usage, la plus petite corde doit toujours être préférée à la plus grosse.

Pour toutes les dimensions des manœuvres courantes et dormantes, nous renverrons à l'excellent ouvrage de M. Gisquel-Destouches ceux que leur instruction place au-dessus de cet ouvrage élémentaire.

La table des grosseurs de différentes manœuvres dormantes et courantes que nous plaçons ici, est déduite de la méthode nommée des deux-tiers ; quoique très-imparfaite, cette table peut servir de terme de comparaison : ayant égard à l'expérience acquise et à la qualité des cordages que l'on emploie, on pourra lui appliquer les modifications que l'on jugera à-propos, et obtenir à-peu-près les grosseurs convenables à son navire.

Nous ajoutons encore une petite table des grosseurs de quelques cordes données par l'*Encyclopédie*. On pourra ainsi comparer et juger, et se déterminer enfin, par approximation, à choisir ce qui doit être, à très-peu de chose près, la véritable dimension que l'on veut obtenir.

## PROPORTIONS DES MANOEUVRES D'UN BATIMENT,

### DÉDUITES DU MAITRE BAU.

Le maître-câble est égal à la moitié du bau réduite en pouces.

Les autres câbles ont un pouce de moins les uns que les autres, à l'exception du câble d'affourche, qui doit avoir les deux tiers du maître-câble.

Le plus gros grelin égale la moitié du maître-câble. Les autres un pouce de moins les uns que les autres.

Les orins égalent le tiers du câble. Les aussières sont de même grosseur que les grands haubans.

| NOMS DES MANOEUVRES. | GROSSEUR DES MANOEUVRES. |
| --- | --- |
| Grand étai. | 2/3 du maitre-câble. |
| Etai de misaine. | Dito. |
| Grand faux étai. | 2/3 du grand étai. |
| Faux étai de misaine. | Dito. |
| Estrope de moque d'étai | Dito. |
| Etai d'hune. | Dito. |
| Etai d'artimon. | Dito. |
| Etai de perroquet de fougue. | 2/3 de l'étai d'artimon. |
| Etai de perroquet. | 2/3 des étais d'hune. |
| Sous-barbe. | Dito. |
| Fausse sous-barbe. | 2/3 de la sous-barbe. |
| Grands haubans. | 2/3 du grand étai. |
| Haubans de misaine. | Dito. |
| Gailhaubans d'hune. | 2/3 des grands haubans. |
| Haubans d'artimon. | Dito. |
| Haubans d'hune. | 2/3 des gailhaubans. |
| Gailhaubans de perroquet et de perroquet de fougue. | Dito. |
| Haubans de perroquet. | Dito. |
| Rides des haubans et des gailhaubans. | La moitié des haubans et des gailhaubans. |
| Haubans de foc. | 2/3 des rides des grands haubans. |
| Dito clin foc. | 2/3 des haubans de foc. |
| Dito de beaupré. | 2/3 des grands haubans. |
| Gambe de revers. | Les haubans d'hune. |
| Balancines de basses vergues. | Dito. |

| NOMS DES MANOEUVRES. | GROSSEUR DES MANOEUVRES. |
| --- | --- |
| Balancines de hunier. | 2/3 des balancines de basses vergues. |
| Dito de perroquet de fougue. | 2/3 des balancines des huniers. |
| Dito de perroquet. | 2/3 des balancines de perroquet de fougue. |
| Drosses des basses vergues. | |
| Grands bras et bras de misaine. | 2/3 des grands haubans. Les rides des grands haubans. |
| Bras d'hune. | 2/3 du grand bras. |
| Bras barré et de perroquet de fougue. | 2/3 du bras d'hune. |
| Bras de perroquet. | 2/3 bras de perroquet de fougue. |
| Itagues d'hune. | Les haubans d'hune. |
| Dito de perroquet de fougue. | Les haubans de perroquet de fougue. |
| Dito de perroquet. | 2/3 itague de perroquet de fougue. |
| Grande écoute et écoute de misaine. | |
| Amures dito. | 2/3 des gailhaubans. |
| Ecoute d'hunes simples. | 2/3 des écoutes. |
| Dito de perroquet de fougue. | 2/3 des bas haubans. |
| Dito de perroquet. | 2/3 de la grande écoute. 2/3 écoute de perroquet de fougue. |

### Basses-Voiles.

| | |
| --- | --- |
| Cargue-points. | Rides des grands haubans |
| Boulines. | 2/3 dito. |
| Cargue-fonds. | 2/3 dito. |

| NOMS DES MANOEUVRES. | GROSSEUR DES MANOEUVRES. |
|---|---|
| *Huniers.* | |
| Cargue-points. | 2/3 cargue-point de basse-voile. |
| Boulines. | 2/3 dito. |
| Cargue-fonds. | 2/3 dito. |
| Cargue-points de perroquet de fougue. | 2/3 cargue-point du grand hunier. |
| Cargue-fonds. | 2/3 dito. |
| Itagues de palanquin. | Itague de grand perroquet |
| Cargue-points de perroquet. | 2/3 des cargue-points de perroquet de fougue. |
| *Focs.* | |
| Draille du grand foc. | 2/3 de la draille du petit foc. |
| Dito du petit foc. | Rides des grands haubans |
| Dito du clin foc. | 2/3 de la draille du grand. |
| Ecoutes des focs en double. | Les cargue-fonds d'hune. |
| Amures de foc. | 2/3 de la draille. |
| Hâle-bas. | 1/2 de la drisse. |
| Draille de la pouillouse. | Rides des bas haubans. |
| Drisse de la pouillouse. | 1/2 de la drisse. |
| Draille de la grand'voile d'étai. | Le faux étai d'hune. |
| Drisse dito. | 2/3 de la drisse de la pouillouse. |
| Ecoute dito. | Celle du grand foc. |
| Hâle-bas et cargues. | 1/2 de la drisse. |
| Draille de la contre-voile d'étai. | 2/3 du faux étai d'hune. |
| Drisse dito. | 2/3 de la drisse de la gr. voile d'étai. |

| NOMS DES MANOEUVRES. | GROSSEUR DES MANOEUVRES. |
| --- | --- |
| Ecoute de la contre-voile d'étai. | Celle du grand foc. |
| Levenez dito. | 2/3 de la drisse. |
| Drisse du foc d'artimon. | 1/2 de la cargue de la gr. voile d'étai. |
| Ecoute. | Dito. |
| Draille. | 2/3 de l'étai d'artimon. |

### *Brigantine.*

| | |
| --- | --- |
| Suspente de la corne. | Haubans d'artimon. |
| Martinet. | 1/2 de la suspente. |
| Balancines de guy. | Galhaubans de perroquet de fougue. |
| Pantoires de retenue. | Haubans d'artimon. |
| Palans de garde. | 2/3 des balancines. |
| Ecoute de la brigantine. | Le grand bras. |
| Dito de guy. | 2/3 dito. |
| Cargues de la brigantine | Celles du perroquet de fougue. |

### *Bonnettes basses.*

| | |
| --- | --- |
| Drisse en dehors. | 2/3 du grand bras. |
| Drisse en dedans. | 2/3 de celle d'en dehors. |

### *Bonnettes d'hune.*

| | |
| --- | --- |
| Drisse. | Celle de la bonnette basse en dedans. |
| Amures. | Drisse. |
| Ecoute. | 2/3 de l'amure. |

### *Bonnettes de perroquet.*

| | |
| --- | --- |
| Drisse. | 2/3 de celle d'hune. |
| Amure. | Dito. |
| Ecoute. | 1/2 de l'amure. |

| NOMS DES MANOEUVRES. | GROSSEUR DES MANOEUVRES. |
| --- | --- |
| Aussière. | Les grands haubans. |
| Bosse de bout. | L'aussière. |
| Serre-bosse. | 2/3 de la bosse debout. |
| Garan de capon. | Dito. |
| Guinderesses d'hune. | Les bas haubans. |
| Braguets. | Dito. |
| Tournevire. | 1/2 du câble. |

**GROSSEUR DE QUELQUES MANOEUVRES POUR UN NAVIRE A TROIS MATS DE 30 PIEDS DE BAU**
( D'après l'Encyclopédie ).

| *Mât d'artimon.* | pouces | *Perroquet de fougue.* | pouces |
| --- | --- | --- | --- |
| Etai. | 4 1/2 | Etai. | 2 3/4 |
| Hauban. | 4 | Hauban. | 2 |
| Rides. | 1 3/4 | Ride. | 1 |
| *Brigantine.* | | Itague. | 2 1/4 |
| | | Drisse. | 1 1/2 |
| Drisse. | 3 | Ecoutes. | 2 3/4 |
| Ecoute. | 1 3/4 | Bras. | 1 1/2 |
| Cargues. | 1 1/4 | Balancines. | 1 1/2 |
| Martinet en double. | 2 1/4 | Cargue-points. | 1 1/4 |
| | | Cargue-fonds. | 1 1/4 |
| | | Boulines. | 1 1/4 |
| *Vergue barrée.* | | Gailhaubans. | 2 1/4 |
| Bras simple. | 1 3/4 | *Grand mât.* | |
| Balancines simples. | 1 3/4 | Etai. | 11 1/4 |
| Marche-pieds. | 1 3/4 | Hauban. | 7 |

### Grand mât.

| | pouces |
|---|---|
| Ride de hauban. | 3 1/4 |
| Garan de caliorne | 3 3/4 |
| Ecoutes. | 4 1/2 |
| Bras. | 2 |
| Balancines doubl. | 2 |
| Cargue-points. | 2 1/4 |
| Cargue-fonds. | 1 3/4 |
| Cargue-boulines. | 1 3/4 |
| Balancines. | 2 3/4 |
| Gambes d'hune. | 2 3/4 |
| Marche-pieds. | 2 |
| Amures. | 6 1/4 |

### Grand hunier.

| | pouces |
|---|---|
| Etai. | 5 1/4 |
| Haubans. | 3 1/4 |
| Rides des haubans | 1 3/4 |
| Itague simple. | 3 1/4 |
| Gailhaubans. | 4 1/4 |
| Ecoutes. | 5 1/4 |
| Drisse. | 1 3/4 |
| Bras. | 2 |
| Balancines. | 2 1/4 |
| Cargue-points. | 2 |
| Cargue-fonds | 1 3/4 |
| Cargue-boulines. | 1 3/4 |
| Boulines. | 2 1/4 |

### Grand hunier.

| | pouces |
|---|---|
| Palanquin. | 1 1/2 |
| Itague. | 2 1/4 |
| Marche-pieds. | 1 3/4 |

### Mât de misaine.

| | pouces |
|---|---|
| Etai. | 10 1/4 |
| Collier de beaupré | » |
| Haubans. | 6 1/2 |
| Rides. | 3 1/4 |
| Garan de caliorne | 3 |
| Ecoutes. | 4 |
| Amures. | 6 |
| Bras. | 1 3/4 |

### Petit hunier.

| | pouces |
|---|---|
| Etai. | 5 |
| Haubans. | 3 1/4 |
| Gailhaubans. | 4 1/4 |
| Itague simple. | 3 |
| Drisse. | 1 3/4 |
| Ecoutes. | 5 |
| Bras. | 1 3/4 |
| Balancines. | 2 |
| Cargues. | 1 1/2 |
| Boulines. | 2 |
| Palanquins. | 1 1/4 |
| Marche-pieds. | 1 3/4 |

| | pouces | | pouces |
|---|---|---|---|
| Maître-câble. | 15 | Grand orin. | 6 |
| 2me câble. | 14 | Petit orin. | 4 |
| Gros grelin. | 7 | Bosse de bout. | 6 3/4 |
| Moyen grelin. | 6 1/2 | Garan de capon. | 3 1/4 |

## POULIAGE.

La poulie est une machine composée d'une caisse et d'un rouet qui tourne sur un essieu placé dans cette caisse enveloppée d'une estrope, soit en fer, soit en cordage. La rainure tracée sur la caisse et dans laquelle se met l'estrope est la goujure de la poulie. Il y a des rouets ou rias en fonte, en fer, en gayac, en porcelaine. Les essieux sont en bois ou en fer. Les rias en gayac ont généralement des dés en fonte ou en cuivre. Ces dés sont pour empêcher le ria de se manger. Ils sont encastrés au centre du ria et supportent les frottemens de l'essieu. Le trou du dé doit toujours être plus large que le diamètre de l'essieu.

Il y a deux principales formes de poulies : dans les unes, les rouets sont au bout les uns des autres, c'est-à-dire que la caisse est composée de deux caisses et de deux rouets. On les nomme poulies à violon. Dans les autres, les rouets sont à côté les uns des autres ; et, quel que soit leur nombre, ils sont supportés par le même essieu. Dans cette classe, il y a des poulies doubles, triples, suivant qu'elles ont deux ou trois rouets.

Quand une poulie ne contient qu'un essieu, elle est dite simple.

Voici les noms des poulies qui ont un caractère particulier ; généralement, ensuite, elles prennent le nom de l'emploi auquel elles servent :

Poulie simple à œillet, poulie simple à croc, poulie à fouet, poulie double à palan, poulie simple à palan ; poulie de caliorne à trois rias ; poulie de caliorne à deux rias, poulie de guinderesse avec estrope de fer et un croc, poulie double et simple à émerillon ou à tourniquet, avec estrope en fer et croc tournant ; poulie de capon, grosse poulie à trois rouets, avec estrope et croc en fer ; poulies d'apparaux, très-grosses poulies servant dans les travaux des ports, poulie coupée, dont la caisse est coupée d'un côté, de manière qu'on peut ôter la corde qui est placée sur le rouet, sans être obligé de la dépasser. Cette poulie a ordinairement estrope et croc en fer.

### DIMENSIONS DES POULIES.

En donnant ici les dimensions qu'on suit généralement dans les poulies, nous en ferons l'application sur un exemple, tout en prévenant que ces dimensions varient suivant les ports et les poulieurs, qui ont plus ou moins perfectionné leur art.

Outre la solidité du travail et la bonne qualité du bois, la construction d'une poulie repose toujours sur ce qu'elle doit être faite sur des proportions qui dépendent du cordage auquel elle est destinée, et, pour nous servir de l'expression consacrée : *à grosse poulie petit cordage*. Ce qui ne veut pas dire que la caisse soit très-grosse, mais bien que le cordage puisse aisément courir dans le canal du ria, afin de diminuer le frottement.

Supposons qu'on veuille faire un poulie simple pour un cordage qui aurait trois pouces de circonférence. Les différentes parties de la poulie devront être ainsi qu'il suit :

|  | Pouc. | Lig. |
|---|---|---|
| Le rouet de la poulie a pour diamètre deux fois la circonférence du cordage. (Cette proportion est un peu faible, les poulieurs l'augmentent.) .............. | 6 | » |
| L'épaisseur du rouet égale le tiers de la circonférence du cordage. (Proportion un peu faible.) ... | 2 | » |
| La canelure du rouet, pour recevoir le cordage, égale le 12ᵉ de l'épaisseur du rouet............ | » | 2 |
| La largeur de la caisse égale le diamètre du rouet, plus deux fois et demi son épaisseur........... | 8 | » |

Pouc. Lig.

La longueur égale sa largeur, plus trois fois et demie l'épaisseur du rouet..................... ... 15  »

La mortaise ou clan égale, pour sa longueur, le diamètre du rouet, plus deux fois et demie son épais. 11  »

L'épaisseur de la caisse, de chaque côté de la mortaise, égale l'épaisseur du rouet, en tout.......... 6  1

La largeur de la mortaise égale l'épaisseur du rouet, plus environ une demi-ligne de chaque côté. 2  1

L'engoujure, dessus la caisse, a le quart de l'épaisseur du rouet pour profondeur............. »  6

Le rouet ne se place pas au milieu de la mortaise. Il y a au-dessus de ce rouet une épaisseur et demie d'intervalle............. 2  6 au-dessus

Et au-dessous seulement une épaiss. 2  » au-dessous

Dans une poulie double, l'épaisseur entre deux mortaises égale les deux tiers de l'épaisseur du rouet; donc, pour un même cordage de trois pouces.......... 1  4

Ainsi, l'épaisseur de la poulie égalant l'épaisseur de deux mortaises, 4 pouces 2 lig., plus deux fois l'épaiss. du rouet de chaque côté de la caisse, ou 4 pouces, plus l'épaisseur entre les deux mortaises, 1 pouce 4 lig., est environ égale à cinq fois l'épaisseur du rouet..................... 10  »

L'épaisseur de la poulie triple est à-peu-près égale à sept fois cette épaisseur du rouet........... 14  »

Les moques n'ayant point de rias sont des espèces de caisses de poulies, percées d'un trou rond ou oblong, suivant l'usage qu'on veut en faire.

Il y avait autrefois des moques d'étai, des moques de sous-barbe, des moques d'araignées, etc., etc.; l'usage en est peu fréquent aujourd'hui.

Les margouillets ou cosses de bois sont de véritables petites moques.

Anciennement on faisait un plus grand usage de poulies qu'on ne le fait à présent que l'on perce des clans partout où il y a résistance suffisante dans les mâts et dans les vergues. Il nous a paru curieux de joindre ici le poids de la garniture en poulies, comme il existait autrefois.

| | | |
|---|---|---|
| Vaisseau de 120 .... | 50,000 liv. | ou 25 tonneaux. |
| 80 .... | 39,000 | ou 19,5 |
| 74 .... | 37,500 | ou 18,7 |
| 64 .... | 33,000 | ou 16,5 |
| 50 .... | 25,000 | ou 12,5 |
| Frégates de 30 .... | 15,000 | ou 7,5 |
| 24 .... | 12,000 | ou 6 |
| Corvettes de 18 .... | 8,000 | ou 4 |
| 12 .... | 7,000 | ou 3,5 |
| Grande gabarre .... | 7,000 | ou 3,5 |

### VOILURE.

Les voiles étant destinées à recevoir le choc du vent et à le transmettre au navire, il faut qu'elles soient assez fortes pour le supporter; devant être manœuvrées avec promptitude, la souplesse leur est nécessaire; trop grandes quelquefois par la force du vent, elles doivent être diminuées dans leurs surfaces, donc il leur faut de la légèreté.

Une voile est un assemblage de plusieurs largeurs de toile cousues en coutures plates ou rondes les unes avec les autres. Les voiles ont différentes figures relatives aux espèces de navires et aux endroits où elles doivent être placées. La configuration des voiles détermine trois sortes de voiles : les voiles carrées, les voiles auriques et les voiles latines. Les voiles carrées sont attachées à des vergues suspendues par le milieu ; les auriques ont quatre côtés comme les voiles carrées, mais deux côtés sont attachés ou lacés l'un sur une vergue, l'autre sur un mât. L'amure se trouve au pied du mât. La brigantine, les voiles de goëlette, de lougre, sont des voiles auriques. Les voiles latines sont triangulaires, c'est-à-dire ont trois côtés, comme les focs, les voiles à antennes et quelques voiles d'étai.

Les toiles qui servent à faire les voiles sont composées de fils de chanvre ; elles sont distinguées par leur force, leurs qualités ; et, suivant cette force et ces qualités, elles ont des noms particuliers tels que : Toiles à 6, 4, 3 ou 2 fils ; toiles-melis doubles, simples, rondelettes, etc., etc. La toile est dite à 6, 4, 3 et 2 fils, quand elle a 6, 4, 3 ou 2 fils de chaîne. La trame est toujours d'un seul fil, mais très-peu tourné. La toile est dite melis double ou simple, parce qu'elle est mêlée d'un fil de trame et d'un fil de chaîne ; mais celui de trame est toujours trois fois plus gros dans le melis double que celui de chaîne. La différence entre le melis double et le melis simple consiste dans la grosseur des fils.

Les toiles ont à-peu-près toujours de 18 à 30 pouces de large, et les pièces sont d'environ 55 aunes. Les principales manufactures françaises sont à Angers, Rennes et Brest. Il y a ensuite, en assez grand nombre, celles de toiles dites rurales. La Russie fournit sans contredit les meilleures toiles. En France, celles d'Angers sont remarquables par leur blancheur et passent au premier rang.

Les toiles d'Angleterre se distinguent par numéros ; c'est le nº 1 qui est le plus fort. Beaucoup de fabriques françaises suivent maintenant la même méthode.

Les proportions des voiles étant dépendantes des

mâts et des vergues, il est de nécessité, avant de procéder à la confection des voiles, de prendre la mesure
d'envergure, de chute au milieu et de chute à chaque
point d'écoute. Une voile bien faite est généralement
rare. Une condition essentielle est de bien faire la
planche ; car, dès qu'il y a sac, l'effet du vent sur la
voile est considérablement diminué.

Après la coupe, les laizes sont cousues ensemble,
l'une à côté de l'autre, dans une situation verticale.
Chaque list est cousu par une couture plate pour
les voiles principales. La couture ronde n'est employée
que pour les menues voiles et les tentes. Quand, après
fatigue d'une voile, on soupçonne une couture plate
d'être prête à larguer, on la repique par des points en
zig-zag entre les deux coutures.

Les voiles sont plus ou moins échancrées, pour faciliter leur bordage et en raison des objets sur lesquels la ralingue de fond est obligée de passer ; par
conséquent, les laizes de fond ont moins de longueur
que les laizes qui avoisinent les ralingues de chute.

L'assemblage des laizes a besoin d'être renforcé,
car quelque forte et quelque bonne que soit une toile,
elle ne pourrait bientôt plus résister aux efforts du
vent et aux secousses que donnent au navire le roulis
et le tangage, si l'on n'ajoutait pas à sa puissance de
plusieurs manières. Les côtés d'une voile sont entou-
rés d'une ralingue, forte corde moins commise que
le cordage ordinaire. La laize qui doit s'attacher à la
ralingue est garnie d'un ourlet pour recevoir le merlin
qui doit coudre cette ralingue. Cet ourlet, ou gaîne,
doit être beaucoup plus large à la ralingue d'envergure, parce que c'est dans cette gaîne que sont faits
les œillets dans lesquels doivent venir passer les ru-
bans de faix ou d'envergure.

Une seconde laize de toile double les bords laté-
raux de la voile ; elle est cousue en partie sur la gaîne
et en partie sur la voile. Des renforts de quelques
pieds sont cousus aux ralingues de chute et de fond

à tous les endroits où des manœuvres doivent occasionner des frottements dans les huniers ; des bandes
transversales sont placées pour le hâlage des palanquins ; enfin, on met des renforts aux empointures,
aux pattes de bouline et de cargue et à tous les points.
Chaque bande de ris est doublée, et l'on place sur
l'arrière des huniers et des perroquets un doublage
qu'on nomme tablier et qui est destiné à préserver la
voile du frottement des hunes et des barres.

Les ralingues consolident le tout. Le tiers de la ralingue est embrassée par la gaîne. La ralingue de faix
est ordinairement le tiers de la ralingue de chute.
Les ralingues sont liées ensemble par des épissures à
œillet où l'on place des cosses.

Garnir une voile, c'est la munir de ses rabans de
faix, d'empointure, de ses garcettes, de ses poulies de
palanquin, etc., etc. ; enfin, c'est la mettre en état
d'être enverguée, pour qu'il n'y ait plus qu'à frapper
et à amarrer toutes les cordes qui doivent la faire
manœuvrer.

### JAUGEAGE DES NAVIRES.

D'après la loi du 2 nivôse an ii (1er janvier 1794),
voici quels sont les éléments par lesquels on détermine le tonnage en France : On doit ajouter la longueur du pont, prise de tête en tête, à celle de l'étrave
à l'étambot, prendre la moitié de cette somme ; multiplier cette demi-somme par la plus grande largeur
du navire ou maître bau ; multiplier encore ce produit par la hauteur de la cale et de l'entrepont, et
diviser par 94.

Si le bâtiment n'a qu'un pont, multiplier la plus
grande largeur du navire ou maître bau par la longueur du navire, puis ce produit par la plus grande
hauteur ; diviser ensuite par 94.

La longueur de l'étrave à l'étambot doit être prise
sur la quille (décision du 8 mai 1794) ; la hauteur se

prend de planches sous planches, sans avoir égard ni à la carlingue ni aux barrots. Les coupées qui se trouvent dans les navires doivent être défalquées des calculs faits pour la jauge. (Décision du 5 septembre 1807.)

Toutes les dimensions pour la jauge doivent être prises intérieurement, et on ne doit négliger aucune fraction résultant de l'opération.

### CALCUL DE JAUGEAGE D'UN BATIMENT A DEUX PONTS.

Longueur de tête en tête.... 100 p. | somme 186 p.
Long<sup>r</sup> de l'étrave à l'étamb. 86 | 1/2 s. 98
Largeur au maître bau..... 26
Creux.................... 17

$$
\begin{array}{lr}
\text{1/2 somme des longueurs...} & 98 \text{ pieds.} \\
\text{A multiplier par la largeur..} & 26 \\
\hline
 & 588 \\
 & 1960 \\
\hline
 & 2548 \\
\text{Multiplier par la hauteur..} & 17 \\
\hline
 & 17836 \\
 & 25480 \\
\hline
 & 43316 \\
\text{Diviser par............} & \\
 & 571 \\
 & 76 \\
\end{array}
$$

Jauge du navire.. 460 tonn.

### CALCUL DE JAUGEAGE D'UN BATIMENT A UN PONT.

Longueur... 50 pieds.
Largeur .... 15
Hauteur.... 9

<pre>
        Longueur.          50 pieds.
A multiplier par larg<sup>r</sup>.    15
                        ─────────
                          250
                           50
                        ─────────
                          750
Multiplier par la h<sup>r</sup>..       9
                        ─────────
                         6750  │
Diviser par........            │  94
                          170  │─────────
                           86  │  71
</pre>

Jauge du navire à un pont. 71 tonn.  $\dfrac{86}{94}$

Le tonneau français, en poids, est de 2,000 livres, poids de marc, et de 1,000 kilog., reconnu par la loi. En encombrement, il vaut 42 pieds cubes, ou quatre barriques de Bordeaux. Il est bon d'observer que 2,000 livres poids de marc égalent 979 kilog.

### ARRIMAGE.

L'arrimage est l'art d'arranger tout ce qui doit entrer dans l'intérieur d'un navire.

Ce qui est commun au navire de guerre comme au bâtiment de commerce, c'est que la cale doit être bien nettoyée, les paracloses levées pour visiter toutes les lumières et tous les conduits qui doivent laisser couler l'eau aux pompes.

A bord d'un vaisseau de guerre, toutes les pesanteurs des différents objets qui doivent entrer dans la cale, sont distribuées à des places fixes qui ont été déterminées par l'ingénieur.

A bord d'un bâtiment de commerce, porter le plus possible, voilà le principal but. Puis, avec la plus grande charge qu'on puisse obtenir, faire en sorte que le navire conserve le plus grand nombre de qualités de marche et de stabilité ; l'arrimeur doit donc faire tous ses efforts pour combiner les poids de toutes les marchandises qui devront être embarquées, de façon que les plus légères soient sur les plus lourdes ; que celles-ci soient, autant que possible, éloignées des extrémités, pour éviter de rendre les tangages trop durs, et les marchandises assez soulevées au-dessus des petits fonds, pour empêcher les trop grands roulis. Enfin, l'arrimeur doit toujours faire en sorte de conserver, autant que possible, la différence du tirant d'eau de l'arrière à l'avant, telle que le constructeur a dû la donner en livrant le bâtiment.

Chaque port a ses réglements pour l'arrimage des marchandises, et l'inobservation de ces règles, devenant souvent une cause de perte grave pour le capitaine, qui est responsable des avaries causées par vice d'arrimage, nous donnons ici le réglement qui a force d'usage au Havre. En se conformant à ses prescriptions, on sera suffisamment en règle dans toutes les localités.

### ARRIMAGE D'APRÈS L'USAGE DE LA PLACE DU HAVRE.

*Sucre brut :* Un grenier de six pouces sous le bouge de la barrique, à partir du serrage, garniture dans les abords, pour empêcher le bouge de toucher à un serrage.

*Sucre terré en barrique, tabac en boucaux, caisses ou barils :* huit pouces ; dans les abords, un fort pouce de garniture.

*Café en fûts ou en sacs, indigo, cochenille, potasse, ballots de marchandises sèches :* un grenier de dix pouces ; en abord, pouce et demi de garniture.

*Coton :* six pouces de grenier en caillou ; les balles doivent porter sur planche ou merrain ; garniture en abord, trois quarts de pouce à un pouce.

*Savon :* un pouce et demi de grenier.

*Vin, eau-de-vie, rhum et tafia,* et généralement

tous liquides : le bouge des barriques ne doit point toucher au serrage ; toute barrique doit être sur sa bonde et garnie par quatre attints au collet, et sur chantier au premier plan, le bouge libre ; la garniture en abord doit empêcher le bouge de porter sur le serrage.

Toute barrique debout est regardée comme mal arrimée.

Les *cuirs* doivent être arrimés tête, ventre ou queue en abord ; le grenier élevé de dix pouces.

Tout lest susceptible d'avarier la marchandise n'est pas réputé grenier.

Tout navire avec entre-pont, les marchandises doivent être élevées sur grenier d'un pouce, et le bois mis en travers pour donner facilité aux eaux de se rendre aux orgues pratiquées en abord ; dans le cas où l'entre-pont ne serait pas calfaté, c'est-à-dire à claire-voie, il ne faut pas de grenier.

Tout logement d'équipage doit être bien calfaté et avoir des orgues tribord et babord pour l'écoulement des eaux, et la cloison une tringle de deux à trois pouces, bien calfatée, pour empêcher l'eau de se rendre dans l'entre-pont ou dans la cale, s'il n'y a pas d'entre-pont ; autrement, faute de cette précaution, toutes marchandises avariées, à la coupée, seraient pour le compte du capitaine.

Mêmes précautions pour la cambuse.

Le grenier à la couche ou ventrière, doit être de six pouces pour toutes marchandises, excepté le sucre brut, pour lequel quatre pouces suffisent.

Pour les liquides, il est entendu qu'il suffit que le bouge ne touche pas au serrage.

Dans les navires à fond plat, le grenier à la couche doit être de même hauteur que la carlingue. Le tour des mâts, des bittes et de l'archi-pompe, doivent être garnis avec du bois d'un pouce.

Tout navire doit avoir une archi-pompe.

Il est entendu que le bois servant de garniture en

abord, doit être assez rapproché pour que les marchandises ne touchent pas le long du bord; cette garniture est toujours préférable dans le sens des membres du navire.

## VIVRES.

Les vivres devant nécessairement trouver leur place dans l'arrimage, nous arrivons à ce qui les concerne. A bord des bâtiments de guerre, ils forment la très-grande partie de l'arrimage, en raison du grand nombre d'hommes et du long laps de temps qu'on peut rester à la mer. Quant aux bâtiments de commerce, quoique chose principale pour les hommes, ce n'est qu'accessoire pour l'arrimage, et on ne s'en occupe que pour leur réserver le plus petit espace possible.

L'endroit où doivent être mis le vin, l'eau-de-vie, l'eau, les barils qui contiennent de la saumure, demande beaucoup d'attention pour les marchandises qui pourraient les avoisiner ou être placées dessous; car le coulage pourrait avarier ces marchandises : leur position, toujours différente à bord de chaque navire de commerce, est donc toujours relative aux marchandises auprès desquelles ils peuvent être arrimés.

La quantité de vivres nécessaires à un navire devant être calculée à l'avance, et chaque matelot devant être instruit de la ration qui lui est allouée par la loi, tant pour qu'il ne soit pas frustré par une sotte avarice, que pour le rendre aussi reconnaissant de ce que, généralement, on lui accorde en sus de cette même loi, nous mettons ici le tableau des rations d'équipages, telles qu'elles ont été fixées par l'administration de la marine.

# RATIONS D'ÉQUIPAGE.

| COMPOSITIONS DES RATIONS. | | |
|---|---|---|
| | QUANTITÉS. | |
| NATURE DES DENRÉES DU BORD. | NOUVELLE MESURE. | ANCIENNE MESURE. |
| *Pain.* | grammes. | onces. |
| Farine d'armement.......... | 550 | |
| Pain frais en provenant....... | 750 | 24 |
| Biscuit ................. | 550 | 18 |
| *Boissons.* | centilitr. | pintes. |
| Vin de journalier............ | 69 | 3/4 |
| Vin de campagne .......... | 69 | 3/4 |
| Eau-de-vie ................ | 18 | 3/16 |
| *Nota.* En bière et en cidre, la ration est double du vin. | | |
| *Dîners.* | grammes. | onces. |
| Lard salé ................ | 180 | 6 |
| Bœuf salé................ | 250 | 8 |
| Morue.................. | 120 | 4 |
| Fromage................. | 90 | 3 |
| Légumes................. | 120 | 4 |
| *Soupers.* | grammes. | onces. |
| Légumes.................. | 120 | 4 |
| Riz .................... | 60 | 2 |

# RATIONS D'ÉQUIPAGE.

| DISTRIBUTION DES REPAS. | | | | | | |
|---|---|---|---|---|---|---|
| 1 mois 30 jours | 2 mois 60 jours. | 3 mois 90 jours. | 4 mois 120 jours. | 5 mois 150 jours. | 6 mois 180 jours. | |
| 10 | 20 | 30 | 40 | 50 | 60 | |
| 20 | 40 | 60 | 80 | 100 | 120 | |
| 30 | 60 | 90 | 120 | 150 | 180 | |
| 28 | 30 | 30 | 30 | 30 | 30 | |
| » | 27 | 35 | 84 | 112 | 140 | |
| 2 | 3 | 5 | 6 | 10 | 12 | |
| 30 | 60 | 90 | 120 | 150 | 180 | |
| 14 | 28 | 44 | 64 | 84 | 104 | |
| 6 | 12 | 16 | 16 | 16 | 16 | |
| 6 | 12 | 16 | 16 | 16 | 16 | |
| 3 | 6 | 9 | 25 | 27 | 27 | |
| 1 | 2 | 5 | 19 | 13 | 17 | |
| 30 | 60 | 90 | 120 | 150 | 180 | |
| 25 | 50 | 75 | 100 | 125 | 150 | |
| 5 | 10 | 15 | 20 | 25 | 30 | |
| 30 | 60 | 90 | 120 | 150 | 180 | |

En surplus des denrées qui entrent dans la composition des rations, on délivrera deux fois par semaine 30 grammes de choucroûte ou 15 grammes d'oseille confite.

*Assaisonnements.* — Huile d'olive, 18 grammes pour morue, 6 grammes pour riz ou légumes. Beurre : 15 grammes pour panade. Vinaigre : 3 centilitres pour morue ; 5 millilitres pour riz et légumes. On donnera en sus 5 millilitres de vinaigre par homme et par jour, pour aciduler l'eau des charniers, confectionner la moutarde, faire des aspersions dans le navire. Sel, 24 grammes par homme et par jour, pour panade, riz ou légumes ; graine de moutarde, 2 grammes pour chaque dîner de salaison ; poivre e piment, 15 grammes pour chaque panade, 15 centigrammes pour chaque dîner de salaison.

### OBSERVATIONS SUR LES VIVRES.

*Farine.* — Il convient qu'elle soit récente et fraîche. La farine humide se pelotonne et s'altère très-promptement par un travail de fermentation qui détruit le gluten et lui fait contracter une couleur piquetée, une odeur désagréable, une saveur aigrelette et comme savonneuse ; on dit alors que la farine est échauffée, piquée, etc.

Les insectes, tels que les blattes, les charençons, s'aperçoivent à l'œil nu ou armé de la loupe ; ils altèrent la farine en détruisant le gluten et en l'infectant de leurs cadavres.

Il importe de tenir la farine dans des barils bien tassés et placés à bord à l'abri de l'humidité.

*Pain.* — Plus le pétrissage est parfait, plus le pain est léger et facile à digérer. Le pain doit être bien cuit, le sel qu'on emploie à sa fabrication doit être de bonne qualité. Il faut que le levain ne soit pas trop acide. Les ustensiles de cuivre doivent être bannis de l'arsenal du boulanger.

*Biscuit.* — C'est un pain à demi-levé, desséché par une cuisson prolongée, confectionné de pure farine de froment exactement dépouillée de son. Le biscuit doit être de cuisson récente, d'une belle couleur jaune, sonore au choc, d'une cassure nette et brillante, gonflant considérablement dans l'eau, sans s'émietter ni gagner le fond du vase. Autant que possible, il doit être enfermé dans des soutes soigneusement entretenues.

*Légumes.* — Les haricots ou fayols, les fèves ou gourganes, et les pois, sont les légumes les plus usités pour la nourriture des équipages. Il convient de choisir les légumes récents, cueillis à maturité complète. Ils doivent avoir été soumis à l'étuve, qui leur enlève lentement leur humidité sans trop les durcir. On les conserve ensuite dans des futailles bien sèches et bien conditionnées.

*Salaisons.* — La principale des conditions est de choisir des viandes de qualité parfaite. Le plus possible, on doit se débarrasser des os qui, résistant à l'action du sel, pourraient causer la corruption de la chair. Le sel doit posséder certaines qualités intrinsèques : s'il est trop gros, il se fond trop lentement ; s'il est trop fin, il forme une croûte qui empêche la viande d'être pénétrée par la saumure. Il est essentiel que la viande soit bien tassée. L'action du sel prive la chair de bœuf de tous ses sucs et la réduit à la fibre sèche ; malgré toutes les précautions pour la préserver du contact de l'air, en la tenant plongée dans la saumure, cette viande se gâte promptement ; il est donc important de la choisir de bonne qualité et de la consommer vite. Le porc, soumis à l'action du sel, se durcit et se dessèche moins que le bœuf. Il est plus savoureux et se conserve plus long-temps, lorsqu'on prend les précautions convenables pour prévenir sa rancidité par le contact de l'air.

On doit savoir reconnaître la beauté de la viande : le tissu cellulaire doit être blanc ; la couleur jaune indique un degré de rancidité plus ou moins avancé ; la chair musculaire doit être rosée ; le rouge vif est quelquefois causé par le salpêtre uni au sel, ce qui, au reste, n'est pas dangereux. Une tige de bois, plongée à travers, doit offrir une odeur de chair fraîche que l'habitude apprend à reconnaître.

Les salaisons contenues dans des barils bien conditionnés, doivent baigner entièrement dans la saumure ; et, lorsqu'on met un baril en consommation, il importe de l'achever promptement.

*Morue salée ou desséchée*, est une assez bonne provision lorsqu'elle est fraîchement préparée. Elle s'altère promptement par la chaleur et l'humidité, ce qui fait qu'on doit se hâter de la consommer.

*Fromages secs*, tels que ceux de Gruyère, et surtout de Hollande ( tête de mort ), sont les seuls dont on puisse faire usage comme approvisionnement. Les fromages mous ne sont pas susceptibles de consommation ; le Gruyère lui-même est sujet à se moisir. Le fromage de Hollande doit être sec, convenablement salé ; il importe de le conserver à l'abri de l'humidité.

( Extrait de la *Médecine navale*, par Forget.)

## MANŒUVRES DES NAVIRES A L'ANCRE.

### MOUILLAGE SUR UNE SEULE ANCRE.

Lorsqu'un navire est mouillé, soit sur une côte, soit sur une rade, avec une seule ancre, il est présumable que le laps de temps qu'il restera dans cette position doit être de courte durée, et que, d'une autre part, il a tout l'espace nécessaire pour tourner autour de son ancre, ce qui ne peut empêcher d'arriver, soit en raison des vents, qui peuvent varier pendant son séjour à l'ancre, soit à cause des marées ou des courants. Dans les différents déplacements que le navire doit donc éprouver, il peut venir à passer sur son ancre, en la faisant cabaner et lui ôter tout point de résistance, dans le cas où un vent violent viendrait tout-à-coup à souffler. Soit par l'effet du calme, qui donne du mou dans le câble ; soit dans les mouvements de rotation autour de l'ancre, qui la forcent à tourner sur son bec inférieur ; soit en passant sur cette ancre dans un changement de vent ou de marée, on risque d'engager le câble autour de l'ancre, c'est-à-dire de la surjaler, et alors l'effort que fait le navire pour faire tête au vent et à la mer, déracine promptement le bec engagé dans le fond, et, l'ancre venant à céder, le navire est obligé de chasser et de mouiller une autre ancre.

Si donc on est forcé de mouiller sur une seule ancre, et qu'on soit obligé de rester quelque temps dans cette position, il faudra la lever très-souvent pour s'assurer qu'elle n'est pas surjalée, ou que le câble n'est pas endommagé.

Le navire devant tourner autour de son ancre, on fait en sorte que ce ne soit pas toujours du même côté; et, pour éviter les frottements du câble sur le fond, on fait en sorte de l'avoir toujours tendu. Pour arriver à ce but, on se sert à propos du perroquet de fougue orienté et masqué, de la brigantine, d'un foc et du gouvernail, pour peu qu'il y ait du courant, afin d'aider à prendre la position qu'on désire. S'il fait calme, on peut se faire éviter par le moyen des embarcations ou par des amarres élongées sur des points avoisinants, ou bien virer à pic et ne filer du câble que lorsqu'il pourra recommencer à travailler. Dans les fonds où les ancres s'enfouissent, non-seulement il y a nécessité de n'en jeter qu'une, mais il faut la relever de temps en temps, pour ne pas être obligé de l'abandonner, si elle venait à s'enfoncer par trop.

Dans un violent coup de vent, une seule bonne ancre avec une très-grande touée, peut étaler beaucoup mieux que plusieurs ancres à petite touée; d'autant plus que jamais ces ancres, mouillées dans des directions différentes, ne peuvent faire force ensemble. Dans ce cas, il faut rafraîchir le câble à l'écubier, en filant un peu de temps en temps. Ce câble doit être étalingué au pied du mât, et bien garni dans tous ses portages.

Sur une rade où il n'y a pas d'appareillage, outre les ancres qui doivent être parées au mouillage, il faut mettre en bas tout ce qui est susceptible d'y aller, brasser les vergues en pointe , dépasser les mâts de perroquet, pour offrir le moins de prise au vent ; enfin, être prêt à couper la mâture, si l'on en était réduit à cette extrémité. S'il y a moyen de mettre sous voiles, il faut que toutes les dispositions d'appareillage soient bien faites, pour que, si l'ancre venait à chasser ou le câble à casser, on pût de suite se mettre à l'abri de sa voilure.

### AFFOURCHAGE A L'ANCRE ET A LA VOILE.

Lorsque l'on doit séjourner sur une rade, on remédie aux inconvénients de rester sur une seule ancre, en s'affourchant sur deux. Le mot affourcher indique par lui-même que les deux câbles, dans cette manœuvre, figurent à-peu-près les dents d'une fourche en sortant des écubiers. Chaque rade a son affourchage particulier : cela dépend des vents, des courants, du gîsement de la côte et des inclinaisons du fond. Les ancres doivent être placées dans les deux directions d'où vous pouvez le plus avoir à craindre, et toujours disposées de manière à mettre le bâtiment en parfaite sécurité, aussitôt qu'il est répandu sur l'une des deux. L'expérience des lieux peut seule donner la manière particulière d'être affourché.

On affourche à l'ancre quand, après être mouillé, on fait porter par chaloupe une ancre dans une direction donnée. La seconde ancre mouillée, on embraque son câble à bord ; on file de l'autre , si cela est nécessaire ; et, lorsqu'on est arrivé à la longueur de bitture qu'on veut donner à son affourche, on bosse les câbles.

Lorsqu'on est mouillé par de très-petits fonds, le plus grand soin doit être apporté, pour que, dans les moments de basses marées, les évitages puissent toujours se faire de façon à ne pas rencontrer une de ses ancres, sur laquelle on pourrait se faire des avaries. De même, dans tout mouillage, il faut qu'il y ait toujours assez de mou dans les câbles pour que le navire ne vienne pas à les cintrer dans l'évitage.

Pour affourcher à la voile, on se porte, après avoir mouillé la première ancre, vers le point où doit tomber la seconde. A cet effet, on file du câble de la première ancre autant qu'il est nécessaire ; après on embraque sur celui-ci, et on file de l'autre, jusqu'à ce que l'on soit rendu au point nécessaire. Quoique les ancres doivent toujours être munies de leurs orins et de leurs bouées, il est toujours bien de faire un relèvement, afin de s'assurer de la véritable position du navire, et, par conséquent, de celle des ancres, par rapport à lui.

### OBSERVATIONS SUR L'AFFOURCHAGE.

Si l'affourchage remédie aux inconvénients d'être mouillé sur une seule ancre, d'un autre côté, cette manière de s'amarrer, tout en accordant plus de sécurité au navire, demande aussi beaucoup de soins et même de travail, pour conserver cette sécurité, et ne laisse pas que d'avoir son mauvais côté : un câble de plus à la mer, qui se rague avec l'autre ou avec le navire ; des tours à dépasser fréquemment, afin d'avoir toujours ses câbles bien clairs, dans le cas où il viendrait à surventer ; le temps que l'on est obligé de passer à la surveillance et au travail de ces câbles ; enfin, le sacrifice de deux ancres au lieu d'une dans le cas d'un appareillage forcé. En dépit de tout cela, la somme des avantages étant encore plus grande que celle des inconvénients, il faut préférer l'affourchage toutes les fois que l'on pourra se le permettre. On se tiendra bien clair dans ses câbles, et toujours disposé à désaffourcher, quand le besoin le demandera. Par le moyen des voiles ou de croupiats, on évitera ou on défera les tours à prendre ou les tours pris, en faisant prendre au navire telle ou telle position ; et, si l'on ne réussit par aucun de ces moyens, on dépassera les tours, soit avec une chaloupe, soit du bord même du navire. Quoique, dans quelques navigations, des bâtimens de commerce suppriment les chaloupes, comme à Bourbon, par exemple, où un navire devant être constamment en appareillage, la chaloupe ne peut être débarquée, quoique gênant considérablement à bord, il n'en est pas moins vrai qu'une chaloupe est de première nécessité à bord d'un navire, lorsqu'elle est assez forte pour remplir tous les services auxquels elle est destinée : comme d'élonger, lever les ancres, en porter même à un navire qui serait en détresse, se désaffourcher, quand on veut se préparer à mettre sous voiles. Sans pareille embarcation, on est souvent très-embarrassé pour la manœuvre de ses ancres, surtout pour les enlever d'une place que le navire ne peut approcher, et lorsque, le câble ayant cassé et l'orin coulé, on se trouve dans l'obligation de draguer l'ancre. Avec une chaloupe, on lève une ancre par l'orin ou par le câble ; on peut empenneller, mouiller des ancres à jet. Enfin, quand on le juge à propos, on peut s'assurer, par un coup sur l'orin, si l'ancre est bien posée sur son bec.

Quand on est à l'ancre, les câbles doivent toujours être bien dégagés, bien garnis aux écubiers, même à l'extérieur, pour éviter les frottements des croisées et des tours, et même près de l'ancre, pour empêcher le raguage sur le fond. Les poulies de capon, les caliornes, doivent toujours être prêtes, tous les soins doivent être donnés à la conservation des amarres, et tout bien disposé pour exécuter avec promptitude les travaux qu'elles nécessitent.

### SÉJOUR EN RADE.

C'est pendant le séjour sur rade que l'on doit préparer son gréement pour la mer, le renforcer dans toutes les parties qui seraient faibles, réparer ou remplacer tout ce qui serait avarié ou hors de service. La mâture doit être soigneusement visitée, surtout à ses jottereaux, bien coincée dans ses étambrais.

Les manœuvres dormantes doivent être rendues au point de ridage voulu pour la solidité des mâts, en ayant cependant égard à une certaine élasticité qui permette à la mâture de céder un peu sous l'effort du vent ; car, de même que le cheval, sous une allure, ne demande pas d'être continuellement serré en bride, mais seulement soutenu, de même aussi beaucoup de navires veulent une certaine aisance dans les rênes qui les contiennent.

Des paillets, des sangles, et tout ce qui contribue à préserver les cordes de l'usure par le frottement, sont distribués partout où besoin les requiert. Rien ne doit être négligé dans les plus petits détails, pour se garantir des avaries, et mettre chaque partie du tout en état de résister aux vents et à la mer.

## MANŒUVRES SOUS VOILES.

### APPAREILLAGES.

L'appareillage est la première manœuvre qui se présente à l'homme de mer. Ce qu'il a pu faire précédemment pour surveiller la construction, l'armement, l'arrimage, l'embarquement des provisions, etc., tout cela constituait l'acte préparatoire pour arriver au but qu'il se proposait d'atteindre. Maintenant, tous les outils de travail lui sont remis entre les mains, afin d'accomplir son œuvre. A lui à s'en bien servir. Nous supposons : 1° que le navire est désaffourché, et que, livré à ses propres forces et sans aucun secours étranger, il doive mettre sous voiles.

Nous examinerons l'appareillage sous les cinq cas suivants :

1° Debout au vent et sans courant ; 2° debout au vent et au courant ; 3° en travers au vent et au courant ; 4° debout au vent et non au courant ; 5° debout au courant et non au vent.

## APPAREILLER LORSQUE LE NAVIRE EST DEBOUT AU VENT, ET ABATTRE SUR TRIBORD, DANS UN ENDROIT OU IL N'Y A PAS DE COURANT.

On vire à pic sur son ancre, on largue, borde et hisse les huniers, et on brasse babord devant et tribord derrière. La barre étant à tribord, au moment de déplanter, on hisse le grand foc, pour aider à l'abattée. Le mouvement giratoire du navire étant fait, on borde, la brigantine, on dresse la barre, et l'on change devant.

Il est bon quelquefois de rester un peu en travers, pour caponner et traverser son ancre, qu'on a soin de placer au vent pour rendre plus facile sa mise en poste.

Si l'on voulait abattre sur babord, on mettrait la barre à babord, et l'on brasserait tribord devant, babord derrière.

## APPAREILLER LORSQUE LE NAVIRE EST DEBOUT AU VENT ET AU COURANT.

Cet appareillage s'exécute absolument comme le premier, en faisant seulement attention que le courant agit sur le gouvernail, comme si le navire allait de l'avant. Il faut donc mettre la barre à tribord, si l'on veut abattre sur babord, et à babord si l'abattée doit se faire sur tribord.

Si le mouvement du navire, en culant, était plus rapide que celui du courant, on mettrait alors la barre à tribord ou à babord, selon que l'abattée devrait être faite sur tribord ou sur babord.

## APPAREILLER LORSQUE LE NAVIRE EST EN TRAVERS AU VENT ET AU COURANT.

Le navire se trouvant tout disposé à recevoir le vent sur ses voiles, on appareille sous quelques-unes seulement, parce que, pouvant prendre vivement de l'air, il faut éviter de courir avant d'avoir son ancre en haut. Dans le premier moment, la barre se

met du bord du vent et du courant, pour empêcher
le gouvernail de s'opposer au mouvement d'abattée,
ou pour se défier du navire qui , en prenant de l'air,
pourrait arriver debout au vent , ce que l'on peut toujours prévenir en disposant ses voiles en conséquence.

### APPAREILLER QUAND LE NAVIRE EST DEBOUT AU VENT, MAIS NON AU COURANT.

Si le courant, sans venir directement avec le vent ,
se trouve néanmoins de son côté, l'appareillage devient facile, et rentre, pour la manœuvre, dans ce
que nous avons dit précédemment. Mais, si le courant vient de dessous le vent, l'appareillage devient
plus ou moins difficile, suivant la force de ce courant. Le vent, étant fort et le courant faible , il est
évident que celui-ci n'empêchera pas l'abattée; le
courant étant plus fort que le vent , il peut faire
franchir au navire la ligne du vent, et alors on revient pour l'appareillage, au cas où le vent et le
courant sont du même côté ; ou bien encore le courant appelle le navire debout à lui, et permet de
présenter ses voiles au vent. Mais si le vent et le courant sont d'égale force, ils peuvent se neutraliser,
et alors là existe toute la difficulté : dans cette supposition, il faut aider à l'une des deux forces, soit
du vent, soit du courant, par un croupiat amarré
sur quelque endroit du voisinage. S'il y a impossi-
bilité d'en trouver un qui soit favorable, il y a obligation de faire croupiat sur sa propre ancre, et de
suite de couper ou filer par le bout, si l'appareillage
est de nécessité absolue.

### APPAREILLER QUAND LE NAVIRE EST DEBOUT AU COURANT, MAIS NON AU VENT.

Lorsqu'il y a facilité d'abattre sous le vent, cet
appareillage devient facile. Etant à pic, on largue,
borde, oriente les huniers, de manière à garder le

vent dedans, et, aussitôt dérapé, on hisse le grand foc et on borde la brigantine. Le gouvernail doit être droit pendant l'appareillage, et ne mouvoir que pour maintenir la position du navire par rapport au vent. Mais, s'il y a nécessité d'abattre au vent, l'appareillage devient très-difficile et quelquefois inexécutable, si l'on n'a pas un équipage fort et nombreux, pour appléter vivement les voiles et profiter de la force du courant, afin d'envoyer vent devant par le moyen de sa barre : dans ce cas, si les voiles masquent bien, on coupe ou l'on file le câble, et, aussitôt rangé sur l'autre bord, on oriente partout.

Pour tenter cette manœuvre, il faut qu'il y ait urgence démontrée, car on risque beaucoup de ne pas réussir.

### REMARQUES GÉNÉRALES SUR LES APPAREILLAGES.

En marine, l'on ne peut donner que des préceptes généraux sur les manœuvres. Les effets de localités sont si variables, la mer elle-même tellement inconstante, capricieuse, bizarre, par toutes les causes qui contribuent à la présenter sous tel ou tel aspect, et sous des formes si variées et si puissantes, que c'est ensuite au marin de l'étudier par une constante pratique, et à agir avec elle suivant le temps et les circonstances.

Ce qu'il y a de constant pour tous les appareillages possibles, c'est la nécessité d'un accord parfait des forces de l'équipage, du silence et de l'attention à tout ce qui doit être commandé.

Les capons, les caliornes, les bosses debout, les serre-bosses, en général toutes les manœuvres bien affalées, pour que tout puisse courir avec facilité.

Dans tout appareillage, autant que faire se peut, il faut placer sous le vent l'ancre à traverser, afin d'avoir plus d'aisance pour la mettre au bossoir et empêcher le câble de s'abîmer sur l'étrave.

La voilure est établie suivant la force du vent, et

les ris doivent être pris avant de mettre sous voiles,
lorsque le temps les exige.

Quand, après avoir appareillé, l'ancre se trouve
encore éloignée du bord, ce qui arrive lorsqu'on a
mouillé par de grands fonds, il faut mettre en travers et ne faire route qu'après avoir remis l'ancre à
son poste. Une fois au large, les ancres sont détalin-
guées ; mais il faut avoir soin de ne cueillir les câbles
en bas qu'après les avoir lavés, brossés et leur avoir
donné le temps de sécher sur le pont. Mêmes précautions à prendre pour les grelins et les aussières dont
on se serait servi pour appareiller.

### DE LA PANNE.

La panne est l'art de disposer les voiles, de manière
qu'en se contrariant les unes les autres, elles rendent
le navire aussi immobile que possible, c'est-à-dire
qu'une fraction de la voilure tend à pousser de
l'avant et l'autre entraîne sur l'arrière, de manière que leurs efforts puissent se faire équilibre.
Mais, pour cette disposition, l'effort du vent agissant
sur le travers, il s'ensuit beaucoup de dérive ; de plus,
la barre, quoique dessous, n'empêche pas toujours les
arrivées ; alors, le navire prend de l'air, et, sentant
son gouvernail, revient au vent, puis arrive,
et continuant toujours ses arrivées et ses oloffées,
et celles-ci se trouvant plus petites que celles-là, il
s'ensuit qu'on tend toujours à tomber sous le vent.

### METTRE EN PANNE VENT DESSUS VENT DEDANS.

Etant orienté au plus près, sous les huniers, la
misaine, le grand foc et la brigantine, tribord ou
bâbord amures. On largue la bouline du vent d'un
des deux huniers ; on brasse au vent celui qu'on veut
mettre sur le mât, et on met la barre dessous.

Si le fard d'avant conservait le vent dans ses voiles,
et que le navire continuât à avoir de l'air, on mas-

querait le perroquet de fougue ou on carguerait la misaine.

Le choix entre le grand hunier et le petit hunier, pour mettre en panne, dépend de la position dans laquelle on se trouve. Au vent d'un navire ou de tout objet que l'on craint d'aborder, on choisit la panne sous le grand hunier. Si l'on est sous le vent, la panne sous le petit hunier est préférable, en raison de la facilité de se préserver de tout choc, en laissant arriver quand on le croit convenable.

**METTRE EN PANNE, LE VENT SUR TOUTES LES VOILES.**

Cette manière de mettre en panne est peu usitée. Elle consiste à masquer les trois huniers et à hâler bas les focs. On cule et on se tient dans cette position par le moyen du gouvernail. Cette panne est sujette à des embardées considérables. Ne s'employant guère que pour de courts instants, on obvie à ses inconvénients en se contentant de faire ralinguer les huniers.

La panne est une manœuvre facile à exécuter; cependant, il faut veiller à la mâture, parce que des huniers sur le mât peuvent la compromettre, quand il vente grand frais, et en outre porter attention aux grains et aux sautes de vent qui pourraient menacer le navire, s'il était obligé de les recevoir, lorsqu'étant masqué, il est sans puissance de gouvernail.

Pour faire servir, quand on est en travers et continuer sa route, la manœuvre est toute simple. Si l'on est sous le grand hunier, on le met en ralingue, on change la barre et on oriente ensuite. On peut aider à l'arrivée en carguant la brigantine ou ralinguant le perroquet de fougue.

Sous le petit hunier, les arrivées étant plus considérables que les oloffées, on met le vent dedans, et, par le moyen seul de la barre, on viendra se ranger au plus près du vent en prenant de l'air.

## VIREMENTS DE BORD.

Le virement de bord est la manœuvre qu'on exécute pour changer la route du navire, quand, étant au plus près du vent, on veut prendre les amures sur l'autre bord. On vire de bord vent devant et vent arrière ou lof pour lof.

### VIRER VENT DEVANT.

Cette manœuvre est, sans contredit, l'une des plus importantes dans l'art d'évoluer, quoique ce soit une de celles que le jeune marin apprenne le plus vîte dans son ensemble. Nous entrerons donc dans quelques détails, afin d'en mieux faire ressortir l'importance.

Lorsque le moment de virer est arrivé, l'officier commande pare à virer. Aussitôt on embraque les bras, boulines, amures et écoutes de dessous le vent, et on dispose toutes les manœuvres, de façon qu'elles puissent être parées à être larguées et filées. On donne du mou dans les drosses des basses vergues ; on dispose bien les cargues-points des basses voiles pour lever les lofs, et généralement toutes les cordes dont les glènes jetées sur le pont doivent être parées, de manière à courir sans être arrêtées par des coques.

L'instant pour envoyer vent devant, est celui où le navire ayant bon air, n'est ni trop arrivé ni trop au vent. Il n'est pas difficile de saisir cette bonne position du navire, et, aussitôt on borde la brigantine, et, si le navire est lâche, on file ou on hâle bas les focs. En même temps, le timonnier reçoit l'ordre de mettre la barre dessous. Le mouvement de rotation du navire tarde peu à faire fasier les voiles : c'est le moment de lever les lofs des basses voiles, afin de faciliter le brasseyage. Le navire, en obéissant à l'effet de son gouvernail, achève d'épuiser le reste de son air, et vient se ranger debout au vent. La barre est alors

5*

dressée, et on est arrivé au moment critique de l'évolution, dont l'accomplissement ne dépend plus que des voiles. On change derrière avec promptitude ; si le navire cule, on change aussi la barre, et l'on borde les focs au vent.

Les voiles d'avant tendant à faire arriver, on décharge devant, dès que le fard derrière commence à se remplir. Alors le navire reprend de l'air. On oriente au plus près derrière convenablement, on en fait autant sur l'avant, et le commandement de : Pare les cordes ou pare manœuvres ! annonce que le travail de l'évolution est terminé, et que le bâtiment a repris une nouvelle route.

### OBSERVATIONS.

Beaucoup de navires ne portent pas le petit foc en louvoyant. Nous sommes d'avis que le grand foc suffit. Le petit foc hâle peu de l'avant ; lorsqu'il est ramassé, le grand foc n'en porte que mieux.

Au moment de mettre la barre dessous et au commandement de : Adieu-va ! les uns filent les écoutes de foc, la bouline du petit hunier, et choquent l'écoute de misaine ; les autres ne consentent seulement pas à choquer un peu l'écoute de foc. Chacun peut avoir raison, suivant les formes et les qualités de son bâtiment. Les premiers agissent conséquemment pour les navires gros et courts, et qui tournent facilement ; mais, dans les navires longs et étroits, le mouvement de rotation étant plus long à s'effectuer, on tient, en virant, à conserver de l'air le plus long-temps possible : le virement de bord est plus long, mais on gagne beaucoup plus au vent. Ceux qui tiennent bon les focs veulent conserver la plus grande puissance au gouvernail, en profitant de la vîtesse du navire, et éviter de donner au beaupré ce frémissement causé par les battements des focs, et dont la communication au navire même peut contribuer à retarder son impulsion : dans ce cas, il faut bien connaître son navire et être assuré de tout l'espace nécessaire.

Au sujet de mettre la barre dessous, les avis se partagent entre un mouvement lent et un mouvement rapide. Quand on met la barre dessous en douceur, le circuit que l'on fait devient plus grand, et l'air du navire, se cassant au fur et à mesure, peut être arrivé à son terme au moment décisif de la manœuvre. En portant la barre dessous avec promptitude, on profite de toute la vîtesse du navire pour le placer promptement debout au vent.

Dans le second cas, il faut toujours avoir attention au choc de la lame, si la mer est grosse; car il pourrait en résulter un démâtage. Du reste, toutes les fois qu'on est obligé de virer vent devant, avec grand frais et grosse mer, il faut saisir le moment favorable; entre deux risées, par exemple, et éviter, autant que faire se peut, de rencontrer une lame en venant debout au vent, car, si l'on ne risque pas d'éprouver des avaries, on court du moins la chance de manquer son évolution.

Il peut arriver que, surpris inopinément par la terre ou par un danger, on se trouve dans l'obligation de virer vent devant, sans s'embarrasser de gagner au vent. Dans ce cas, comme il est de nécessité de casser promptement l'air du navire, on met de suite la barre sous le vent; on largue partout ensemble les écoutes de foc et de la misaine, on appuie le bras du petit hunier au vent, et l'on borde le guy autant que possible. Si le navire prend vent devant, on achève la manœuvre comme il a été décrit ci-dessus.

S'il y avait urgence de culer en virant de bord, on brasserait carré vivement partout, en filant les écoutes de foc et mettant la barre du bord sur lequel on voudrait abattre.

Il peut arriver aussi qu'après avoir manqué à virer plusieurs fois, et que n'ayant plus assez d'espace pour virer vent arrière, lorsqu'on est près d'une terre, on soit contraint de tenter une manœuvre désespérée. Dans ce cas, on mouille en envoyant vent devant : le navire fait tête, vient debout au vent, et, dans un de ses élans, on coupe le câble en aidant à l'abattée.

### VIRER DE BORD VENT ARRIÈRE OU LOF POUR LOF.

Pour exécuter cette évolution, on cargue la brigantine et la grande voile si l'on n'a pas un assez nombreux équipage ; on ralingue derrière et on met la barre au vent. Le navire un peu arrivé, on lève les lofs de misaine, puis on brasse carré devant, et, petit à petit, on oriente derrière sur le nouveau bord que l'on va prendre. La barre se dresse au fur et à mesure que le mouvement a lieu. Si l'on venait trop vite au vent, on s'empresserait de border les focs, attendant pour border la brigantine qu'on soit arrivé au point où le navire a terminé son mouvement de rotation. Rendu près du vent, on oriente au plus près partout, et l'on pare les cordes.

Si, par quelque circonstance que ce soit, l'on veut virer vent arrière le plus promptement possible, il faut subitement carguer la grande voile et la brigantine, ralinguer derrière, masquer devant et envoyer la barre dessous en filant les écoutes de foc. Arrivé de huit quarts, on brasse carré derrière pour donner un peu d'air au navire et lui aider avec le gouvernail à arriver tout-à-fait vent arrière. On achève ensuite l'évolution comme à l'ordinaire.

Des circonstances particulières peuvent apporter quelque changement à cette manœuvre. Si, par exemple, un danger se présente tout-à-coup, et que ce danger commence déjà à déborder au vent, il est impossible de loffer. Dans cette circonstance, il faudrait mettre la barre au vent, masquer tout-à-fait devant, traverser les focs, brasser carré derrière, après avoir cargué la brigantine. Le bâtiment vient alors à culer ; on change la barre, et on achève de virer vent arrière.

Si le navire vient à faire chapelle, aussitôt il cule ; on met la barre dessous, et on contrebrasse devant, en traversant les focs. Aussitôt arrivé, on rebrasse le petit hunier, et, quand le navire est revenu en route, on reborde les focs.

Si le temps est beau et que l'on soit au large, il arrive souvent que, pour ne pas fatiguer un équipage, on laisse le navire faire le tour en l'aidant seulement du gouvernail, de la brigantine carguée pour arriver plus facilement, et, la rebordant ensuite, en filant de l'écoute de foc pour revenir au vent.

### OBSERVATIONS GÉNÉRALES SUR LES VIREMENTS DE BORD.

Le virement de bord vent arrière ne pouvant avoir lieu sans faire un circuit plus ou moins grand sous le vent, le virement de bord vent devant est le seul à exécuter quand il s'agit de gagner au vent.

Quand la mer est très-grosse, le virement de bord vent devant ne devant être fait que dans une occasion forcée, on a recours au virement lof pour lof, qui alors doit être exécuté avec circonspection et lenteur, en raison de la lame contre laquelle le navire peut choquer avec force en allant à sa rencontre quand il vient au lof ; choc qui pourrait causer de violentes avaries. Il faut donc veiller l'embellie de la lame et une arrivée du navire pour mettre la barre au vent. Il est bon, avant tout, de carguer la grand'voile. Au fur et à mesure que le vent cule sur l'arrière, on brasse carré partout, on dresse la barre, et c'est avec la plus grande circonspection qu'on revient petit à petit sur l'autre bord. Dans cette manœuvre, perdre au vent devient généralement une chose secondaire ; ce que l'on considère comme principal, c'est d'arriver à prendre sur l'autre bord, sans éprouver aucun accident.

Dans les virements de bord, soit vent devant, soit vent arrière, la connaissance parfaite de son navire doit servir de guide pour le manœuvrer. Ce qui est très-bon pour l'un, réussit mal quelquefois pour un autre. Il faut donc bien l'étudier et le tâter pour avoir tout-à-fait confiance en lui, et dans ce cas même, la prudence commande, en maintes circonstances, de ne pas trop mettre cette confiance à l'épreuve. Le moindre effet de lame, le plus petit coup de barre, une légère avarie, soit dans la mâture, soit dans le gréement, peuvent faire manquer une évolution et jeter dans un péril imminent.

Dans tout louvoyage, quand il s'agit de gagner au vent, il faut porter attention aux changements de vent, en le tâtant de temps en temps ; observer les courants pour régler ses bordées, afin d'essayer toujours de les prendre en travers dessous le vent, pour faire drosser au vent ; la direction des lames, pour profiter de celle qui est la plus avantageuse ; ne point se guider ni sur la girouette, ni sur le penon, qui n'indiquent le vent qu'à-peu-près, mais bien sur le frisement des ralingues des huniers, qui marquent mieux que quoi que ce soit, quand on est bien orienté, si l'on est véritablement au plus près du vent ; cependant, toujours porter bon plein, pour ne rien perdre en vîtesse ; loffer dans les risées autant que possible, parce que souvent le vent adonne, et que le navire, ayant plus d'air, est plus capable de s'élancer dans le vent ; enfin, pour dernière recommandation, éviter de virer de bord trop près de terre, où des calmes, des courants inconnus pourraient apporter un désappointement funeste. Quant aux longueurs des bordées, considérées sous le seul rapport du navire, on peut dire qu'elles dépendent des qualités de ce navire. Si, en virant, il s'élance chaque fois dans le vent, on peut faire de fréquens virements de bord ; si, au contraire, il cule beaucoup, ce qui arrive le plus souvent, les bordées doivent être alors aussi longues que le permettent les autres circonstances d'où dépende le succès du louvoyage.

## DE LA CAPE.

La cape est la situation d'un navire qui se trouve obligé, par la force des vents contraires, de serrer la presque totalité de sa voilure, et d'attendre sous très-petite toile la fin du coup de vent, en s'efforçant de se tenir le plus possible debout au vent et à la mer.

La voilure choisie pour se mettre à la cape dépend beaucoup du navire et des mers dans lesquelles il se trouve. On a fait usage de cape sous la misaine, sous la grand'voile, sous le grand hunier aux bas ris, sous l'artimon et la pouillouse.

Nous allons dire quelques mots de chacune de ces capes, et présenter les avantages et les désavantages de chacune.

### CAPE SOUS LA MISAINE.

La cape sous la misaine est bonne pour arriver quand on le juge à propos. Mais, par les grandes arrivées qu'elle engage le navire à faire, elle augmente la dérive et l'expose aux coups de mer. Quand, après l'arrivée, le navire se trouve reprendre de l'air, il est rappelé vivement au vent par son gouvernail, dont la barre est dessous, et par conséquent il court au-devant de la lame qui arrive sur lui.

### CAPE SOUS LA GRAND'VOILE.

La cape sous la grand'voile occasionne moins de dérive que la précédente, en tenant le navire plus au vent; mais, s'il est nécessaire d'arriver, cela devient difficile, et une saute de vent peut obliger à la sacrifier.

Quant à arriver, on peut réussir en s'y prenant ainsi : On amarre un fort filin au-dessus de la grande vergue, et, dans un moment d'oloffée, on le raidit sur les bittons d'écoute du grand hunier; puis, profitant d'une arrivée, on met la barre au vent et on file la grande écoute. La partie de dessous le vent ne faisant plus aucune force, celle du vent, placée en avant du grand mât, tend naturellement à faire arriver. Si l'on voulait prendre la cape sur l'autre bord, il ne s'agirait plus que de larguer la bouline et de brasser au vent, aussitôt que le mouvement d'arrivée serait bien déterminé. Vent arrière, on amarre la grand' voile sur l'autre bord, on dresse la barre, et on vient au vent avec précaution.

Dans les deux manœuvres dont nous venons de parler, on peut s'aider du petit foc si on le juge convenable.

### SOUS LE GRAND HUNIER AUX BAS RIS.

Cette cape est une des plus professées dans les mers très-grosses, parce que la voile reste toujours pleine, et que, quoique faisant incliner davantage sous le vent, elle soutient généralement mieux le navire ; mais, ne pouvant jamais être assez orientée, elle ne place pas le navire assez dans le vent pour recevoir les coups de mer par l'avant. Du reste, quand il souffle en tourmente, il arrive encore qu'elle est trop élevée pour pouvoir être conservée.

### SOUS L'ARTIMON.

Pour l'artimon seulement, le navire se présente bien au vent, mais il n'est soutenu que par son arrière, et les oloffées peuvent faire choquer trop violemment les lames ; de plus, le navire n'étant pas appuyé, roule considérablement, et, venant à culer, il fatigue extraordinairement le gouvernail.

### SOUS L'ARTIMON ET LA VOILE D'ÉTAI DE MISAINE OU GOELETTE DE MISAINE.

Cette cape fait moins embarder que sous l'artimon, mais on dérive davantage. En y ajoutant le petit foc, on peut rouler un peu moins, et on est plus disposé à laisser arriver. Sous cette cape, on est presque toujours en travers, et les lames peuvent déferler de l'arrière à l'avant. Il reste une dernière cape, quand on ne peut plus porter aucunes voiles : c'est de rester à sec ; la barre dessous ; les mâts et les cordes servent de voilure.

### OBSERVATIONS SUR LA CAPE.

Chaque cape a son beau et mauvais côté; nous venons, en les passant en revue, d'énumérer les effets de chacune. La cape sous le grand hunier est celle que nous préférons, quand on peut la porter. Mais on ne peut se dissimuler tout ce qu'une saute de vent peut avoir de terrible avec une pareille voile. Etant moins à l'abri du vent, elle court plus de risque d'être emportée.

C'est à chacun à décider ce qui convient le mieux à son navire.

Dans tous les cas et dans toutes les capes, tout doit être fortement assujetti, doublé, triplé, si cela est nécessaire, et la barre ne doit pas être continuellement mise dessous. Il est bon qu'un ou deux hommes y soient toujours en surveillance, pour aider au navire, quand l'occasion s'en présente ; rien ne doit être négligé pour que la mâture et les vergues soient maintenues le mieux possible, et pour ne laisser en haut que ce qui est absolument indispensable.

Nous ne finirons pas l'article concernant la cape sans parler de ce qu'on nomme la cape courante, état de voilure où, malgré la force du vent, vous pouvez gouverner et faire un peu de route, en dépit de beaucoup de dérive.

### FUIR DEVANT LE TEMPS.

Nous n'entendons par fuir devant le temps que le cas seulement où un navire, fatiguant trop à la cape, ne peut plus véritablement la soutenir, et, en dépit de lui et malgré lui, se voit forcé de laisser arriver. Quelque temps qu'il puisse faire, un navire qui fait sa route ne fuit pas devant le temps. Il peut être gêné ;

il est possible et même probable qu'il demande un peu moins de violence dans le vent qui le pousse; mais enfin il a devant lui le point où il veut arriver; la tempête même lui est favorable dans sa course, et, en l'élevant rapidement dans d'autres parages, elle le sort elle-même de la région où elle règne. Pour le navire à la cape, il en est tout autrement. Si, obligé de quitter la cape, il laisse arriver, c'est sur un point quelconque de l'horizon; c'est pour un point opposé à celui d'où le vent se déchaîne, et ce point, ou l'éloigne de son but, ou même peut le placer dans une aussi triste situation. La force l'oblige à abandonner une position qu'il prévoit ne pouvoir qu'empirer; l'espoir le soutient en lui faisant espérer quelque amélioration de temps, en changeant de parages; et, en tout cas, le dernier point de la mer où il pourra s'établir ne peut être pis que celui qu'il abandonne.

Nous parlons ici du cas où la mer seulement et le navire combattent l'un contre l'autre.

Il arrive des circonstances où, drossé par des courants vers des côtes voisines, on se décide à laisser arriver; alors on fuit, non devant le temps, mais on fuit la côte, sur laquelle il pourrait arriver que l'on fût tout-à-fait affalé.

Sans chercher chicane aux expressions consacrées, nous dirons, en supposant qu'un navire se décide à arriver ou à fuir devant le temps, qu'on ne saurait trop prendre de précautions pour cette manœuvre qui, parfois, est réellement des plus dangereuses. Tout le monde doit être bien paré à la manœuvre : profitant d'une embellie de la mer et d'un moment où le vent semble s'écouter, on hisse le petit foc, soit entier, soit en partie; on met la barre au vent, après avoir brassé les vergues, comme si les voiles étaient déferlées. Si l'on ne pouvait arriver et qu'on se trouvât compromis, il n'y aurait pas à hésiter pour couper le mât d'artimon et même le grand mât, si le mouvement d'abattée ne s'exécutait pas assez promptement.

Si l'on est arrivé, on fuit sous le petit foc ou sous la misaine, son ris pris, ou même sous le grand hunier sur le ton, tous les ris pris.

Le choix de la voilure dépend de la hauteur de la mer et de la furie même du vent; comme règle générale, il faut faire le plus de toile possible, pour éviter d'être mangé par la mer, en nous servant de l'expression consacrée par le matelot; la misaine et le grand hunier, tous deux avec tous leurs ris pris, si on peut les supporter, ou le petit foc et le grand hunier, ou la misaine seule, ou encore le petit foc; on peut aussi se servir du petit hunier à la place du grand, mais il tend beaucoup à faire plonger le navire de l'avant. Les meilleurs timonniers doivent être à la barre, car tous les lans peuvent devenir funestes, toutes les manœuvres bien parées et chacun à son poste, pour parer aussitôt à tout événement imprévu.

Il y a des bâtiments qui ne peuvent fuir devant le temps, soit parce qu'ils sont trop ras, soit qu'ils ne marchent pas assez: alors, pour eux, il faut rester en cape ou la prendre, en faisant pour cela la manœuvre inverse de celle que nous avons décrite, lorsqu'étant en cape, on est forcé de laisser porter.

### MANOEUVRES POUR SONDER.

Sonder, c'est mesurer la profondeur de la mer dans l'endroit où l'on se trouve, pour en conclure le point estimé; si le fond est passablement grand, déterminer le chenal que l'on doit suivre pour arriver à la destination connue, ou bien s'assurer, dans des parages que l'on ne connaît pas, jusqu'où l'on pourrait conduire le bâtiment sans lui faire prendre terre.

La hauteur et la qualité du fond contribuent, dans les deux premiers cas, à déterminer la situation du navire.

Pour sonder dans un grand fond, on prépare premièrement la ligne de sonde, le plomb, la baille, la galoche que l'on frappe sur un des galhaubans de l'arrière, et, après avoir frappé le plomb sur la ligne, on le porte sur l'avant du navire, en le faisant passer en dehors du bord. Les plus gros plombs sont de 70 à 80 livres, pour sonder avec grand frais par 150 ou 160 brasses. Ceux dont on se sert le plus communément sont de 50 livres, avec lesquels on peut avoir le fond par 120 brasses.

Le plomb de sonde est creux dans sa base pour recevoir du suif destiné à rapporter un échantillon du fond.

Entre l'homme chargé de jeter le plomb sur l'avant et celui placé près de la galoche, plusieurs matelots prennent chacun une glène à la main. Le premier au plomb commence à glener, et ensuite chacun, de proche en proche, en allant de l'avant à l'arrière, de sorte que toutes les glènes réunies forment à-peu-près la profondeur présumée. Alors tout est prêt et l'on met en travers. Au moment où le bâtiment, après être venu au vent, est à-peu-près étale, on fait le commandement d'adieu-va ou laisse tomber ; le premier matelot jette le plomb, et file sa ligne au fur et à mesure que le plomb appelle ; lorsqu'il arrive près de ses dernières brasses, il recommande l'attention à son voisin en criant : Veille ! et ainsi de main en main jusqu'à ce que le plomb n'appelant plus, il arrive à toucher le fond. On marque la ligne à son aplomb, et, la passant dans la galoche, on hâle le plomb et l'on obtient la hauteur et la qualité du fond.

Si la mer était belle et que l'on fût par un fond moyen, on pourrait se contenter de venir en ralingue ; au moment où les voiles fasaient, on jette le plomb en carguant la brigantine et masquant le perroquet de fougue ; enfin, dans de petits fonds, en chenalant au travers des bancs, par exemple, on fait route en plaçant un homme en-dehors du bord, qui sonde en envoyant le plomb jusque sur l'avant du navire et chante le brassiage de cinq en cinq minutes ; pour cela il ne faut qu'un plomb de 7 à 8 livres.

On a imaginé plusieurs moyens mécaniques pour sonder avec plus de précision, et pouvoir bien déterminer la nature du fond : nous n'en parlerons pas.

## ATTÉRAGES.

Après avoir parlé de la sonde, nous nous trouvons tout naturellement engagés à donner quelques explications sur les attérages.

L'attérage exige toutes les précautions possibles, une erreur peut avoir été commise dans la longitude; des circonstances, appartenant au temps, peuvent empêcher toutes les observations, ou bien des courants peuvent avoir assez d'influence pour occasionner des différences assez considérables en très-peu de temps. Dans tous les cas, quelque assuré qu'on puisse être de son point, des précautions bien entendues doivent toujours être prises, sans cependant que ces précautions soient poussées jusqu'à une timidité excessive.

Lorsque le gîsement de la côte le permet, on se met en latitude à 30 ou 40 lieues du point sur lequel on veut établir sa reconnaissance, ce qui surtout est facile quand la côte court N. et S. Si elle courait E. et O., on l'attaquerait obliquement en venant reconnaître, à une distance raisonnable, un des points où l'on puisse se trouver au vent du port, soit à l'égard des vents, soit à l'égard des courants. De cette manière, on se dirige ensuite aisément vers le lieu de sa destination.

Sur l'attérage, on établit des vigies; on force de toile avant le coucher du soleil, puis ensuite on en diminue, ou l'on met en travers si la terre est présumée être à peu de distance, ou si la brume empêche de rien distinguer. Dans ce dernier cas, il faut redoubler de précaution et même reprendre le large, si l'on éprouvait quelque crainte pendant la nuit.

En arrivant sur l'attérage, les écubiers doiven; être débouchés, les ancres préparées et étalinguées t on frappe les orins et les bouées; les bittures sont prises, et tout est bien disposé pour le mouillage.

Dans quelques attérages on se sert d'un thermomètre marin qui indique la chaleur de l'eau, et, comme cette chaleur est plus ou moins grande, selon la profondeur de la mer et selon son éloignement de la terre, on peut en conclure des indices probables d'attérage, surtout si, ayant bien fait ces observations thermométriques, on peut les comparer à d'autres bien notées sur des cartes des mêmes parages.

### MOUILLAGES.

Le mouillage est le lieu sur lequel un navire peut laisser tomber l'ancre. Il y a des mouillages où il y a bonne tenue pour des ancres, mais qui ne sont pas à l'abri des vents; il y en a d'autres où, non exposés aux vents, les bâtiments se trouvent sur de mauvais fonds. Les meilleurs mouillages sont ceux qui réunissent un bon fond et un bon abri, sans posséder de violents courants.

En principe, toutes les fois que l'on se rend au mouillage, on a dû faire à bord tous les préparatifs nécessaires, et il est toujours entendu, du moins autant que possible, que c'est sous petites voiles que l'on navigue, afin de ne point embarrasser son équipage d'un trop grand nombre de travaux à exécuter dans le même moment.

Un peu avant d'arriver au lieu du mouillage, l'on fait peneau, si la mer est belle. Dans le cas où elle serait grosse, il faudrait attendre jusqu'au dernier instant, car nous avons vu, notamment sur la rade de Buénos-Ayres, l'ancre percer le bord d'un navire par l'effet des oscillations que la lame lui faisait éprouver.

On diminue la voilure, au fur et à mesure que l'on approche du mouillage, de manière à ne plus avoir d'air au moment de mouiller, car on risquerait de surjaler l'ancre; et l'on manœuvre toujours de façon à ne jamais tomber sous le vent de l'endroit où l'on voudrait mouiller, pour ne pas se donner le travail de deux mouillages, avant d'être amarré définitivement au lieu le plus convenable à la sécurité du navire.

### MOUILLER DE BEAU TEMPS, SANS COURANT ET AVEC COURANT.

*Au plus près.* — Étant à deux ou trois longueurs du mouillage que l'on veut prendre, on met la barre dessous, on hâle bas les focs, et on amène les huniers en les carguant de suite. On conserve la brigantine et le perroquet de fougue pour s'en servir à conserver son air, ou pour culer, si le cas était nécessaire. Au moment où le navire a perdu tout son air et qu'il commence à culer, on laisse tomber l'ancre, en filant du câble, pour lui donner le temps de prendre fond.

La longueur de la bitture est ordinairement trois ou quatre fois la hauteur du fond.

Une fois les câbles tournés, on cargue le perroquet de fougue et la brigantine.

*Avec vent arrière et vent largue.* — A quelques longueurs du mouillage, on vient au vent; les voiles fasient et bientôt se coiffent. On hâle bas les focs, on borde plat la brigantine; et, quand, sur son air, on est arrivé au lieu du mouillage, on mouille en carguant les huniers, ou, avant de mouiller, on cargue les huniers, ayant soin de conserver le perroquet de fougue, soit pour donner un peu d'air, soit pour culer; dans cette dernière supposition, on met la barre au vent, pour forcer le navire à revenir et à se tenir debout au vent.

S'il y avait du courant, il faudrait premièrement connaître sa direction. Si cette direction venait avec le vent, il y aurait même manœuvre à faire que précédemment, ayant égard que, si l'on est vent arrière, la vitesse du navire est augmentée de celle du courant; que, si l'on est grand largue, la vitesse n'augmente que d'une portion ; que, par le travers, le courant contribue à pousser le navire sous le vent ; et qu'enfin, au plus près, il contribue un peu à diminuer le sillage. On devra faire attention à toutes les autres directions intermédiaires que le courant pourrait prendre, et manœuvrer pour en profiter ou s'en méfier.

### MOUILLER D'UN TEMPS FORCÉ.

Étant sous la misaine et un des huniers, dans un temps forcé, on cargue et serre ses voiles à l'avance pour se rendre au mouillage à mâts et à cordes. A une certaine distance, on lance dans le vent par le moyen du gouvernail, et aussitôt le navire évité debout au vent, on mouille en filant beaucoup de câble et se servant de bosses cassantes toutes parées d'avance. La deuxième ancre se mouille, si la première ne suffit pas.

Le vent et la mer étant supposés dans une grande force, la bitture doit être assez longue pour que le câble mouillé fasse le plus petit angle avec le fond.

Lorsque, forcé par le temps, il faut mouiller à un poste trop rapproché pour permettre d'y arriver avant d'avoir usé l'air du bâtiment, on mouille à une distance convenable une ancre dont le câble vient par l'arrière et sur lequel on a frappé un certain nombre de bosses cassantes. De cette manière on amortit son air et l'on mouille ensuite comme dans le cas précédent.

### OBSERVATIONS GÉNÉRALES SUR LES MOUILLAGES.

Après avoir parlé des mouillages comme ils se présentent assez généralement, nous dirons quelques mots sur certains cas particuliers ou extraordinaires.

Un navire peut être affalé sur une côte et ne pouvoir s'en relever. Obligé de mouiller, il prépare toutes ses ancres, serre ses voiles, et, sous l'artimon et le petit foc, il vient faire tomber sa première ancre à la place qu'il juge le plus convenable, puis une seconde, puis une troisième, en filant successivement de chaque câble, de manière à les faire travailler toutes ensemble. Il faut faire en sorte que ces ancres ne soient pas toutes mouillées dans une seule et même direction, afin qu'en chassant, elles ne puissent se nuire les unes aux autres, mais bien de manière que ces directions diffèrent peu entr'elles. Une fois les câbles amarrés aux pieds des mâts et fourrées aux écubiers, on amène sur le pont tout ce qui est susceptible de venir en bas, et on fait tous les préparatifs nécessaires pour couper la mâture, afin de soulager les câbles, si la sûreté du navire le demandait pour alléger.

Un navire qui veut mouiller en présentant un côté à un objet désigné, passe un grelin par l'arrière et du bord que l'on veut présenter, et puis ce grelin est étalingué sur l'ancre de mouillage. L'ancre étant au fond, il ne reste plus qu'à filer ou embraquer le câble ou le grelin.

On mouille en pagale, quand, par une circonstance fortuite, on amène précipitamment ses voiles et qu'on laisse tomber l'ancre le plus promptement possible ; en créance, quand on envoie sa chaloupe porter une ancre à un endroit désigné, et rapporter le bout du câble à bord ; en croupière, lorsque le câble vient par l'arrière ; enfin, on est mouillé en barbe, lorsque les deux ancres tombent ensemble et sont dans une même direction.

Nous finirons cet article sur les mouillages, en ajoutant qu'à moins d'un fond qui vous soit parfaitement connu, il est toujours prudent de donner un coup de plomb avant de mouiller, afin de s'assurer du brassiage et de la qualité du fond.

## MANŒUVRES PARTICULIÈRES A BORD.

### ÉTABLIR ET CARGUER UNE GRAND'VOILE.

Pour établir une grand'voile par un fort vent,

on commence par larguer la partie du vent. On
amure en filant au fur et à mesure les cargues ; puis
ensuite on borde, en ayant soin de faire fasier la
voile pendant ces deux opérations. Il ne reste plus
après qu'à orienter convenablement.

Pour carguer la grand'voile, c'est la manœuvre
inverse. On commence sous le vent, et ensuite au
vent, en ne larguant la bouline que peu à peu et filant l'amure en douceur. Les cargues étant à joindre,
on assujettit les vergues et on serre promptement.

### APPAREILLER ET CARGUER UN HUNIER.

Pour appareiller un hunier, de mauvais temps, on
le brasse de manière à recevoir le vent dedans ; on
borde sous le vent et ensuite au vent, en se servant
d'un palan frappé sur l'écoute, si cela est de nécessité,
pour la mettre à joindre.

Pour le carguer, on se place au vent, après avoir
bien amarré le bras du vent ; puis on cargue partout
à joindre, en filant la bouline en douceur. Ensuite
on en fait autant sous le vent.

### PRENDRE DES RIS DANS UN HUNIER.

Prendre des ris dans un hunier, c'est diminuer la
surface de la toile. Pour cela, on amène le hunier en
pesant sur les cargue-points. On brasse le hunier au
vent en larguant la bouline, de manière qu'il soit à-
peu-près en ralingue, pour faciliter aux hommes à
crocher dans la toile, mais de manière à ce que le
hunier ne puisse jamais s'enfler ; de peur d'arracher
la toile de la main des hommes et de risquer même
d'en faire tomber à la mer.

Les bras tournés bien raides, on pèse les palanquins et les balancines, et les hommes étant rangés
sur la vergue, ils font effort ensemble pour porter la
toile au vent, afin de faciliter à prendre l'empointure.
Cette empointure prise, on reporte la toile sous le
vent, ce que toujours le vent favorise ; puis, pendant

qu'on prend l'empointure de dessous le vent, on ramasse la toile plis par plis. On amarre les garcettes, en ayant soin de les souquer, celles du premier ris sur l'avant, celles du second sur l'arrière, et celles du troisième entre les deux premières, de manière que, vus de l'arrière de la vergue, les ris pris soient invisibles. On doit avoir attention de n'engager ni écoutes ni marche-pieds. Les hommes étant rentrés en-dedans, on donne du mou dans les palanquins et les balancines, et l'on hisse et oriente le hunier.

Vent arrière, on est obligé de carguer le hunier en l'étouffant bien avec les cargue-fonds, et de brasser en pointe le plus possible. Les ris, ensuite, se prennent comme à l'ordinaire. Dans tous les cas, l'homme de barre doit gouverner avec soin et attention.

Larguer les ris est l'opération inverse de la précédente. On amène un peu le hunier, on raidit bien les palanquins, et l'on brasse la vergue en ralingue. Alors, commençant par le centre de la voile, on dénoue les garcettes en allant vers les empointures, qu'on largue ensuite ensemble, après s'être prévenu.

Quant à toutes les autres manœuvres particulières qui s'exécutent à bord d'un navire, la pratique étant véritablement nécessaire pour les bien concevoir, nous les passerons d'autant plus volontiers sous silence, qu'en voulant en donner une idée, nous dépasserions de beaucoup les bornes que nous nous sommes prescrites dans ce petit traité élémentaire.

---

## BATEAUX A VAPEUR.

La navigation par la vapeur, cette création si nouvelle du génie de l'homme, prend tous les jours un tel accroissement et les manœuvres de ces bateaux sont encore si peu répandues, que nous croyons être utiles aux marins en leur donnant les moyens de s'employer dans cette nouvelle industrie, qui tend à s'emparer du cabotage et du service de toutes les rivières navigables de l'intérieur, en attendant une conquête plus importante, celle de la navigation hauturière.

Autant que possible, il faudrait que le commandant d'un navire à vapeur fût instruit, non seulement de la construction de ces sortes de bâtiments, mais bien encore qu'il connût parfaitement bien tout le système des machines, pour bien apprécier tout l'effet de la vapeur, afin de ne pas se trouver, dans maintes et maintes circonstances importantes, sous la dépendance des mécaniciens, dont l'ignorance, en fait d'événements de mer, vient souvent se mettre en contradiction avec les manœuvres de l'homme véritablement marin. Mais cette instruction demandant une étude particulière, nous serons obligés de la renvoyer aux ouvrages spéciaux, notre but n'étant ici que d'en parler d'une manière extrêmement abrégée et simplement sous le rapport marin.

Un bateau à vapeur est principalement destiné à recevoir d'une machine à vapeur l'impulsion qui doit le faire marcher. Les qualités particulières du bateau à vapeur marin sont : 1° d'être à même de supprimer les ailes des roues quand il y a lieu d'aller à la voile ; 2° d'avoir assez de stabilité pour profiter d'un bon vent avec ou sans le secours des machines ; 3° qu'un tel bateau puisse au moins filer sept nœuds, par l'effet de sa machine, ayant à bord la quantité de combustible et de vivres nécessaires au voyage qu'il doit entreprendre ; 4° que les chaudières soient en cuivre, sans adjonction de parties de fer, et qu'on puisse établir autour d'elles des greniers à charbon qui, tout en les garantissant des chocs, n'empêchent pas la libre circulation pour les nettoyer ou les visiter.

### INSTALLATION DE LA MATURE ET DU GRÉEMENT D'UN BATEAU A VAPEUR.

La mâture et le gréement, qui se rattachent nécessairement à la voilure, ne sont pas d'une considération principale dans un bateau à vapeur ; mais, tant sous le rapport de l'économie du combustible que sous celui des avaries qui peuvent arriver aux machines, la voilure, quoique secondaire, pouvant apporter son tribut de force et de secours, nous allons donner les principales règles sur lesquelles repose son installation.

Partant du principe que la voilure n'est qu'un accessoire, la mâture devra être petite et subordonnée, pour son emplacement comme pour le nombre de ses mâts, à l'emplacement des machines et à la longueur du bateau. Les vergues, proportionnées aux mâts, sont ordinairement faites pour soutenir des goëlettes ou des voiles latines. Dans les bateaux de certaine grandeur, on place des mâts de hune avec leur hunier. Le gréement doit être aussi léger que possible, afin de ne point être un objet de résistance au vent, le principal but des steamers ou bateaux à vapeur étant de se diriger contre le vent même. Les haubans doivent être de même grosseur que ceux d'un bâtiment à voiles de même tonnage, seulement il y en aura moitié moins ; celui d'avant et celui d'arrière doivent être disposés de manière à être volans. Les étais sont de moindre dimension ; et toutes les poulies nécessaires aux manœuvres devront être armées d'estropes et de crocs en fer, aiguillettées de manière à être envoyées en bas à volonté, et leurs dimensions proportionnées à l'usage auquel elles doivent être employées ; il faut aussi que toutes les poulies des manœuvres courantes soient assez larges dans leurs rias pour que celles-ci puissent être dépassées facilement quand on marche debout au vent. Le beaupré s'élevant peu au-dessus de la coque du navire, il n'y a nulle objection à le consolider aussi bien que possible ; d'autant plus qu'il peut avoir à supporter l'effort des lames. Les sous-barbes devront être doubles et plus grosses que celles d'un bâtiment de même tonnage ; on y mettra double liure, et au-dessus une bonne semelle ou clef en chêne. Le boute-dehors de beaupré sera fortement garni de haubans venant sur le gaillard d'avant, de manière à pouvoir être rentré vivement en-dedans et placé sur le pont. Les basses vergues seront constamment tenues sur drisses pour être amenées et hissées à volonté. Le gréement des mâts de hune, si l'on en emploie, viendra sur le pont. Si les mâts d'hune viennent en bas, leur gréement devra les suivre. Les barres d'hune devront être construites de façon à avoir des entailles ou engoujures que l'on ouvre et ferme à volonté, et non des trous pour y passer les haubans.

Enfin, toutes les parties du gréement doivent être disposées pour être enlevées rapidement et pour n'offrir au vent que la plus petite résistance possible.

Les ancres, pour un bateau à vapeur, doivent être beaucoup moins fortes que pour un bâtiment à voiles de même grandeur. Son fard présente moins de prise au vent ; sa longueur le rend plus susceptible de bien se comporter à l'ancre, et son peu de tirant d'eau lui est encore avantageux.

Les câbles doivent être en fer ; on les renferme dans des caisses qui servent alors de lest volant. Il est nécessaire de bien veiller à l'arrimage du bateau, pour qu'il soit constamment bien droit, afin que la résistance puisse être la même sur les aubes des roues. Les Anglais ont inventé un instrument à cet effet ; nous ignorons si son usage est beaucoup répandu en France.

### MANIÈRE DE GOUVERNÉR.

Le timonier doit être versé dans l'art de gouverner ; il devrait même être capable, par le seul toucher de la main sur les poignées de la roue, de décider du mouvement à donner, sans être obligé de regarder au compas ni sur aucun objet coïncidant avec le cap du navire. Avec calme et petite brise, on se sert d'une petite barre. Vent arrière, on gouverne à-peu-près comme à bord de tout autre bâtiment. Grand largue, on doit faire attention à balancer la voilure pour que le gouvernail n'en souffre pas. Quand on est debout à la lame et au grand vent, il faut veiller à mollir la barre à propos, à bien maintenir le bateau debout au vent, s'opposer à temps à la lame, en la divisant pour que son choc ne prenne pas par un des bossoirs et ne vienne à jeter hors de la route; enfin, prendre toutes les précautions qu'une longue pratique et l'expérience peuvent seules faire acquérir.

### SORTIE ET ENTRÉE D'UN PORT.

Les steamers ont un avantage particulier pour sortir d'un port et y entrer, et ils peuvent affronter le vent et la marée quelles que soient leurs directions.

*Pour la sortie.* — Si le vent est modéré et que la vapeur soit prête, tout ce qui est nécessaire, c'est de tourner l'avant vers la mer ou dans la direction désirée; la vapeur agit ensuite. On doit faire attention à ne pas filer plus de cinq nœuds, afin de prévenir les accidents qu'on pourrait causer aux embarcations qui entrent et sortent. Le pilote ou un homme sera placé en veille, et personne autre que lui ne parlera au timonier, tandis que personne de l'équipage ne viendra s'interposer de façon à empêcher la vue de ce qui peut se présenter devant le bateau. Une ancre doit être prête en cas d'accident, et le mécanicien sera prêt, à tout événement, à ralentir la vapeur, à aller de l'arrière ou à l'arrêter tout-à-fait. Toutes les voiles dont on pourrait avoir besoin devront être parées.

Quand il y a une barre à traverser, on devra s'en approcher avec prudence; mais aussitôt qu'on sera certain qu'il y a assez d'eau pour passer, et qu'on aura pris la détermination de le faire, on devra agir avec toute vapeur pour ne rester sur la barre que le moins de temps possible, et aussi pour diminuer le tangage, ce qui, par conséquent, concourt à faire franchir la barre sans toucher sur elle.

*Pour l'entrée.* — Le steamer peut approcher de toute côte ou port sans aucune crainte, et pourra calculer avec précision le moment de son entrée. S'il arrivait avec de la brume ou du temps forcé, il pourrait se tenir au large pendant quelques heures de la nuit, après laquelle il pourra braver tous les dangers qui pourraient s'offrir. Si nous supposons maintenant qu'un staemer soit sur le point de donner dans le port, il devra avoir préparé de bonne heure ses défenses et toutes ses cordes, tenir prêtes toutes choses, suivant la coutume, et, le chenal étant bien choisi, il entrera en se réglant sur une vitesse d'environ cinq nœuds. Si le port a une barre, il augmentera sa marche et mollira sa vapeur après l'avoir passée.

Si l'entrée du port se trouve être entre des jetées de pierre, et si le vent et la marée traversent l'entrée de ce port, la précaution et l'adresse sont nécessaires pour bien donner dedans. Pour gagner l'entrée, il faut maintenir l'avant au vent de la jetée, en gouvernant pour traverser le vent et le courant, et conservant toujours les mêmes relèvements, paraître comme si on voulait en passer au vent, jusqu'à ce qu'il soit temps de le placer sous le vent. Ce temps arrivé, on met la barre au vent, et l'avant se présente entre les jetées. C'est le moment difficile de cette manœuvre, parce que, l'avant étant dans le remoux et l'arrière dans le fort du courant, il faudra contre-agir avec la barre, pour éviter d'accoster les jetées de dessous le vent.

En gouvernant dans un étroit chenal ou en passant crque deux navires, il faudra ralentir la vapeur, pour al pousser ensuite selon qu'on le jugera convenable. On se hâle ensuite en travers le quai, soit par l'arrière, soit par l'avant, en se servant de la vapeur pour avancer ou reculer, et aidant avec le gouvernail, ce qui ne nécessitera pas le besoin d'élonger des amarres.

## NAVIGATION AVEC VAPEUR ET VOILES.

Aussitôt qu'une jolie brise vient de s'élever avec belle mer, on peut en profiter, dès qu'elle se trouve à quatre quarts de la route. On met en bas les voiles carrées, et on appareille les voiles en pointe. Cette voilure aidera au gouvernail, et permettra aux machines d'agir plus régulièrement.

Si la brise hâle l'arrière, elle doit être prise en considération. Quand la vîtesse du bateau n'est pas plus grande que la force du vent, ce dont on peut s'apercevoir par le penon ou par la fumée, on appareille quelques voiles pour soutenir le navire et l'empêcher de rouler, ce qui est toujours préjudiciable à l'action des roues.

Quand le vent est droit arrière, les voiles carrées ne devront être mises dehors que quand il y aura assez de vent pour les remplir, et on ne devra en établir qu'à un seul mât, lorsque sur deux les unes pourraient faire déventer les autres.

Par un grand vent, tout ce qui, de mâture ou de gréement, sera susceptible de résister au choc du vent, sera mis sur le pont; on conservera seulement le stricte nécessaire au soutien de la mâture. Il est clairement démontré par l'expérience que, pour faire du chemin dans le vent, le meilleur moyen est de se diriger vers le pied du vent, parce que, en premier lieu, le bateau reçoit moins l'impulsion de la force du vent que s'il était par le travers; et, en second lieu, parce que, quoique les lames agissent directement pour s'opposer à sa route, le navire n'a toujours à lutter qu'avec une fraction de cette lame, tandis que, par le travers, elle se présenterait tout entière pour le combattre : donc, dans cette position du bateau, la lame, dans ses effets, comme le vent dans les siens, ne peuvent l'entraîner ni d'un côté ni de l'autre. Ainsi, la manœuvre la plus

certaine de gagner au vent, est de se diriger directement contre le vent et la mer.

La plus grande attention doit être donnée à la barre,
au moment des grains et des raffales ; quand de fortes
lames viennent à amortir l'air du bateau, le timonier
devra mollir au moment du choc ; si la résistance devenait par trop grande, pour donner de l'air, on
viendrait un peu, soit sur un bord, soit sur l'autre,
mais on le ferait de manière à pouvoir revenir en
route aussitôt que la lame le permettrait.

Tant qu'un bateau à vapeur peut se tenir debout
au vent et à la mer, il n'y a pour lui aucun danger.
Cependant, il ne faudrait pas conclure de là que présenter le nez à la tempête soit la meilleure position
qu'un steamer puisse prendre. Il se comportera beaucoup mieux encore quand il s'éloignera du vent de deux
ou trois quarts, à moins que sa longueur ne soit pas
suffisante pour dépasser celle des lames et parvenir
à les surmonter. Quand l'avant du navire s'éloigne
de six ou sept quarts du pied du vent, on se servira
avantageusement des voiles de cape, afin d'empêcher
de tomber tout-à-fait en travers, la pire de toutes les
positions qu'un navire peut prendre dans une tourmente. Dans ce cas, le système de la vapeur l'em-
porte considérablement sur le système des bâtiments
à voiles, puisqu'ayant moins de fard exposé au vent,
il peut porter plus de toile, et par conséquent mieux
se soutenir et se hâler au vent. Dans cette position,
la voilure devra toujours être balancée à ne pas gêner
le gouvernail, qui, dans tous les bateaux à vapeur,
est plus grand que celui des navires à voiles, et qui a
besoin, en raison de cela, de ne point exposer ses
surfaces à de trop grands chocs.

Avec grand frais et étant grand largue, on fera
usage des voiles de misaine, sans se servir aucunement
de celle plus arrière, et on veillera particulièrement
à la stabilité et au gouvernail. On ne portera pas
cependant trop de lest au vent, car il pourrait faire

beaucoup mouiller. On fera moyenne vapeur ; si elle était trop grande, elle pourrait faire arriver des avaries aux machines.

Lorsqu'on est obligé de fuir devant le temps, on manœuvrera pour les voiles comme à bord de tout autre bâtiment. Mais, comme on ne peut empêcher le roulis, il y aura alternativement une roue dans l'eau et une roue hors de l'eau, ce qui causera une résistance irrégulière sur les pelles des roues ; et comme il pourra arriver quelquéfois qu'elles pourront être toutes deux hors de l'eau, alors il n'y aura plus de résistance pour la machine, et le piston irait avec trop de vivacité si l'on chauffait à toute vapeur. C'est donc pourquoi il ne faut chauffer que modérément ; la puissance de la machine ne pouvant pas être tout employée dans une pareille circonstance, il s'ensuit que la vitesse ne sera pas aussi grande que s'il y avait seulement bon frais de vent et moins grosse mer.

### MOUILLAGES.

En mouillant quand il fait calme, il faut toujours avoir soin de faire culer le bateau pour empêcher la chaîne de tomber sur l'ancre qu'elle pourrait avarier par son poids ou avec laquelle elle pourrait s'entortiller.

La vapeur peut être employée avec avantage quand on est au mouillage de gros temps, en s'en servant à soulager le câble et l'ancre. On a vu beaucoup d'exemples de steamers qui, en usant ainsi de la puissance de leur vapeur, restaient parfaitement tranquilles dans leurs postes, tandis que des navires chassaient sur leurs ancres, et éprouvaient des dommages plus ou moins considérables.

Dans tous les cas où il y a apparence de mauvais temps, il est toujours utile de chauffer ; car un maillon de la chaîne ou tout autre chose peut venir à casser, ou bien encore un navire peut chasser et tomber en travers de vos amarres : alors on peut filer la chaîne et aller prendre un autre mouillage.

Le bateau à vapeur , s'il se trouve affalé sous une côte , a un avantage marqué sur un bâtiment à voile. Il peut piquer droit dans le vent, et s'éloigner assez pour être positivement en sûreté ; il peut enfin s'éloigner assez au vent pour gagner un port ou se mettre à l'abri derrière une pointe. S'il ne pouvait se servir de ses machines, en raison de quelques avaries, et qu'il ne pût réussir à s'élever au vent avec le seul secours de ses voiles, il aurait recours au mouillage et commencerait avant tout par laisser tomber une seule ancre avec une longue touée, elle étalera mieux que trois ancres avec demi-longueur de câble ; le steamer prendra moins d'eau par devant que tout autre navire , il présentera peu d'efforts de résistance au vent , et sa longueur et son peu de tirant d'eau sont entièrement en sa faveur.

### SECOURIR UN NAVIRE EN DÉTRESSE.

Secourir un navire en détresse est un des plus importans services auxquels un bateau à vapeur puisse être employé, et pour lequel il a une supériorité marquée sur tous les autres navires , car ceux-ci ne peuvent s'en approcher qu'avec beaucoup de difficultés, tandis que lui peut le faire avec facilité. Si le navire coule , on se placera du côté sur lequel il dérive , afin d'être à même de sauver tout ce qui surnage ou ce qui est attaché sur des pièces de bois. On poussera dans toutes les directions où l'on apercevrait quelque chose ou bien d'où l'on entendrait des voix. Si une embarcation chargée d'hommes venait à paraître, on ralentira ou l'on arrêtera la vapeur pour la conserver au vent , afin qu'elle puisse tomber le long du bord. On lui jettera des amarres de l'arrière et de l'avant, et l'on devra être tout prêt à envoyer des bouts de cordes à chacun des hommes de cette embarcation , dans le cas où elle viendrait à couler.

Si le navire était en feu, le steamer se tiendrait dans son sillage, et l'approcherait autant qu'il lui serait possible. S'il est assuré que les poudres de ce navire ont été noyées, il amarrera une aussière sur l'arrière de ce navire, et s'en servira de va-et-vient pour les embarcations chargées de sauver les hommes et en général tout ce qui peut être soustrait aux flammes.

Auprès d'un navire échoué, les secours d'un bateau à vapeur ne seront pas moins efficaces. Supposons qu'un navire soit échoué sur la tête d'un banc, ce qui se présente le plus souvent, le steamer s'en approchera en culant autant que le banc le permettra. Il prendra le bout d'un câble ou d'un fort grelin, bien solidement tourné et amarré à bord du navire ; à une certaine longueur, il tournera et amarrera aussi ; alors le bateau chauffera à toute vapeur, se dirigeant, soit un peu à gauche, soit un peu à droite, afin de faire éprouver une certaine secousse au navire et faire jouer un peu sa quille dans sa souille. Il est entendu que, premièrement, on a allégé le navire autant qu'on le pouvait, et que le bateau à vapeur a pu recevoir à bord une grande quantité d'objets.

Le steamer peut encore aller mouiller les ancres de ce navire au large, pour l'aider à virer dessus, ou bien lui-même peut virer sur son câble, par le moyen de la machine, avantage immense que ne peut présenter un bâtiment à voiles.

Dans le cas où le feu viendrait à prendre à bord d'un bateau à vapeur, la machine elle-même peut être employée à l'éteindre ; mais si, près d'une côte, on voulait, pour plus de sécurité, mettre les passagers à terre, il faudrait toujours s'en approcher à ne pas perdre la quantité d'eau suffisante pour faire fonctionner la machine, qui, dans ce cas, est le moyen le plus certain d'anéantir promptement toutes les portions de l'incendie ; du reste, avec les précautions convenables, les incendies ne sont pas plus à redouter dans les steamers que dans tous autres bâtiments, et les progrès qui ont été faits dans la construction des machines à vapeur peuvent rassurer complètement contre les explosions, toutes les fois que le service en est fait avec vigilance, propreté et activité.

Nous ajouterons encore le projet de réglement proposé en Angleterre par le capitaine Ross pour les bâtiments à vapeur; sans qu'il puisse, en France, faire force de loi, on y puisera l'esprit de vigilance et d'attention que mérite la navigation par la vapeur.

### NÉCESSITÉ D'ÉTABLIR DES RÉGLEMENTS POUR LA NAVIGATION DES BATEAUX A VAPEUR.

Depuis peu d'années, le nombre des bateaux à vapeur employés dans les mers et sur les rivières de la Grande-Bretagne s'est élevé à près d'un mille, et comme aucuns réglemens n'ont point encore été rendus concernant leur armement et leur installation, on peut, sans crainte d'être contredit, attribuer les accidents qui sont arrivés par centaines, plutôt au manque de ces réglemens qu'à l'application proprement dite de la vapeur, telle que la science a pu la prescrire.

Les bateaux à vapeur sont généralement la propriété d'individus qui en sont les actionnaires, et la gestion est confiée à quelqu'un d'entre ceux qui forment le conseil d'administration. Ce conseil a le pouvoir non-seulement de nommer le capitaine, mais encore les officiers et même les matelots, et quelle que soit la conduite des hommes de l'équipage, ils ne peuvent être congédiés par le capitaine, et ne tenant pas leurs places de ce capitaine, ils se croient dans une certaine indépendance, en raison surtout des protections qu'ils possèdent dans le conseil même : de là vient nécessairement manque d'ordre et de discipline, le service n'est plus fait comme il devrait l'être pour le bien du navire et la sécurité des passagers, et le capitaine ne s'en plaint pas, possédé lui-même de la crainte de perdre sa place.

Un autre mal, d'une nature plus sérieuse, demande hautement un remède : c'est l'état défectueux des machines qui, n'étant jamais inspectées par des personnes désintéressées, arrivent au dernier point de délabrement, jusqu'à ce que des accidents forcent aux réparations nécessaires, au moment où, par cette négligence, on a perdu de réputation le système de ces machines.

C'est seulement dans l'intervention du gouvernement que l'on peut trouver le moyen d'arrêter ce mal : 1° en nommant un inspecteur-général et des inspecteurs particuliers pour chacun des ports de la Grande-Bretagne. Ces inspecteurs devront avoir toutes les qualités requises pour avoir parfaite connaissance de l'état et du jeu des machines, de la construction des bateaux à vapeur, et devront être capables, comme marins, de juger du degré d'instruction des capitaines, officiers et matelots, des qualités nécessaires au mécanicien et aux chauffeurs, sous le rapport du service qu'ils ont à remplir ; enfin ils s'assureront qu'en embarquant à bord des bateaux à vapeur, les sujets de S. M. britannique ne courent aucuns dangers, et seront de plus chargés d'entendre et de décider sur les plaintes des capitaines, officiers, hommes de l'équipage et des passagers, dont ils détermineront le nombre pour chaque bâtiment.

En conséquence, on proposerait le réglement suivant :

1° Le commandant d'un bateau à vapeur doit être instruit de tout ce qui regarde la navigation en général, et particulièrement de la navigation par la vapeur.

2° Les officiers devront être habiles en tout ce qui concerne le matelotage, l'art de gouverner, et avoir les connaissances théoriques nécessaires à la navigation.

3° L'équipage devra être composé exclusivement de marins ayant au moins quatre années de navigation, soit à la mer, soit en rivière, sur un navire à voile ou sur un bateau à vapeur.

4° Les mécaniciens devront subir un examen sur la théorie des machines en général, ainsi que sur l'application de cette théorie à la manœuvre des navires.

5° Les chauffeurs devront être propres au métier qu'ils sont destinés à remplir. Ils pourront être pris parmi les non-marins.

6° Les domestiques devront être propres à leur service.

7° Les machines en général et la chaudière particulièrement, devront être placées de manière à pouvoir être examinées entièrement; elles devront être nettoyées chaque fois qu'on s'en sera servi et avant un nouveau commencement de feu. Le capitaine, ou tout autre personne désignée à cet effet, devra en passer l'inspection, et leur état devra être constaté et porté sur un livre-journal.

8° La valve de sûreté, soit dans une machine à haute comme à basse pression, devra être faite de façon que le mécanicien puisse avoir le pouvoir d'enlever la moitié du poids qui pèse sur elle à l'instant qu'il arrête la machine, et il ne doit pas se reposer sur l'un de ses hommes pour la charger et la décharger. Elle doit être renfermée dans un étui, pour que personne ne puisse y toucher.

9. Tant que les machines fonctionneront, le mécanicien doit être à son poste, afin que, quand le signal d'attention est donné, il puisse avoir les leviers entres les mains. Dans la nuit, par un brouillard, dans une rivière, il doit toujours être prêt à ralentir ou à arrêter le travail des machines, aussitôt qu'il en est requis.

10° Le capitaine doit avoir l'entière direction du navire, ordonner la route, régler la vitesse, et donner ou transmettre les ordres au mécanicien.

ATTENTION ! La réponse doit être faite par un signe de tête.

EN ROUTE ! Les deux mains élevées aussi hautes

que la tête. — La vapeur est
envoyée et la machine est mise
en mouvement.

EN DOUCEUR ! La main droite aussi élevée que
la figure et la masquant. — La
machine, est ralentie, et le poids
qui est sur la valve de sûreté est
enlevé par le mécanicien, qui
doit conserver son levier dans
la main.

CULE ! La main gauche sur la figure sans
la masquer. — Le mécanicien
renverse le levier pour faire revenir les roues sur elles-mêmes,
afin de culer.

STOP OU ARRÈTE ! Les deux mains sur la poitrine.—
La machine doit alors être ar-
rêtée, et la valve de sûreté en-
levée. — *Nota.* Les signaux devront être répétés par un inter-
médiaire, si le mécanicien ne
peut voir le capitaine.

TRIBORD ! La main droite étendue dans toute
sa longueur. — La barre est mise
à tribord, et le signal doit être
répété à tout navire du voisinage.

BABORD ! La main gauche étendue dans toute
sa longueur. — Le signal doit
être répété par l'homme de vigie,
dans le cas où l'on verrait un
navire arriver sur vous.

11° Les chauffeurs devront être constamment à
leur service et non employés à tout autre chose, à
moins de circonstances imprévues. Ils devront être re-
levés de service toutes les heures. — *Nota.* Il est re-
commandé de leur accorder une ration extraordinaire de breuvage.

12° Chaque bateau à vapeur devra porter sur chaque bossoir deux défenses de liége.

13° Le timonier ne parlera ni ne répondra à personne, à moins que ce ne soit à l'officier de quart.

14° Tout bâtiment à vapeur devra avoir une plate-forme sur le gaillard d'avant, sur laquelle on placera un homme en vigie pour annoncer les navires en vue, quelle que soit la direction où ils peuvent être, et avertir à temps de l'approche des embarcations. L'homme de vigie tiendra dans sa main une perche, à l'un des bouts de laquelle flottera un pavillon, et à l'autre sera fixée une boule. Afin de pouvoir signaler les ordres du capitaine, le pavillon indiquera tribord, la boule, bâbord.

15. Tous bateaux à vapeur venant à la rencontre l'un de l'autre, devront mettre la barre à tribord, et s'éloigner en se présentant tribord. Ils ralentiront leur vapeur quand ils seront à demi-encâblure de distance, à moins qu'ils ne puissent se dépasser, éloignés l'un de l'autre d'environ vingt-cinq brasses.

16. Tous bateaux qui se passeront à portée de voix l'un de l'autre, ralentiront leur vapeur jusqu'à ce qu'ils soient tout-à-fait parés ; et, quand ils rencontreront ou voudront passer des bâtiments à voiles, ils devront toujours le faire par l'arrière de ces bâtiments.

17. Quand un steamer en atteindra un autre dans une rivière peu large ou dans un canal étroit, celui qui est atteint devra conserver le côté bâbord de la rivière, ralentir sa vapeur jusqu'à ce que l'autre soit passé.

18. On ne devra porter aucune voile sur le beaupré dans une rivière.

19. La machine sera toujours arrêtée quand une embarcation accostera le long du bord.

20. Tout bateau à vapeur devra avoir un canot en porte-manteau. Une embarcation de plus sur le côté, s'il est de 200 tonneaux ; une de chaque côté, plus celle de l'arrière, s'il est de 300 tonneaux.

21. Il y a toujours sur l'arrière deux bouées de sauvetage prêtes à tout événement.

22. L'ivrognerie sera punie, la première fois d'une amende, la deuxième par le congé.

23. La barre ne pourra être donnée ni à un passager, ni à tout autre n'ayant pas mission de ce service.

### LA NUIT.

1. Durant la nuit, tout bâtiment à vapeur portera une lumière à la tête de son mât de misaine, ou sur une perche de douze pieds au-dessus du pont, s'il n'a pas de mât de misaine, et le feu étant placé où il peut être le mieux aperçu, on aura un autre feu tout prêt, pour, en cas de rencontre, faire reconnaître son côté de tribord.

2. On ne portera pas de voiles sur le beaupré pendant la nuit.

3. Les hommes de vigie seront à leur poste, et signaleront tout ce qu'ils pourront apercevoir.

4. Tous les ordres, commandements, réglements établis pour le jour, sont applicables à la nuit.

### LA BRUME.

1. Tout bâtiment à vapeur naviguant avec de la brume, n'appareillera ni basses voiles, ni huniers, à moins que ce ne soit absolument nécessaire pour le soutenir contre la grosse mer.

2. Dans une rivière ou tout canal étroit, il ne devra pas passer une vitesse de quatre nœuds.

3. Tous bâtiments à vapeur descendant une rivière, ou bien ceux gouvernant à la mer sur un point d'amont, sonneront la cloche de deux minutes en deux minutes, et ceux qui monteront en rivière ou bien qui, à la mer, gouverneront sur un des points de l'aval, battront du tambour pendant douze minutes en mettant chaque fois une minute d'intervalle. Le premier ralentira sa machine tous les quarts d'heure,

pour écouter pendant deux minutes ; et le dernier ralentira une minute tous les tiers d'heure.

4. Quand il y a nécessité absolue d'augmenter la vapeur de plus de cinq nœuds, un coup de canon sera tiré chaque demi-heure, et successivement ensuite un coup de fusil pour chaque mille en sus; à dix mille, deux coups de canon seront tirés, et un coup de fusil pour chaque mille en sus.

5. Les bâtiments à vapeur, au moment du coup de canon, ralentiront la machine, et écouteront le nombre de coups de fusil, pour s'assurer de la vitesse ainsi que du bruit du tambour ou des cloches, pour connaître si on va en amont ou en aval; aussitôt qu'un bâtiment entend les cloches d'un autre, il tirera deux coups de fusil, ou un seul coup, si ce sont des tambours.

6. Les mêmes réglements concernent le mécanicien. Les défenses et tous les commandements pour la nuit sont applicables à un temps de brume.

7. Quand des bateaux à vapeur traversent une rivière, on observe les règles prescrites par l'art. 3, touchant l'amont et l'aval.

TABLE DU NOMBRE D'HOMMES NÉCESSAIRES A UN BATEAU A VAPEUR

DESTINÉ AU COMMERCE.

| CLASSE. | TONNAGE. | NOMBRE DE CHEVAUX. | CAPITAINE. | SECOND CAPITAINE. | PILOTE OU LIEUTENANT. | DOMESTIQUES. | SERVANTES. | MATELOTS | MÉCANICIENS. | CHAUFFEURS. | ARRIMEURS DE CHARBON. | CHARPENTIERS. | TOTAL. |
|---|---|---|---|---|---|---|---|---|---|---|---|---|---|
| 1 | 1000 | 200 | 1 | 1 | 1 | 8 | 2 | 14 | 2 | 6 | 5 | 2 | 42 |
| 2 | 500 | 150 | 1 | 1 | 1 | 5 | 2 | 8 | 2 | 5 | 4 | 2 | 31 |
| 3 | 300 | 100 | 1 | 1 | 1 | 4 | 1 | 6 | 2 | 4 | 3 | 1 | 24 |
| 4 | 200 | 60 à 80 | 1 | 1 | 1 | 3 | 1 | 4 | 2 | 2 | 2 | 1 | 18 |
| 5 | 100 | 30 à 50 | 1 | » | 1 | 2 | » | 3 | 2 | 2 | 1 | 1 | 13 |
| 6 | » | au - dessous de 30 | 1 | » | 1 | 1 | » | 2 | 1 | 1 | 1 | » | 8 |

TABLE DES DIMENSIONS DES STEAMERS UNITED-KINGDOM ET MAJESTIC,

Reconnus pour les meilleurs marcheurs de l'Angleterre en 1828.

| Majestic. | United-Kingdom. | NOMS. |
|---|---|---|
| 144 | 151 | Longueur sur le pont. |
| 125 | 147 | Longueur de la quille. |
| 39 | 45 6 | Grande largeur. |
| 22 6 | | Largeur entre les roues. |
| 11 | 12 | Profondeur de la cale. |
| 16 | 18 | Du pont supérieur à la quille. |
| 7 0 av<br>8 0 ar | 9 6 av<br>10 0 ar | 3 pieds d'eau derre et devant. |
| 8 6 av<br>9 9 ar | 11 0 av<br>12 6 ar | 3 pieds d'eau avec charbon. |
| Basse press. | Idem. | Nature de la machine. |
| 100 | 200 | Puissance de la machine. |
| 270 | 561 | Tonnage d'après la loi. |
| 254 | 350 | Tonnage sans la machine. |
| 76 | 160 | Nombre de chambres. |
| 68 0<br>1 4 | 81 6<br>1 8 | Grand mât. |
| 45 0<br>0 9 | 52 0<br>1 0 | Grand mât d'hune. |
| 60 0<br>1 4 | 76 0<br>1 8 | Mât de misaine. |
| 62 0<br>0 11 | 72 0<br>1 2 | Vergue de misaine. |
| 40 0<br>0 9 | 50 0<br>1 2 | Petit mât d'hune. |
| 100 | 170 | Quantité embarquée de charb. |
| 36 0<br>0 1 | 60 0<br>1 5 | Mât d'artimon. |
| 15 | 17 | Charb. consommé en 1 heure. |
| 31 | 42 | Equipage. |
| 10 | 11 | Milles par heure. |
| 3 | 3 | Milles par hre contre tempête. |

## TABLEAU DES NOUVELLES MESURES.

| NOMS DES MESURES. | RAPPORT DES MESURES A L'UNITÉ PRIMITIVE. | VALEURS DES NOUVELLES MESURES EN ANCIENNES. |
|---|---|---|
| *Mesures des longueurs.* | | |
| | mètres. | toises. |
| Myriamètre ........ | 10000 | 5130,74 |
| Kilomètre.......... | 1000 | 513,07 |
| Hectomètre ........ | 100 | 51,31 |
| Décamètre ........ | 10 | 5,13 |
| | | pi. po. lign. |
| Mètre ............ | 1 | 3   0   11,296 |
| | | pouces. |
| Décimètre.......... | 1/10 | 3,69 |
| | | lignes. |
| Centimètre ........ | 1/100 | 4,13 |
| Millimètre ........ | 1/1000 | 0,44 |
| *Mesures pour les poids.* | | |
| | gramm. | livres. |
| Myriagramme ...... | 10000 | 20,43 |
| Kilogramme........ | 1000 | 2,04 |
| | | onces. |
| Hectogramme ...... | 100 | 3,27 |
| | | gros. |
| Décagramme ....... | 10 | 2,61 |
| | | grains. |
| Gramme............ | 1 | 18,83 |
| Décigramme........ | 1/10 | 1,88 |
| Centigramme ...... | 1/100 | 0,19 |
| Milligramme ....... | 1/1000 | 0,02 |

## TABLEAU DES NOUVELLES MESURES.

| NOMS DES MESURES. | RAPPORT DES MESURES A L'UNITÉ PRIMITIVE. | VALEURS DES NOUVELLES MESURES EN ANCIENNES. |
|---|---|---|
| *Mesures de capacité pour les liquides.* | | |
| | litres. | pieds. |
| Kilolitre............ | 1000 | 1073,74 |
| Hectolitre.......... | 100 | 107,37 |
| Décalitre........... | 10 | 10,74 |
| Litre.............. | 1 | 1,07 |
| Décilitre........... | 1/10 | 0,11 |
| Centilitre .......... | 1/100 | 0,01 |
| *Mesures pour les solides ou volumes.* | | |
| | mètres cubes. | pieds cubes. |
| Mètre cube, nommé stère quand on mesure le bois de chauffage. | 1 | 29,17 |
| *Mesures pour les surfaces agraires.* | | |
| | mètr. carrés. | pieds carrés. |
| Hectare............ | 10000 | 94768,2 |
| Are............... | 100 | 947,7 |
| Centiare .......... | 1 | 9,5 |
| *Mesures pour les monnaies.* | | |
| | | livres. |
| Franc ............. | 1 | 1,0125 |
| | | sols. |
| Décime ........... | 0,1 | 2,025 |
| | | deniers. |
| Centime ........... | 0,01 | 2,43 |
| | | livres. |
| 80 francs 81 livres.— | 100 fr. | 101 1/4 |

Le mètre est la dix-millionième partie du quart du méridien terrestre qui passe par l'observatoire de Paris.

Le gramme est le poids d'un centimètre cube d'eau distillée, le thermomètre étant à la glace fondante. Le centimètre cube équivaut en capacité à une mesure qui aurait la forme d'un dé à jouer, dont tous les côtés auraient un centimètre de longueur.

Le litre est une capacité équivalente à celle d'un décimètre cube. Le kilolitre équivaut à un mètre cube.

Le centiare est une surface ayant la forme d'un carré dont chaque côté à un mètre de longueur.

Le mètre cube est un volume formé par six carrés égaux, n'ayant aucune inclinaison entre eux, et dont les côtés sont tous d'un mètre de long ; sa forme est celle d'un dé à jouer.

**TABLE DE L'ÉTABLISSEMENT DES PRINCIPAUX PORTS DE FRANCE.**

| NOMS DES LIEUX. | HEURE de L'ÉTABLISSEMENT DU PORT. | |
|---|---|---|
| | h. | m. |
| Dunkerque | 12 | 0 |
| Gravelines | 11 | 30 |
| Calais | 11 | 40 |
| Ambleteuse | 11 | 0 |
| Boulogne, Etables | 10 | 45 |
| Saint-Valery-sur-Somme | » | » |
| Dieppe, Tréport, entrée de la Somme | 10 | 30 |
| Fécamp, Saint-Valery-en-Caux | 10 | 0 |
| Havre | 9 | 0 |
| Rouen | 2 | 45 |

## TABLE DE L'ÉTABLISSEMENT DES PRINCIPAUX PORTS DE FRANCE.

| NOMS DES LIEUX. | HEURE de L'ÉTABLISSEMENT DU PORT. | |
|---|---|---|
| | h. | m. |
| Quillebeuf | 10 | 30 |
| Honfleur | 9 | 15 |
| Dives et l'entrée de la Seine | 9 | 0 |
| La fosse de Caen | 10 | 30 |
| Etrehan | 10 | 0 |
| Port-en-Bessin | 8 | 0 |
| Isigny | 10 | 0 |
| Depuis la Hougue jusqu'au Cap-de-Caux | 9 | 0 |
| La Hougue | 8 | 0 |
| Barfleur, au large de la Hougue | 10 | 30 |
| Cherbourg | 7 | 45 |
| Au large de Cherbourg | 10 | 15 |
| Anse Saint-Martin | 6 | 45 |
| Au Cap-la-Hougue et dans le ras Blanchart | 12 | 30 |
| Aux îles d'Aurigny, Jersey et Guernesey | 9 | 30 |
| Aux Casquets | 8 | 30 |
| A l'anse de Vauville | 6 | 30 |
| Barneville, Carteret | 7 | 0 |
| Pontorson et Granville | 6 | 30 |
| Ile de Brehat, rade de Frenage, Saint-Mâlo et Cancale | 6 | 0 |
| Treguier | 5 | 30 |
| Port-Blanc | 4 | 15 |
| Les Sept-Iles | 5 | 0 |

# TABLE DE L'ÉTABLISSEMENT DES PRINCIPAUX PORTS DE FRANCE.

| NOMS DES LIEUX. | HEURE de L'ÉTABLISSEMENT DU PORT. | |
|---|---|---|
| | h. | m. |
| Ile-de-Bas, Saint-Paul-de-Léon et Morlaix | 5 | 15 |
| Ouessant | 3 | 45 |
| Passage du Four | 4 | 0 |
| Bertheaume, Saint-Martin, Conquet | 3 | 0 |
| Brest, dans rade | 3 | 30 |
| Rade de Douarnenez | 3 | 15 |
| Dans l'Iroise | 4 | 15 |
| Dans le ras des Saints | 4 | 0 |
| Concarneau, Benaudet, Pennemare, Audierne | 3 | 30 |
| Lorient | 3 | 30 |
| Port-Louis | 4 | 0 |
| Belle-Isle et Groays | 3 | 30 |
| Vannes et Auray | 3 | 45 |
| Morbihan | 3 | 0 |
| La Roche-Bernard | 4 | 30 |
| La Bonne-Anse, le Croisic et Peners | 3 | 45 |
| Nantes | 6 | 0 |
| Paimbœuf | 5 | 30 |
| Mendin | 5 | 0 |
| A l'entrée de la Loire | 3 | 45 |
| Bourgneuf | 4 | 0 |
| Ile de Noirmoutiers | 3 | 15 |
| Beauvoir | 3 | 30 |
| Ile-Dieu | 3 | 0 |
| Aux Sables-d'Olonne | 3 | 15 |

## TABLE DE L'ÉTABLISSEMENT DES PRINCIPAUX PORTS DE FRANCE.

| NOMS DES LIEUX. | HEURE de L'ÉTABLISSEMENT DU PORT. | |
|---|---|---|
| | h. | m. |
| Pertuis d'Antioche, pertuis Breton, Ile-de-Rhé .................... | 3 | 15 |
| Rade de la Rochelle ............... | 3 | 45 |
| Rochefort ...................... | 4 | 15 |
| L'île d'Aix et d'Oléron ........... | 3 | 45 |
| Maumusson........................ | 3 | 30 |
| Bordeaux......................... | 7 | 14 |
| Pauillac ........................ | 5 | 0 |
| Cordouan et Royan ............... | 3 | 45 |
| Bassin d'Arcachon ................ | 3 | 45 |
| Memissan ........................ | 3 | 15 |
| Bayonne ......................... | 3 | 45 |
| Saint-Jean-de-Luz ............... | 3 | 15 |

## TABLE DES LONGUEURS DES BRASSES DE DIFFÉRENTS PAYS.

| | pi. | po. | li. |
|---|---|---|---|
| France ................... | 5 | » | » |
| Angleterre ............... | 5 | 7 | 7 |
| Danemark.................. | 5 | 9 | 6 |
| Suède .................... | 5 | 5 | 5 |
| Espagne, 2 vares.......... | 5 | 1 | 10 |
| Portugal.................. | 5 | 8 | 8 |
| Naples.................... | 5 | » | » |
| Russie.................... | 5 | 7 | 8 |
| Hollande, brasse moyenne... | 5 | 3 | 9 |

# TABLEAU DE COMPARAISON DES MONNAIES ÉTRANGÈRES AVEC LES MONNAIES FRANÇAISES.

*( Extrait de l'Annuaire du Bureau des Longitudes. )*

| NATURE. | DÉNOMINATION DES PIÈCES. | POIDS LÉGAL. | TITRE LÉGAL. | VALEURS |
|---|---|---|---|---|
| | *Angleterre.* | gram. | | fr.   c. |
| or. | Guinée de 21 shillings..... | 8,38 | 917 | 26   47 |
| | Demi.................... | 4,19 | 917 | 13   23,5 |
| | Un quart................ | 2,09 | 917 | 6   62 |
| | Un tiers ou 7 shillings..... | 2,79 | 917 | 8   82 |
| | Souverain depuis 1818 de 20 shillings ................ | 7,98 | 917 | 25   21 |
| argent. | Crown ou couronne de 5 shillings anciens......... | 30,07 | 925 | 6   16 |
| | Shillings anciens ......... | 6,01 | 925 | 1   23,6 |
| | Crown depuis 1818 ....... | 28,25 | 925 | 5   80,7 |
| | Shillings depuis 1818 ..... | 5,65 | 925 | 1   16 |
| pap. | Livre sterling ou pound.... | » | » | 24   36 |
| | *Danemark et Holstein.* | | | |
| or. | Ducat courant depuis 1767. | 3,14 | 875 | 9   17 |
| | Ducat spécus 1791 à 1802.. | 3,52 | 979 | 11   86 |
| | Chrétien 1773........... | 6,73 | 903 | 20   95 |
| argent. | Risdale d'espèce ou double de 96 shillings danois de 1776 ................. | 29,13 | 875 | 5   66 |
| | Risdale ou pièce de 6 marcs danois de 1776......... | 26,80 | 833 | 4   96 |
| | Mark danois de 16 shellings de 1776............... | » | 688 | 0   94 |
| | *Espagne.* | | | |
| or. | Pistole ou doublon de 8 écus 1772 à 1786 ........... | 27,04 | 901 | 83   93 |
| | Dito de 4 écus. | 13,52 | 901 | 41   96 |

## TABLEAU DE COMPARAISON DES MONNAIES ÉTRANGÈRES AVEC LES MONNAIES FRANÇAISES.

( Extrait de l'*Annuaire du Bureau des Longitudes*. )

| NATURE. | DÉNOMINATION DES PIÈCES. | POIDS LÉGAL. | TITRE LÉGAL. | VALEURS | |
|---|---|---|---|---|---|
| | *Espagne.* | gram. | | fr. | c. |
| or. | Dito de 2 écus .......... | 6,76 | 901 | 20 | 98 |
| | Demi-pistole ou écu .... | 3,38 | 901 | 10 | 49 |
| argent. | Pistole ou doublon de huit écus depuis 1786 ..... | 27,04 | 875 | 81 | 51 |
| | Pistole de 4 écus ....... | 13,52 | 875 | 40 | 75 |
| | Dito de 2 écus ........ | 6,76 | 875 | 20 | 38 |
| | Demi-pistole ou écu..... | 3,38 | 875 | 10 | 19 |
| | Piastre depuis 1772 ..... | 27,04 | 903 | 5 | 43 |
| | Real de 2 ou piecette ou 5ᵐᵉ de piastre ...... . | 5,97 | 813 | 1 | 08 |
| | Real de 1 ou 1/2 piecette. | 2,98 | 813 | 0 | 54 |
| | Realillo ou real de veillon ou 20ᵐᶜ de piastre.... | 1,49 | 813 | 0 | 27 |
| | Ces trois dernières pièces n'ont cours qu'en Espagne | | | | |
| | *Sicile.* | | | | |
| or. | Once depuis 1748 ...... | 4,40 | 906 | 13 | 73 |
| | Ecu de 12 tarins........ | 27,53 | 833 ¹/₃ | 5 | 10 |
| | *Etats-Unis d'Amérique.* | | | | |
| or. | Double aigle de 10 dollars | 17,48 | 917 | 55 | 21 |
| | Aigle de 5 dollars....... | 8,74 | 917 | 27 | 60,5 |
| | Demi-aigle ou 2 dollˢ 1/2 | 4,37 | 917 | 13 | 80 |
| argent. | Dollar ................. | 27,00 | 903 | 5 | 42 |
| | Demi................. | 13,50 | 903 | 2 | 71 |
| | Un quart............... | 6,75 | 903 | 1 | 35 |
| | *Hambourg.* | | | | |
| or | Ducat *ad legem imperiè*. | 3,49 | 986 | 11 | 86 |

## TABLEAU DE COMPARAISON DES MONNAIES ÉTRANGÈRES AVEC LES MONNAIES FRANÇAISES.

( Extrait de l'*Annuaire du Bureau des Longitudes.* )

| NATURE. | DÉNOMINATION DES PIÈCES. | POIDS LÉGAL. | TITRE LÉGAL. | VALEURS |
|---|---|---|---|---|
| | *Hambourg.* | gram. | | fr.   c. |
| arg. or. | Ducat nouveau de la ville... | 3,49 | 979 | 11  76 |
| | Marc banco, monnaie imaginaire............... | » | » | 1  88 |
| | Marc ou 16 schellings, d'après convention de Lubeck | 9,16 | 750 | 1  53 |
| | Risdale de constitution ou écu d'espèce ........... | 29,23 | 889 | 5  78 |
| or. | *Pays-Bas.* | | | |
| | Ducat ................. | 3,51 | 986 | 11  93 |
| | Ryder.................. | 9,99 | 920 | 31  65 |
| | Vingt florins 1808......... | 13,66 | 917 | 43  14 |
| | Dix florins 1808.......... | 6,83 | 917 | |
| | Dito de Guillaume 1818.... | 6,70 | 900 | |
| arg. | Florin de 20 sous ou 100 cents | 10,60 | 917 | 2  16 |
| | Escalin ou pièce de 6 sous... | 4,98 | 583 | 0  64 |
| | Ducaton ou ryder ........ | 32,75 | 941 | 6  85 |
| | Ducat ou risdale ......... | 28,23 | 873 | 5  48 |
| or. | *Russie.* | | | |
| | Ducat de 1755 à 1763 ..... | 3,49 | 979 | 11  79 |
| | Dito de 1763 ........... | 3,47 | 969 | 11  59 |
| | Impériale de 10 roubles de 1755 à 1763 ........... | 16,58 | 917 | 52  38 |
| | Demi de 5 roubles de 1755 à 1763............... | 8,29 | 917 | 26  19 |
| | Impériale de 10 roubles de 1763 ................. | 13,07 | 917 | 41  29 |

## TABLEAU DE COMPARAISON DES MONNAIES ÉTRANGÈRES AVEC LES MONNAIES FRANÇAISES.

( Extrait de l'*Annuaire du Bureau des Longitudes*.

| NATURE. | DÉNOMINATION DES PIÈCES. | POIDS LÉGAL. | TITRE LÉGAL. | VALEURS | |
|---|---|---|---|---|---|
| | *Russie.* | gram. | | fr. | c. |
| arg. or. | Demi de 5 roubles de 1763. | 6,53 | 917 | 20 | 64 |
| | Rouble de 100 copecks de 1750 à 1762............. | 25,87 | 802 | 4 | 61 |
| | Rouble de 100 copecks de 1763 à 1807 ........... | 24,01 | 750 | 4 | » |
| | *Suède.* | | | | |
| or. | Ducat................. | 3,48 | 976 | 11 | 70 |
| | Demi................. | 1,74 | 976 | 5 | 85 |
| arg. | Risdale d'espèce de 48 schellings de 1720 à 1802..... | 29,51 | 878 | 5 | 76 |
| | Deux tiers de risdale ou double plotte de 32 schellings | 19,67 | 878 | 3 | 84 |
| | Un tiers de risdale ou 16 schellings ............. | 9,84 | 878 | 1 | 92 |
| | *Portugal.* | | | | |
| or. | Moeda d'ouro, lisbonnine de 4,800 reis.............. | 10,75 | 917 | 33 | 96 |
| | Meia moeda, demi-lisbonninè de 2,400.......... | 5,38 | 917 | 16 | 98 |
| | Quartino, quart de lisbonnine de 1,200 ......... | 2,69 | 917 | 8 | 49 |
| | Meia dobra, portugaise de 6,400................. | 14,33 | 917 | 45 | 27 |
| | Demi-portugaise, de 3,200.. | 7,17 | 917 | 22 | 63,5 |
| | Pièce de 16 testons, de 1,600 | 3,58 | 917 | 11 | 31,7 |
| | Dito de 12 dito, de 1,200... | 2,54 | 917 | 8 | » |
| | Dito de 8 dito, de 800 ..... | 1,79 | 917 | 5 | 66 |

## TABLEAU DE COMPARAISON DES MONNAIES ÉTRANGÈRES AVEC LES MONNAIES FRANÇAISES.

( Extrait de l'*Annuaire du Bureau des Longitudes.* )

| NATURE. | DÉNOMINATION DES PIÈCES. | POIDS LÉGAL. | TITRE LÉGAL. | VALEURS | |
|---|---|---|---|---|---|
| | *Portugal.* | gram. | | fr. | c. |
| arg. or. | Cruzade, de 480.......... | 1,04 | 917 | 3 | 30 |
| | Cruzade neuve, de 480 .... | 14,63 | 903 | 2 | 94 |
| | 1,000 reis................ | » | » | 6 | 12 |
| | *Savoie et Piémont.* | | | | |
| or. | Sequin.................... | 3,47 | 1000 | 11 | 95 |
| | Double neuve pistole de 24 livres................. | 9,62 | 906 | 30 | » |
| | Demi de 12 livres ........ | 4,81 | 906 | 15 | » |
| | Carlin depuis 1755........ | 48,10 | 906 | 150 | » |
| | Pistole neuve de 20 livres 1816................. | 6,45 | 900 | 20 | » |
| arg | Ecu de 6 livres depuis 1755 | 35,12 | 906 | 7 | 05 |
| | Demi écu................. | 17,56 | 906 | 3 | 53 |
| | Un quart ou 30 sols....... | 8,78 | 906 | 1 | 76 |
| | Demi quart ou 15 sols ..... | 4,39 | 906 | » | 88 |
| | Ecu neuf de 5 livres 1816.. | 25,00 | 900 | 5 | » |
| or. | Sequin de gênes.......... | 3,49 | 1000 | 12 | 01 |
| | *Mogol et Bengale (Asie).* | | | | |
| or. | Roupie du Mogol......... | » | » | 38 | 72 |
| | Demi................. | » | » | 19 | 36 |
| | Un quart............... | » | » | 9 | 68 |
| | Pagode au croissant....... | » | » | 9 | 46 |
| | Dito à l'étoile........... | » | » | 9 | 35 |
| | Ducat de la compagnie hollandaise ............... | » | » | 11 | 62 |
| | Roupie d'or de Batavia.... | 15,33 | 792 | » | |
| | Demi-roupie dito ......... | 7,66 | 792 | » | |

# TABLEAU DE COMPARAISON DES MONNAIES ÉTRANGÈRES AVEC LES MONNAIES FRANÇAISES.

( Extrait de l'*Annuaire du Bureau des Longitudes.* )

| NATURE. | DÉNOMINATION DES PIÈCES. | POIDS LÉGAL. | TITRE LÉGAL. | VALEURS | |
|---|---|---|---|---|---|
| | *Mogol et Bengale (Asie).* | gram. | | fr. | c. |
| or. | Kobang vieux de 100 mas du Japon . . . . . . . . . . . . . . . | ». | » | 51 | 24 |
| | Demi dito de 50 mas dito . . | ». | » | 25 | 62 |
| | Kobang nouveau de 100 mas dito . . . . . . . . . . . . . . . . | 13,00 | 641 | 32 | 69 |
| | Demi kobang dito de 50 mas dito . . . . . . . . . . . . . . . . | » | » | 16 | 34 |
| arg. | Roupie d'or du Bengale . . . . | 11.62 | 979 | » | » |
| | Good moor dito . . . . . . . . . | 12,32 | 979 | » | » |
| | Roupie de Hendi . . . . . . . . | 7,98 | 859 | » | » |
| | Dito du Mogol . . . . . . . . . . | » | » | 2 | 42 |
| | Dito de Madras . . . . . . . . . | » | » | 2 | 40 |
| | Dito d'Arcate . . . . . . . . . . | » | » | 2 | 36 |
| | Dito de Pondichéry . . . . . . . | » | » | 2 | 42 |
| | Dito de Bombay et de Perse. | » | » | 2 | 47 |
| | Dito de Haidernac . . . . . . . . | » | » | 2 | 37 |
| | Dito Sicca du Bengale . . . . . | 16,25 | 980 | 2 | 57 |
| | Dito de Negapatnan . . . . . . . | 10,19 | 938 | 2 | 27 |
| | Dito de Surate . . . . . . . . . . | 11,57 | 938 | 2 | 34 |
| or. | Dito de Perse . . . . . . . . . . | » | » | 36 | 75 |
| | Demi dito . . . . . . . . . . . . . | » | » | 18 | 37 |

# RÉDUCTION

## DES MÈTRES, DÉCIMÈTRES, CENTIMÈTRES EN PIEDS, POUCES, LIGNES ET DÉCIMALES DE LA LIGNE.

| MÈTR. | PI. | PO. | LIGN. | | DÉC. | PI. | PO. | LIGN. | | CENT. | POUC. | LIGN. | | MILL. | LIGNES. | |
|---|---|---|---|---|---|---|---|---|---|---|---|---|---|---|---|---|
| 1 | 3 | 0 | 11 | 30 | 1 | 0 | 3 | 8 | 32 | 1 | 0 | 4 | 43 | •1 | 0 | 44 |
| 2 | 6 | 1 | 10 | 59 | 2 | 0 | 7 | 4 | 66 | 2 | 0 | 8 | 87 | 2 | 0 | 89 |
| 3 | 9 | 2 | 9 | 89 | 3 | 0 | 11 | 0 | 99 | 3 | 1 | 1 | 30 | 3 | 1 | 38 |
| 4 | 15 | 3 | 9 | 18 | 4 | 1 | 2 | 9 | 32 | 4 | 1 | 5 | 73 | 4 | 1 | 77 |
| 5 | 15 | 4 | 8 | 48 | 5 | 1 | 6 | 5 | 65 | 5 | 1 | 10 | 16 | 5 | 2 | 22 |
| 6 | 18 | 5 | 7 | 77 | 6 | 1 | 10 | 1 | 98 | 6 | 2 | 2 | 60 | 6 | 2 | 66 |
| 7 | 21 | 6 | 7 | 07 | 7 | 2 | 1 | 10 | 31 | 7 | 2 | 7 | 03 | 7 | 3 | 10 |
| 8 | 24 | 7 | 6 | 37 | 8 | 2 | 5 | 6 | 64 | 8 | 2 | 11 | 46 | 8 | 3 | 55 |
| 9 | 27 | 8 | 5 | 66 | 9 | 2 | 9 | 2 | 97 | 9 | 3 | 3 | 90 | 9 | 3 | 99 |
| 10 | 30 | 9 | 4 | 96 | 10 | 3 | 0 | 11 | 30 | 10 | 3 | 8 | 33 | 10 | 4 | 43 |

## POIDS ET MESURES DE CAPACITÉ.

| KILOG. | LITRES. | GRAMM. | GRAINS. | DÉCIGR. | GRAINS. | HECTOL. | SETIERS. Setiers 12 boisseaux 16-13 litres. |
|---|---|---|---|---|---|---|---|
| 1 | 2 04 | 1 | 18 8 | 1 | 1 9 | 1 | 0 64 |
| 2 | 4 08 | 2 | 37 6 | 2 | 3 8 | 2 | 1 28 |
| 3 | 5 13 | 3 | 56 5 | 3 | 5 6 | 3 | 1 92 |
| 4 | 8 17 | 4 | 75 3 | 4 | 7 5 | 4 | 2 56 |
| 5 | 10 21 | 5 | 94 1 | 5 | 9 4 | 5 | 3 20 |
| 6 | 12 25 | 6 | 113 0 | 6 | 11 3 | 6 | 3 85 |
| 7 | 14 30 | 7 | 131 8 | 7 | 13 2 | 7 | 4 49 |
| 8 | 16 34 | 8 | 150 6 | 8 | 15 1 | 8 | 5 13 |
| 9 | 18 39 | 9 | 169 4 | 9 | 16 9 | 9 | 5 77 |
| 10 | 20 43 | 10 | 188 3 | 10 | 18 8 | 10 | 6 42 |

# TABLE DES MATIÈRES.

## PREMIÈRE SECTION.

## DEUXIÈME SECTION.

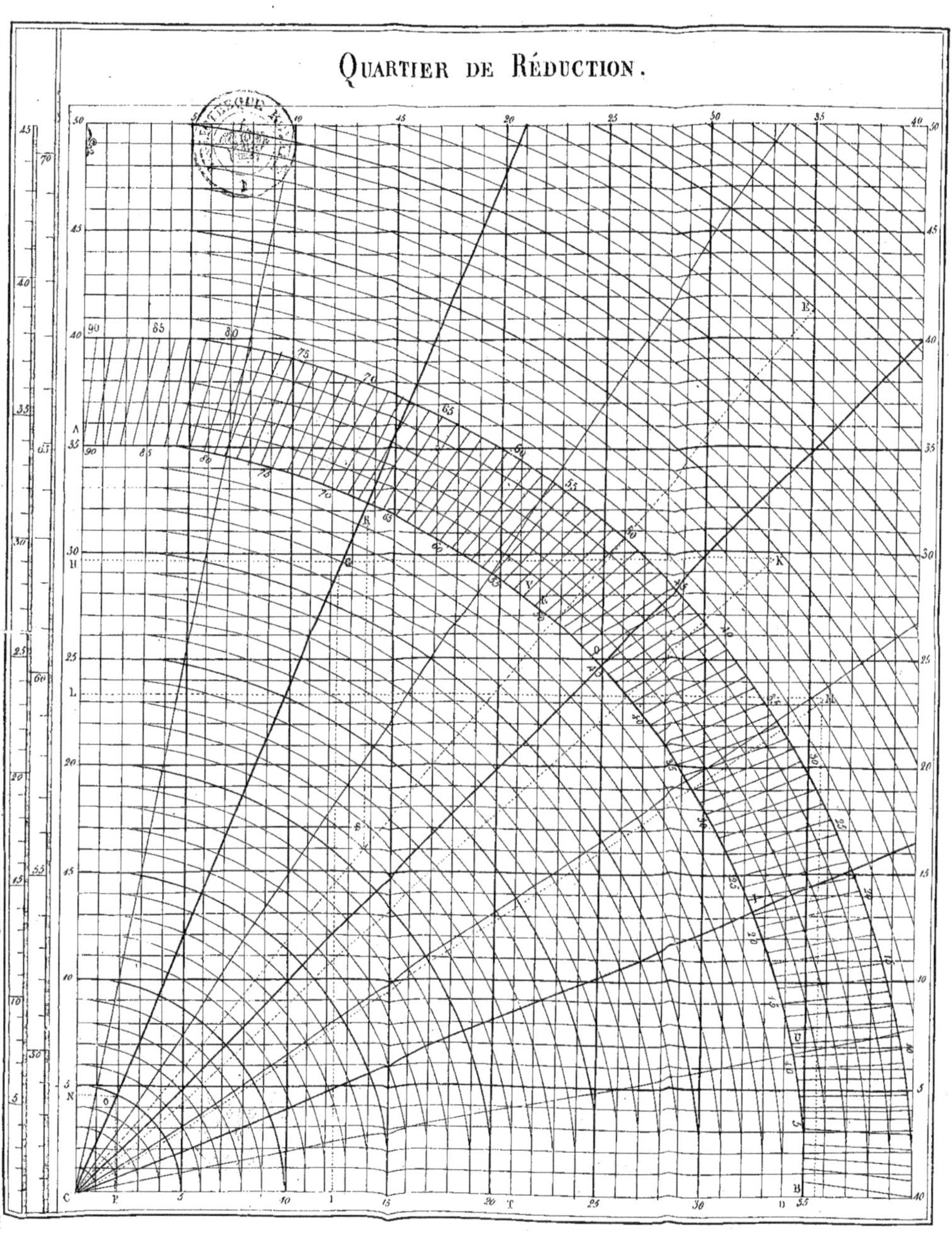

# TARIF GÉOMÉTRIQUE

### DU POIDS DES ANCRES ET DES CABLES.

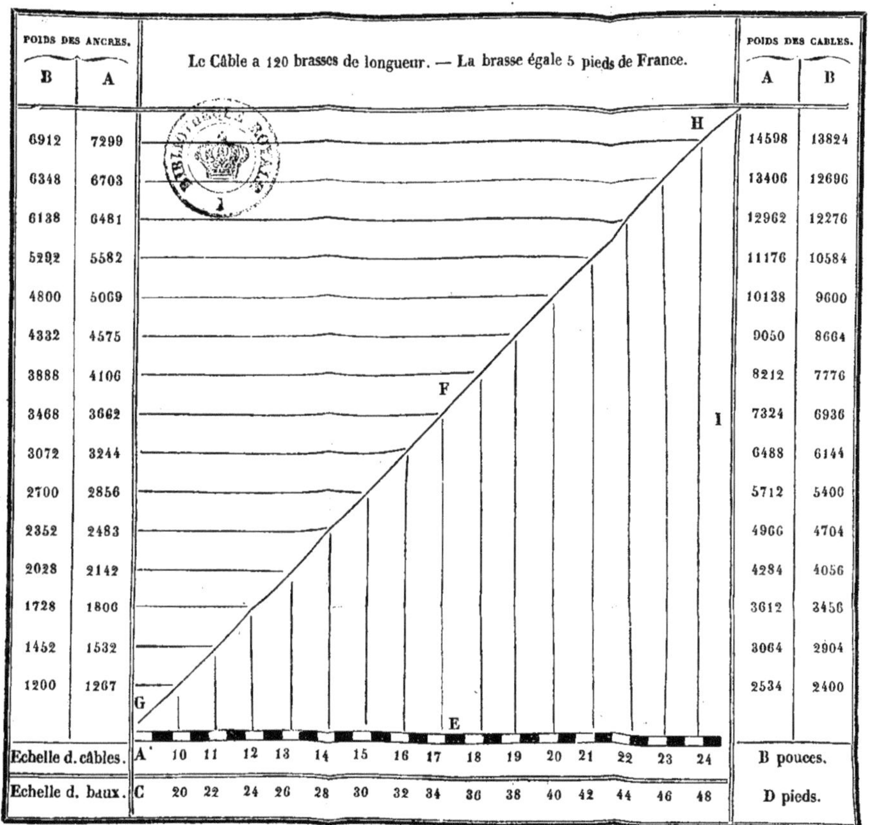



| POIDS DES ANCRES. | | | POIDS DES CABLES. |
| :---: | :---: | :---: | :---: |
| B | A | A | B |
| 6912 | 7299 | 14598 | 13824 |
| 6348 | 6703 | 13406 | 12696 |
| 6138 | 6481 | 12962 | 12276 |
| 5292 | 5582 | 11176 | 10584 |
| 4800 | 5069 | 10138 | 9600 |
| 4332 | 4575 | 9050 | 8664 |
| 3888 | 4106 | 8212 | 7776 |
| 3468 | 3662 | 7324 | 6936 |
| 3072 | 3244 | 6488 | 6144 |
| 2700 | 2856 | 5712 | 5400 |
| 2352 | 2483 | 4966 | 4704 |
| 2028 | 2142 | 4284 | 4056 |
| 1728 | 1806 | 3612 | 3456 |
| 1452 | 1532 | 3064 | 2904 |
| 1200 | 1267 | 2534 | 2400 |

| Echelle d. câbles. | A | 10 | 11 | 12 | 13 | 14 | 15 | 16 | 17 | 18 | 19 | 20 | 21 | 22 | 23 | 24 | B pouces. |
| :---: | :---: | :---: | :---: | :---: | :---: | :---: | :---: | :---: | :---: | :---: | :---: | :---: | :---: | :---: | :---: | :---: | :---: |
| Echelle d. baux. | C | 20 | 22 | 24 | 26 | 28 | 30 | 32 | 34 | 36 | 38 | 40 | 42 | 44 | 46 | 48 | D pieds. |

se décida pour le dernier parti, et M. N. i[?]
la palme ! Aussi, s'est-il dépêché de fair[?]
dans les journaux qu'il venait d'être élu à[?]
qu'unanimité. Depuis, le bataillon qui l'a él[?]
pour *les mêmes raisons*, est très-*tranquill*[?]
tent probablement. En effet, est-il bien d[?]
commander, puisque pour mettre ses hom[?]
bataille, il n'y a qu'à leur dire : Mettez-vous[?]
vous étiez l'autre fois !

**FIN.**